诗学教育丛书

中学诗学教育

潘务正◎丛书主编

张　勇◎本册主编

安徽师范大学出版社
ANHUI NORMAL UNIVERSITY PRESS

·芜湖·

图书在版编目（CIP）数据

中学诗学教育 / 张勇主编 . —芜湖 : 安徽师范大学出版社,2023.6
（诗学教育丛书 / 潘务正主编）
ISBN 978-7-5676-5997-1

Ⅰ.①中… Ⅱ.①张… Ⅲ.①古典诗歌—中国—教学研究—中学 Ⅳ.①G633.302

中国国家版本馆CIP数据核字(2023)第049725号

中学诗学教育
ZHONGXUE SHIXUE JIAOYU

张　勇◎主编

责任编辑：王　贤　　　　　　责任校对：李克非
装帧设计：王晴晴　冯君君　　责任印制：桑国磊
出版发行：安徽师范大学出版社
　　　　　芜湖市北京东路1号安徽师范大学赭山校区　　邮政编码：241000
网　　　址：http://www.ahnupress.com/
发 行 部：0553-3883578　　　5910327　　　5910310(传真)
印　　　刷：江苏凤凰数码印务有限公司
版　　　次：2023年6月第1版
印　　　次：2023年6月第1次印刷
规　　　格：700 mm×1000 mm　　1/16
印　　　张：17.75
字　　　数：287千字
书　　　号：ISBN 978-7-5676-5997-1
定　　　价：60.00元

凡发现图书有质量问题,请与我社联系(联系电话:0553-5910315)

安徽师范大学中国诗学研究中心资助项目

安徽省高校优秀科研创新团队"诗学教育"研究团队成果

（2022AH010014）

总　序

潘务正

中国是诗的国度。诗在古代社会的功能极为强大，《诗大序》说诗可以"正得失，动天地，感鬼神"，在政教体系中发挥重要的作用。正因如此，古代贵族自孩提时代就开始接受诗歌教育。

宋代叶适在《黄文叔诗说序》中说："自文字以来，诗最先立教。"先秦两汉时期，诗学教育主要围绕《诗经》展开，尽管周代的太学中春秋教以《礼》《乐》，冬夏教以《诗》《书》，不过只有"诗教"最为通行。"诗教"一词最早见于《礼记·经解》："孔子曰：入其国，其教可知也。其为人也温柔敦厚，《诗》教也。"此语是否为孔子所说虽然存疑，但孔子重视以《诗经》为中心的教育却是不争的事实。孔子的"诗教"观主要集中在三个方面：一是性情教育，所谓"《诗》可以兴，可以观，可以群，可以怨"是也；二是伦理教育，所谓"迩之事父，远之事君"是也；三是知识教育，所谓"多识于鸟兽草木之名"是也。（《论语·阳货》）孔子以《诗》为教材对当时的贵族子弟进行全面的教育，并扩大到平民阶层，以便为他们将来的进一步发展打下良好的基础。

孔子说《诗经》的主旨"一言以蔽之，曰思无邪"（《论语·为政》），汉儒从政教层面加以阐发，诗教重在培养"温柔敦厚"的性情，有此性情，方能"主文而谲谏，言之者无罪，闻之者足以戒"，不仅能够保全自身，还能有效地实现讽谏的意图。以"温柔敦厚"的诗作教化人，培养读诗者"温柔敦厚"的性情，如此，诗歌就能实现"经夫妇，成孝敬，厚人伦，美教化，移风俗"（《毛诗序》）的功用，社会经由文治走向太平。

后世诗歌创作逐渐兴盛，面对种种感荡心灵的自然风景和社会事件，

"非陈诗何以展其义，非长歌何以骋其情"（钟嵘《诗品序》），作诗成为士人风雅的标志；唐宋科举考试诗赋，诗歌是入仕的敲门砖。在这种情况下，诗学教育愈发变得必要，内容已不局限于《诗经》，举凡前人的经典诗作，都被纳入学习的范围。为在科考中获隽，诗学教育从性情教育扩展到艺术教育、审美教育等方面。

"诗言志""诗缘情"，言志抒情是中国诗歌的传统，古人衡量一首诗成就的高低，最终落在诗人胸襟的大小，清代诗论家沈德潜在《说诗晬语》中说："有第一等襟抱，第一等学识，斯有第一等真诗。"宋代以后，杜甫被推至"千古诗人之宗"的地位，正在于其"一饭不忘君"的品格，尽管他身处艰难困苦之中，过着朝不保夕的日子，却时刻关心国家安危，挂念百姓疾苦。屈原、陶渊明、李白、苏轼、陆游等一流的诗人，虽艺术造诣有异，但高尚的情怀、爱国的情感与杜甫并无二致，这也是他们被后世推崇的重要原因。以这类诗歌作为教育的载体，无疑会提升受教育者的道德情操、精神境界。

古代开展诗学教育的场合众多，诸如家族、书院、诗社等，都有诗学教育的活动。清代自乾隆二十二年之后恢复乡会试考试帖诗的制度，诗学教育更为普及，家塾中有童蒙诗学教育，学政亦对一省士子负有诗学教育之责，士人相聚谈诗是生活的常态。除了男性，闺阁中女子也受到熏陶，著名的女诗人虽只有李清照、朱淑真等不多的几位，但实际上明清两代女诗人极多。历代的诗格、诗话以及诗学选本等记录了诗学教育的情景和内容，这类文献或分析诗歌的艺术技巧，或谈论创作的本事，终极目标还是追求对诗和诗人的理解，以便更好地读诗和作诗。在多重诗学教育之下，受教者诗歌创作、艺术鉴赏能力不断提高，并经此完善人格，陶冶情操。

诗学教育在当下仍有其必要性。目前，立德树人是我国教育的根本任务，是深入贯彻落实党的教育方针、教育规划纲要的必然要求。经典诗作以其感人的力量、美妙的意境、高超的技巧和精当的用语，入人最深。众多学者认识到诗歌是中华民族原创性智慧的结晶，诗学教育是一项弘扬与培育民族精神的战略措施。当代中小学、大学课堂均注重诗歌教学，培养学生诗词的审美感受能力和艺术鉴赏能力，并力求在耳濡目染中实现理想情操的升华。

为适应当今社会发展的需要，安徽师范大学中国诗学研究中心策划编纂了这套诗学教育丛书。本丛书按专题编选，包括《〈诗经〉与诗学教育》《女性诗学教育》《桐城诗学教育》《理学诗学教育》《童蒙诗学教育》《中学诗学教育》《大学诗学教育》及《现当代诗学教育》等八种。丛书每册设有前言、选文两个部分。前言由各册的主编撰写，概括介绍本专题的研究状况；选文为有代表性的论文或专著中的章节。为了保持丛书大致协调，每册所选篇幅控制在30万字左右。

相对于诗学教育丰富的文献资料和丰硕的研究成果，本丛书所选文章只是冰山一角，然由此亦可以见微知著。我们希望这套丛书的出版，能够进一步推动中国诗学教育的研究，为弘扬优秀传统文化贡献绵薄之力。

因各种原因，截至发稿时我们未能与本套丛书的全部著作权人取得联系。敬请作品的著作权人或著作权有关的权利人与出版社联系，以便奉上稿酬和样书。

代序：对中学语文教学的一些意见

程千帆

我从前教过几年中学，后来调到大学教书。对于目前的中学语文教学问题，我想谈一些也许是外行的话。我姑妄言之，同志们也姑妄听之。

今天（按：指1982年）高考结束以后，我请参加语文阅卷的同志整理了试卷答案中较为突出的一些问题。这些问题不是大量的，但也不是个别的。从这些问题看起来，我认为主要反映了两个问题：

一、一个正规高中的毕业生，新中国的有文化的公民，没有掌握应当具备的文学知识。举例来说，大家知道左联五烈士（李伟森、柔石、胡也频、殷夫、冯铿）牺牲后，鲁迅先生写了一篇著名的杂文《为了忘却的记念》。把这作为一道试题，要求考生填出五个烈士的名字。答案中错误之多，令人瞠目：上至唐代白居易、宋代王安石，下至当代张劲夫、钱学森、周扬。还有的填"斯葛多夫"。我查中国、外国人名大词典都没查到，不知是什么人。至于"罗曼谛克"，那根本就不是人的名字，也有学生填在试卷上。又例如老舍的话剧《龙须沟》中有一个人物叫程疯子，试题要求考生填出程疯子是什么话剧里的人物，居然有学生填《威尼斯商人》。还有的学生在填《皇帝的新装》的作者名字时，填了"童第生"。童第生是什么人？是不是童第周加安徒生？还有人填小林多喜二，把小林的日本籍改成丹麦籍了。还有一题，要考生填"完璧归赵"的故事赞扬了谁的机智勇敢，有的学生填"蔺颇"。历史上只有蔺相如没有蔺颇，大概也是蔺相如加廉颇。

二、对古汉语很不理解。古汉语是记录我国几千年文化的工具，不能理解中国的过去，也就不能正确地理解现在。考卷上反映出来的问题是很严重的。比如"居无何"，很多同学答成"居住没有困难"，甚至答成"没有担

1

任什么官职"。还有"按辔徐行"，有的说"摸着发吉（按：试卷上这样写的）慢慢走"，"摸着胡须慢慢走"，也有的说"脱了鞋步行"，甚至有人回答是"按既定方针慢慢地行进"，等等。把"曩者"一词解释成"没用的人""饭桶""侵略者""遭难的"，还有"不守军纪的人""我们做官的""皇帝自称""对文帝的敬称"，等等，五花八门。又如解释句子"称善者久之"，许多考生解释成"能伸张正义的人统治长久"，"称他是永久的好人"，等等。

我举这些例子并不是要嘲笑考生，而是看到这些事实感到忧虑。一个高中学生经过十年的语文教育，却没有掌握一个有文化的新中国公民应该具备的语言和文学知识。我认为，根据卷例得出这个结论不算是苛刻的。特别是在古汉语方面，他们缺乏最低限度的、能够阅读祖国古代文化遗产的能力。当然，要了解祖国的过去，不完全靠文言文，陈云同志就大力提倡把古籍尽可能翻译成现代白话文。这个工作正在做，但目前还不普及，所以，真正要做一个稍微有点文化知识的人，还是需要懂一点文言文，懂一点祖国的过去。

还有一个重要问题，就是学生的表达能力、理解能力的问题。这次高考作文题目是"先天下之忧而忧，后天下之乐而乐"。这是范仲淹的《岳阳楼记》中的名句，而不少考生根本不理解这个题目，有些考生得了零分。我再次郑重地向我们教育工作者说，应该以忧虑的心情严肃地来对待这个问题。这种现象是触目惊心的。我想，同志们是能够同意我这个看法的。这种现象对于我国的四化建设至少不能认为是有利的吧！

我这样讲，目的是要正视这个现实。为什么会这样呢？我们可以找一找原因。

一是教育程度的低落。二是中学语文课存在两个偏向。当然，这只是我个人的看法，并不一定正确。一种是把中学语文当作政治课来上。语文课当然要有思想性，要进行社会主义思想教育，但是不能狭隘地理解思想性这个词，不要把和作品没有关系的所谓思想性硬贴上去。世界上一切作品，都是客观存在在人们头脑中的反映，这种存在，概括来说，都可以分为真善美与假恶丑。我们的目的是要使学生理解、辨别、吸收、仿效真善美，反对假恶丑。单纯用政治概念来理解、评价某些作品，就太狭隘了。这会使学生得到的营养减少。过去对一些作品，如田园诗、爱情诗等，在讲解时，牵强附会加上去的东西相当多。我认为，我们不应把自己的主观意图强加到作品中去，而是要在讲作品本身的时候，实事求是地联系作品当时的历史和政治背景，发掘其中的美学意义，才能理解得比较准确、深刻。再则，也不要用今天的标准去衡量古人，他们属于过去那个时代，把他们摆在他们所处的时代里，再评价他们的先进与落后，这才是符合马列主义的。

另一种偏向是把语文课当作文学课来上。文学教育是一种美感教育。语文课也是应当进行美感教育的。但语文课的主要目的并不单纯是教文学，而是应当教会学生正确理解和使用祖国的语言。语言本身是没有阶级性的，它是人类交际的工具。语言的基本要求是要能充分表达自己的思想感情，也让对方准确地领会你的意思。有了这个工具，你就既能显示自己，又能懂得别人（其中包括古人、外国人）。学习语言，基本点就是要懂，要准确！我们教授语文课时，重点还是要讲语言本身，要解释，串讲，让学生自己动脑筋，去概括、去理解，从中吸取教益，善于运用。我不是说不要讲文学，而是要分开，语言课归语言课，文学课归文学课；文学课着重艺术分析，从文学批评的角度来看问题，引起学生对美感的共鸣，用美感来进行教育，这不完全是中学语文课的事。

叶圣陶先生教了几十年语文，又当了几十年编辑。他在30年代就同夏丏尊先生合写过《文章病院》一书，选择有毛病的文章批改，强调正确地使用语言。这是我们今天所应当效法的。还有一点，对中学语文教学也是很重要的，就是要教学生将字写端正、准确，符合规范。那也就是说：（一）不准写得"龙飞凤舞"，谁也不识；（二）不准写错字，更不容许自己随心所欲，胡乱"创造"。写字这道关首先要把在小学教师手上，其次就是中学教师，到了大学再来纠正就困难了。所以同志们必须对乱写字的现象付与足够的注意，费点力量去纠正它。我建议同志们要抓紧这个问题，不仅是因为这可以提高学生本身的质量，而且可以养成学生对工作认真负责的态度。乱写字和写错字问题本身就是自己对工作不负责任，又不尊重别人，是把方便留给自己，把困难送给别人。自己乱七八糟瞎画一气，反正又不是自己看。这是个工作态度的问题！练习写字这个基本功是十分重要的。过去许多中学生连省、市、自治区、专区都区别不了，连中国共有多少省、市、自治区都不知道，因为他们没有学过地理。写字也是一样，指责中学生是不公正的；中学生应该知道的，我们做教师的没有严格要求，走上社会以后被人歧视，这也是不公平的！年轻人有什么错呢？细想起来，倒是我们这些教师应当负责。总之，我们要把语文课的基本训练搞好，基础打好了，学习其他的功课就方便了。现在全国有二十多所大学都开设了大一语文，教一点文言文，实际上等于高中四年级。这是怎么来的呢？匡亚明老校长经常看学生写的报告，他一看，字都认不得，像拉丁文一样。"大一"学生的语文程度就像这样，怎么行呢？可是他又不管中学，那只好先决定南京大学的学生再补习一年吧！"大一语文"的开设，正说明了问题的严重性。这同目前的社会状况，同目前中学的语文教育状况不是没有关系的。

其次，谈谈教师的修养问题。古语说："学然后知不足，教然后知困。"我们教书时间长了，都感觉到这一点。要自己懂，还要用精辟生动的语言使别人懂；仅仅自己懂是吸收的问题，用精辟生动的语言让别人懂，是表达能力的问题。过去我们上到大学四年级，就开始惶惶不安。毕业后拿着老师的介绍信到处碰运气，好容易拿到聘书，"聘请程千帆先生为本校初中教员……"，心才定下来。上课时，学生看你年纪轻，貌不惊人，言不出众，于是一翻字典："老师，这个字怎么念法？我是学生，认不得。"调皮的学生就常常用这种方法考老师。好不容易一年下来，学生开始服帖了，又要开始为下一年的聘书操心了。可现在，虽然条件还不够好，工资较低，总不愁衣食。所以我们应当常常以新旧社会对比。相比之下，我们就会很自然地觉得社会主义社会有很大的优越性，要使自己的工作对得起祖国、人民和党。要不断地丰富自己的知识，不断地提高自己的政治水平。我们既然为人师表，就必然会关心祖国的命运，就不会对政治不感兴趣。比如日本人修改教科书问题，这么大的事情，不关心怎么行呢？关心了就可以在课堂上反映出来。首先自己关心，才能引导学生们关心。过去我们提文艺为政治服务，现在中央提文艺为人民服务，为社会主义服务，提法就不同了。为什么要这样提呢？如果我们不清楚，那我们在解释这种变化的时候就更讲不清了。我们要注意政治、政策、法令，这些是我们现实的生活。我是搞古典文学的，可我还要抽空看《人民文学》《文艺报》等杂志。有人问我"你到底教古文还是教现代文？"我当然是教古文的，但学的人可是当代人。所以，我们不能脱离生活，如果脱离现实生活，那我们的思想就会僵化。我们如何从整个时代出发，了解学生的思想动态是很重要的。教书而不教人，怎么说也算不上好老师。教书一定要教人，而且要教好。

最后，想强调一下认真备课和批改作业的问题。教师必须认真工作，一点也不能随便。旧社会里有两种人，经常成为笑话中的角色，就是医生和教师。医生是治病的，要对人的生命负责；老师也是要对人的生命负责的，但这个生命是精神上的。应当对生命负责的人都不负责，当然要成为讽刺的对象。有个笑话说，有个老师把《孟子》中的"王曰叟"念成"王四嫂"，又把《论语》中的"季康子"念成"李麻子"。东家按规定，读误一字扣一吊钱。年终结算后，老师领了工钱回家，师母问他为什么少了，他说"一吊给了李麻子，一吊给了王四嫂"。师母说："你给李麻子还可以，给王四嫂干什么呀？"这当然只是个笑话，但是可以给我们启发。

我们老师也同工人一样，但我们的工作是造就人，造就品学兼优、为祖国出力的一代人，所以有人称我们为"灵魂工程师"。我们的任务艰巨而光荣，虽然还有很多客观困难，但要有信心，有决心，在党的领导下阔步前进。

今天我是采用谈心的方式、交换意见的方式谈的，讲得不对的地方请同志们批评指正。

（原载于《学语文》1983 年第 1 期）

前　言

　　《学语文》创刊于1960年3月，时逢三年困难时期，连续出版7期后，于当年9月停刊。1983年7月复刊，赵朴初先生亲笔题写刊名。张涤华、祖保泉、方可畏、潘啸龙、黄建成、李平等学者先后担任主编，曾刊发王力、吕叔湘、程千帆、吴小如等著名学者有关中学语文教育方面的论文，在中语界产生良好反响。

　　经历了一个甲子的风雨历程，《学语文》现在已由一棵弱小的幼苗成长为枝繁叶茂的大树！新一代《学语文》人，继承老一辈的优良传统，正以崭新的风貌、昂扬的姿态迈向新的征程！以服务中学语文教学为宗旨，以打造精品期刊为目标，坚持两个基本理念：一是紧贴一线教学脉搏，立足学术最前沿；二是充分利用大学资源，立于学术至高点。

　　秉持以上理念，《学语文》编辑部与教育部重点研究基地"安徽师范大学中国诗学研究中心"合作编写这本《中学诗学教育》。本书精选《学语文》自1983年复刊以来有关中学诗学教育的论文59篇，分为诗歌教学、诗词赏析、诗学漫谈、诗林漫步四大版块。作者多为诗学研究领域成绩卓著的专家学者，如宛敏灏、祖保泉、周勋初、余恕诚、汪裕雄、蒋立甫、潘啸龙、邓乔彬、孙文光、朱良志、陈文忠、丁放、陶礼天、胡传志、张晶、欧明俊、彭国忠、周兴陆、凌郁之，以及日本学者市村金次郎等等。

　　特别值得一提的是，程千帆先生发表于《学语文》1983年第1期的《对中学语文教学的一些意见》，针对1982年高考答卷中存在的突出问题，分析其产生的原因，并提出解决办法。先生指出的问题，在今天的高考生中仍有不同程度的表现；先生提出的解决办法，对今天的中学语文教学仍有重要的启示意义。因此，本书将其置于卷首，代为全书的代序，个别表述略作改动。

　　《中学诗学教育》浓缩了《学语文》六十多年的诗学教育历程与安徽师范大学中国诗学研究中心的相关成果，但愿她能为今天的中学诗学教育贡献应有的智慧和力量。

张　勇

《学语文》编辑部

2022 年 10 月 28 日

目　录

新诗:从形式之美抵达精神之境

◇ **诗词赏析**

◇　诗学漫谈

诗歌教学

怎样读《诗经》

蒋立甫

　　《诗经》既是我国现实主义诗歌发展的源头，又是我国古代文化史料的宝库。对于这样一部足以使我们民族自豪的伟大典籍，不少年轻同志都很感兴趣，想多下些功夫读读。然而在学习中却有不少困难，他们深感比学习唐诗宋词难度大得多，因此希望在学习方法上能得到一些帮助。本文试图在这方面谈点看法，供同志们参考。可以想见，首先碰到的困难就是语言文字隔阂大。本来语言文字难懂，是学习古代典籍的一个共同障碍，然而就《诗经》说，在这方面的困难要显得更突出些。这是为什么呢？其一，因为《诗经》成书很早，至迟在春秋中叶就已经结集了。书中最早的诗篇距离今天有三千多年，而最晚的也不下于两千五百年。在这段漫长的历史过程中，语言文字已有较大的变化和发展。当时的一些口头流传的民间歌谣，今天读来已很不好懂了。这里试举一首较浅近的风诗为例：

　　　　泛彼柏舟，在彼中河。髧彼两髦，实维我仪。之死矢靡它。母也天只，不谅人只。

　　上面抄录的是《鄘风·柏舟》的第一章。原诗有两章，意思大体一样。这首民歌是一位少女诉述婚姻不能自主的痛苦，完全是口语化的。但是今人如不凭借注释，就很难理解其中的意思了。其二，是因为《诗经》中的假借字特别多。今传本《毛诗》虽只有二千九百四十九个字，而其使用的意义却有五千个上下。它往往一个字含有几种意义，如大家熟悉的《魏风·伐檀》有一句"置之河之干兮"，这"干"字是假借为"岸"字；而《周南·兔罝》

中"公侯干城"的"干",却是"捍"的假借字;《小雅·斯干》中的"干"又是"涧"的假借字。一个"干"字有三种意义,还有的字假借意义竟达五六种之多,如"莫"字就假借为"暮""嘆""谟""瘼""睦"等。如此繁杂的假借字,给阅读带来的麻烦是不言而喻的。正因为《诗经》存在这样大的语言文字隔阂,所以往往使得一些人稍稍接触即不想再读。其实,《诗经》语言文字方面的难关,并没有多大可畏之处,我想只要能做到两条,就一定能够逐渐克服的。一是循序前进;二是坚持下去。这里我所说的"循序前进",主要就是选择读本而言。因为《诗经》自汉代以来注释解说的著作多于牛毛,如无选择地碰到什么本子就读什么本子,那是很难取得好效果的。有的人之所以产生畏难情绪,就是因为一开始就接触那些旧注,结果如啃酸果,越啃越酸,不得不停下来。我以为对初学者说,最好从今人的注本读起。一般说来,只要有初中的文化程度,读普及选注本不会有多少困难。拿前面我们所引的《鄘风·柏舟》说,对照今人的注释阅读是很容易明白的。原来那首民歌是女主人公感物起兴。头两句是她看到黄河中飘浮不定的柏木船,触动了心事,引出个人婚配不能自主的悲叹。三四句是说自己已有了意中人。髧(dān):头发下垂的样子。髦:垂至眉梢的长发。"留髦"是周代未成年男子的标志,这一句指其意中人。实维:是为,这是。仪:配偶。三四两句是说,那个两边头发垂至眉际的小伙子是我的对象。第五句是申述自己的决心,意思是说我发誓到死不变心。矢:假借为"誓"。靡它:指无他心。最后两句是无可奈何地呼叫:"妈呀天呀,太不体谅我啦!"两个"只"字都是语气词。经这么一解说,诗意就醒豁了。所以,我们从今人《诗经》普及本读起,可以事半功倍。余冠英同志的《诗经选》和拙著《诗经选注》都较适合初学者阅读。在这个基础上,如果想对《诗经》有较多的了解,并进一步做点初步研究,则可选读前人有代表性的一些著作,如汉代的《毛传》《毛诗郑笺》,唐代的《毛诗正义》,宋代的《诗集传》,清代的《诗毛氏传疏》《毛诗传笺通释》《诗经原始》等书。阅读这些著作是较高的要求,一般初学者还缺乏古代文学根柢,不可舍近求远,先读这类书,而必须循序前进,逐步提高!另外还要说明一点,有的初学者喜欢读《诗经》译本,觉得直截了当,容易阅读。但是我以为读《诗经》译本不能代替读注释本。这是因为译诗不可能完全扣紧原诗的词句,即使是直译的,也很难做到词句上的一一对应。如果是意译的，原诗与译诗之间相距就更大了。因而只读译诗，往往只能知其然而不能知其所以然。如前面所引的《鄘风·柏舟》，余冠英同志把其三、四、五句译为："那人儿海发分两旁，他才是我的对象，我到死不变心肠。"译诗与原诗的意思是相符的，然而如不看注释，则不能确切地把握髧、髦、实、维、仪、矢等词语的意义。由此可知，读译本如不同读注本结合，是难以掌握古代词汇并有效地提高阅读古籍能力的。因而学习《诗经》应以读注本为主，译本只可作为辅助。

至于说到"坚持下去"，我之所以要强调这点，那是因为学习《诗经》困难既多，同时对《诗经》有些诗的艺术性，也不是一下子就能够欣赏的，必须在弄懂语言文字的基础上，细加品味，才能有所体会，得到艺术享受。但是对于初学者说，很难一下子达到如此境界，在学习中很容易感觉乏味，以致不想继续读下去。因此要想学习《诗经》有所收获，就一定要突破这个难关，坚持下去。我想当你逐渐扫除了语言障碍，真正读懂了某些诗篇的时候，一定会感受到其中的艺术美，从而增加学习的兴趣。这里试举《邶风·静女》为例：

> 静女其姝，俟我于城隅。爱而不见，搔首踟蹰。
> 静女其娈，贻我彤管。彤管有炜，说怿女美。
> 自牧归荑，洵美且异。匪女之为美，美人之贻。

这首诗是写一对情人相约在城边相会，可是调皮的姑娘却藏起来了，小伙子等了好久，急得站立不安，乱抓头皮。就在这当儿，姑娘突然出现在他的面前，深情地送给他一个光闪闪的"彤管"，他乐极了，接过"彤管"，情不自禁地脱口说道："我真喜欢你这么漂亮。"这表面上是赞美"彤管"，实际上是赞美姑娘。于是姑娘又顺手采了一把细嫩的茅草给他，平凡的小草，到了情人手里似乎变成了无价之宝，他觉得茅草美得出奇。这不是因为茅草很美，而是因为多情的姑娘送的。像这样的描写纯真的爱情的诗篇，真正读懂之后，就有一种艺术美的享受。

其次，学习《诗经》的困难还在于有些诗的主题思想难以把握。自汉代以来，封建统治阶级一直把《诗经》用作伦理教化的工具，对其中一些诗

5

篇肆意歪曲，特别是风诗被他们蒙上的积垢更厚，至今远没有涤净。这给正确理解原诗的意思造成了混乱。同时又由于风诗大多是简短的抒情诗，本事早已失传，一些诗为何而作，已经无法了解，加上假借字多，容易造成理解上的分歧。如《桧风》中有一首《隰有苌楚》，对它的题旨古今有多种理解。今将其抄录于下：

隰有苌楚，猗傩其枝。夭之沃沃，乐子之无知！
隰有苌楚，猗傩其华。夭之沃沃，乐子之无家！
隰有苌楚，猗傩其实。夭之沃沃，乐子之无室！

最早的《毛诗序》以为这首诗是"疾恣也。国人疾其君之淫恣而思无情欲者也"。这是说诗的主题思想是人民痛恨桧君放纵淫逸，而思慕"无情欲"的贤君；朱熹则以为诗反映的是"政烦赋重，人不堪其苦，叹其不如草木之无知而无忧也"。今人有的说是没落贵族厌世之作；又有的说这是女子爱慕一个未婚男子的恋歌；也有的说是反映了劳动人民在残酷压迫和剥削下的痛苦呻吟。一首简短的抒情诗，主题思想是什么，竟有这样大的分歧，这在别的书中是很罕见的，而在《诗经》中类似的情况却有不少，如《陈风·月出》，一种意见认为这是一首月下怀念爱人的诗篇，写得极为优美动人；另一种意见则认为诗中描写的是奴隶主杀害奴隶的残酷场面，充满着血迹斑斑的可怕景象。根据上面所说的情况，我觉得初接触《诗经》时，不宜于同时阅读几种注本，以免过早地陷入到那些分歧意见之中，旷日费时，难以分辨出其中的是非优劣，结果弄得莫衷一是，而得不到预期的读书效果。当然，这不是说，在学习过程中，只能读一家注本。相反，我倒认为，当阅读中遇到疑问的时候，参阅一下别家的注本，以帮助释疑，这是很必要的。而当学习《诗经》有了一定基础之后，就需要进而多接触几家著作，尤其是不同学派的著作。这样，才能够活跃思想，开阔眼界，打开思路，增进学习与钻研的兴趣。这是更高一步的阅读要求。

再者，学习《诗经》还有一个困难就是对诗篇产生的历史背景不太了解。《诗经》距离我们的时代太远了，而一般初学者对周代的历史面貌、社会生活、风俗习惯又非常陌生，因而对某些作品所反映的现实，所表现的思想感情难以领会。为了克服这一困难，我觉得结合学习一点有关周代的历史是很必要的。《诗经》中的诗，能确切指出写作年代的虽然不多，但大致的时间还是能知道的。西周前期的诗包括《周颂》和《国风》中的《豳风》以及《大雅》的小部分；西周后期的诗包括《大雅》的大部分、《小雅》的一部分和少数风诗；东周的诗包括《鲁颂》、《商颂》、《国风》的大部分、《小雅》的个别诗篇。如果对西周及东周春秋以前的历史情况熟悉一些，那么我们对《诗经》中一些诗的理解就会深一些。因为一切文学作品都是一定的社会生活在作家头脑中反映的产物，一般说来，社会上的重大变故及斗争，在文学作品中会有或多或少、或明或暗的反映，即使是抒情诗，诗人所抒写的思想感情，有时也不能不受到时代的制约。如果我们了解了西周王朝前期政治的稳定，经济的发展，统治者对前途充满信心等情况，那么对产生于那个时期的周部族史诗所表现出来的胜利者的自豪与自信就好理解了。西周后期王朝已由盛而衰，社会动乱不定，内部斗争尖锐，因此产生在这个时期的贵族讽喻诗，一方面充满着"天命靡常"的感叹，对王朝提出"殷鉴不远"的警告；一方面又表现出诗人对世道不平的愤激以及时势骤变的恐惧心理。时代的思想烙印都很明显。

以风诗说也是如此。如《魏风》今存诗七首，大部分都是表现人民反对剥削和压迫的，著名的《伐檀》《硕鼠》都在《魏风》中。在风诗里，本来情诗占有很大的比例，而《魏风》中却没有一篇。这一内容上的特殊性，不能不说同魏国当时历史环境有密切联系。因为魏国在春秋之初，受到邻国晋、秦两个大国的夹击，魏国统治者既要扩张军备，又不肯克制奢侈生活，因此人民所受的经济剥削与徭役负担很沉重。这就是人民反抗呼声高的原因。由此可见，我们学习《诗经》时结合学习有关的周代历史，了解当时人们的社会生活，对正确把握诗篇的题旨、体会诗人的思想感情是极为重要的。

（原载于《学语文》1983年第3期）

怎样认识和评价唐代边塞诗

余恕诚

边塞诗这一概念，在近代有关中国文学史的论著中被广泛使用，但关于这一概念本身，目前还多少带有一些模糊性。比如，从内容上说，边塞诗指的究竟是些什么作品？从时间上说，边塞诗有没有一定的时代断限？从作者来说，边塞诗的作者是不是一定都要到过边塞？等等。都多少存在一些问题。就多数学者使用这一概念来看，所谓边塞诗，在内容上指的是与边塞生活有关的各种类型的诗篇。其中既有描写军旅生活的豪壮的"军歌"，又有大量不直接描写战事的抒情诗、咏物诗、山水诗、风俗诗，以及民族往来、朋友赠答、夫妇情爱之类的作品。从时间上说，虽然从周、秦以来，文学史上就陆续产生过一些征戍题材的诗，但真正歌咏像汉唐大统一以后那种比较严格意义的边塞之作却很少见。沈约《从军行》诗中提到"浮天出鲲海，束马渡交河"，其实他所属的梁代，版图只限于东南，跟位于现在新疆境内的交河，中间还不知隔着多少割据政权，因此沈诗只不过是借这些地名强调士卒远戍而已，跟我们现在所说的边塞诗不是一回事。至于有些征戍之作所体现的尚武报国精神，怨入戍、念家园的情绪，乃至某些表现手法，对唐代边塞诗的创作虽有影响，但这些诗篇的多数，或是不关边塞，或是内容抽象贫乏，甚至陈陈相因地仿制、模拟，未能集中地反映边塞生活和景物风貌。它们零星地散见于文学史上，并不足以从边塞文学的角度划成一种专门的类型。只有到了唐代，边事活动空前频繁，诗人们受着时代精神鼓荡，同时又具备较多的边塞方面的知识，乃至一定的生活经验，或借乐府旧题而抒新意，或自制新题，发为大量边塞气息浓厚、形象鲜明饱满的诗篇，才构成一个需要冠以边塞诗的专名而不可隶属于其它题材的类型，并争得了文学史上的一席地位。因此，从时间方面讲，所谓边塞诗，主要指唐代边塞诗，尤其是盛唐边塞诗。初唐边塞诗数量较少，中晚唐边塞诗多数是在盛唐边塞诗的成就范围内踏步，思想和艺术都远不及盛唐。而盛唐时期在边塞诗创作成为一种热潮的情况下，许多没有到过边塞的诗人，也借边塞题材表现对新鲜、浪漫、传奇式生活的追求，或表现对于国防问题的看法。因此，即使是有些足迹没有到过边塞的诗人，只要所写的诗歌，内容与边塞密切相关，也应属于边塞诗的范畴。

在边塞诗的评价上，最容易引起不同意见的是这类诗涉及边战时应如何看待的问题。有人曾认为唐玄宗开元、天宝时期的战争，多半是黩武战争，因此文学史上对边塞诗的肯定是错误的。这种看法不够妥当。唐代边塞诗写到战争的只是其中的一部分。大量不涉及战争的边塞诗，如歌唱塞外景物、风俗、人情，写战士的戍守生活，家属的思念情绪等，一般说来，都没有理由把他们和战争扯到一起。就是写到战争的，多数作品所表现的，也往往是经过典型化了的当时人们对边境战争的感受，而非某次具体战争。如王昌龄《从军行》："青海长云暗雪山，孤城遥望玉门关。黄沙百战穿金甲，不破楼兰终不还。"谁能肯定它是以某次战役为背景，并进而根据这次战役性质，给这首诗定性？这是说不少涉及战争的边塞诗，我们很难把它和某一次具体战役联系起来，一般地只能根据诗中所表现的思想情绪，去加以认识。至于一部分写到了具体战役的作品，用战争的正义性或非正义性，去给作品定性，是不是一定就妥当呢？也未必妥当。因为诗歌是以艺术形式反映生活的，写了战争的诗，不一定代表对战争的全面性的政治评价。它反映的往往是某些人在某种特定环境条件下对该战争的情绪和态度。比如某次战争是正义战争，但在封建时代，战争是由封建统治阶级去组织和指挥的，这种正义战争中还可能包含有种种阴暗面，诗人们对其中的阴暗面加以揭露和谴责，仍然是可以的。如常建《塞下》："铁马胡裘出汉营，分麾五道救龙城。左贤未遁旌竿折，过在将军不在兵。"并不因为解救龙城的战争是正义的，就不能揭露战争的失利和在指挥方面有过失的将军。同样，即使是取得了重大胜利的正义战争，如果诗歌在加以反映时，过分地歌颂杀戮，血腥味太重，我们也没有理由去过多地肯定它。另外，战争还牵涉到一系列复杂的民族关系问题，牵涉到多民族国家形成过程中的种种复杂因素与背景。如汉武帝时卫青、霍去病大破匈奴，解除自秦以来匈奴对北方的严重威胁，应属正义战争。但匈奴民歌却说："亡我祁连山，使我六畜不蕃息。亡我焉支山，使我妇女无颜色。"反映匈奴民族对他们长期居住的山川的热爱，对汉王朝与之争夺这一地区表示怨恨。我们并不能因为汉王朝方面基本上是正义的，就轻率地加以否定。又如天宝八载，唐朝将领哥舒翰以数万士卒的生命作代价，攻下了吐蕃据守的石堡城，李白在《答王十二寒夜独酌有怀》诗中加以谴责："君不能学哥舒，横行青海夜带刀，西屠石堡取紫袍。"这种谴责是正确的。但当时边疆地区的民歌（《西鄙人歌》）却歌颂了哥舒翰："北斗七星高，哥舒夜带刀。至今窥牧马，不敢过临洮。"从哥舒翰打败了吐蕃，使吐蕃不敢觊觎边疆，骚扰边地居民的角度赞扬了哥舒翰，也是有道理的。因此，战争的性质与有关边塞诗的评价，二者之间不存在机械的对应关系。至于唐玄宗开元、天宝时期在西北边疆与吐蕃之间发生的战争，焦点是为了争夺河西走廊以及对于青海以东和新疆地区的统治权。具体到某一次战争是由哪一方发起的，情况比较复杂，但从总的方面看，唐王朝基本上是正义的。当时的多数战争，有利于西北和新疆一带各民族人民的生产和生活，有利于维护祖国的统一。因此，盛唐两位最重要的边塞诗人——岑参、高适秉笔从戎、佐幕边陲，在诗中抒发他们从军报国的热忱，歌颂当时边防将士的功业，从主导方面看，还应该给以肯定。总之，我们对于唐边塞诗，要历史地、具体地加以分析，要从我们多民族国家的历史和现状去考虑，而不要拿某些机械的公式去套。

唐代边塞诗流传到现在的约有两千首，尤其是盛唐边塞诗题材广泛、内容深刻，交织着英雄气概与儿女心肠，在阳刚之美中又常常带有阴柔的成分，艺术成就极高。其中王昌龄、李白、李颀、王之涣、杜甫等人的边塞诗，多数托战士及其家属的口吻进行抒写，表现战士从军报国、建功立业的精神和人们围绕边塞问题所产生的种种复杂情绪。岑参、高适两位边塞诗人，由于有长期军旅生活体验，多抒写他们的实际见闻和感受，诗中有更浓烈的地方色彩，更多的具体感和真实感。这些，我们在阅读时也可以适当加以注意。

（原载于《学语文》1986 年第 1 期）

古典诗词教学"动情"说

李兆群

"动情"的问题，也就是情绪体验问题，所以要从情绪体验谈起。

所谓情绪体验，指的是在诗词教学的过程中，引导学生深入到作品的意境中去，入情入理地体验诗中的激情，使其感情发生共鸣，心灵发生共振。

情绪体验的前提条件是诗歌中的"情"

诗者，根情……　　　　　　　　　　　　（白居易《与元九书》）
感人心者，莫先乎情。　　　　　　　　　　（白居易《与元九书》）
诗缘情而绮靡。　　　　　　　　　　　　　（陆机《文赋》）
诗歌旗帜上高标着两个大字：抒情。　　　　（臧克家《学诗断想》）

诗是感情的结晶，是诗人感情的宣泄。没有感情就没有诗。诗中的一词一句无不染上诗人的感情色彩，诗中的一草一木无一不是诗人感情的音符。

"昨日入城市，归来泪满巾，遍身罗绮者，不是养蚕人。"（张俞《蚕妇》，初中语文第一册）诗人要是没有对被剥削的劳动妇女的同情，和对荒淫奢侈的统治者的愤慨，又怎能用蚕妇自叙的口气写出这感情强烈的诗篇？

同样，伟大的诗人李白也是"情动于中"，发而为辞。他的《秋浦歌》（初中语文第二册）是一首典型的抒愤诗。"白发三千丈，缘愁似个长。不知明镜里，何处得秋霜？"开头两句，劈空而来，奔突而出，似沧海横流，似火山爆发，令人触目惊心。"苍生"未"济"，"黎元"未"安"，壮志未酬，

11

因而愁生白发，鬓染秋霜。诗人要不是有着爱国爱民的深情和个人的特殊遭际，也是不能写出这流传千古的美好诗篇的。

"缀文者情动而辞发，观文者披文以入情。"（刘勰《文心雕龙》）"作者用一致之思，读者各以情自得。"（《船山遗书·诗绎》）所以要重视情绪体验。

情绪体验的核心是动情。因此，教师要通过诗歌教学，把作者所渗透、倾注在人物形象或景物形象中的"情"移注给学生，使学生和诗人心心相印，感情相通，思想一致；使学生真正能爱诗人之所爱，恨诗人之所恨，想诗人之所想。这里用得着李商隐的著名诗句："心有灵犀一点通。"如果教了诗歌，学生"既能理解有关事物的本质、真理，掌握生活的原则、趋向，而同时也能衷心喜悦，乃至灵魂陶醉，这就是打动感情的教育，往往深切真挚，有如铭之肺腑"（蔡仪主编《美学原理提纲》）。打动了学生的感情，使学生陶醉于情景之中，从这个意义来说，"诗是灵魂的酒"（古罗马·奥古斯狄尼斯）。

要使学生"动情"，务必做到以下几点。

一、教师钻研教材要"通理明情"

要通教材之"理"，要明诗人之"情"。钻研教材时，"字求其训，句求其义"，"数次涵泳思索，以求其明通"。（程端礼《程氏家塾分年日程》）只有"通理明情"，才能以诗歌中的"情"去拨动、去震撼学生的感情之弦。教师在刻苦钻研教材的过程中，是完全可以做到"通理明情"的。

"采菊东篱下，悠然见南山"（《饮酒》，高中语文第六册），是"田园诗人"陶渊明的名句，写的是诗人恬静愉快的心情，表现了诗人对归隐生活的热爱。王国维《人间词话》曾说这两句诗是"无我之境"。看来，此言有些失理。其实，这境中分明有"我"——诗人存在。因为全诗用的是自叙口气，无"我"不能谓之"自叙"。诗人在东篱下采菊，蓦然抬起头来，南山巍巍，赫然在目，感到十分悠闲自得。这是需要明确的"情"。理解了这"有我之境"、有"我"之情，学生也就会和诗人感情相通，当诗人"采菊东篱下，悠然见南山"时，也会和诗人一道欣赏着"山气日夕佳，飞鸟相与还"的自然美景，并且领悟到"此中有真意"——有无限的诗情画意，有人生的真谛，只是"欲辨已忘言"——想辨别出来，却忘了怎样用语言形容，也无须用语言形容了。

长期以来，苏轼《念奴娇·赤壁怀古》（高中语文第四册）中的"人生如梦"一句，一向被有些同志把它从作品中抽出来，单独讲成是消极的和虚无主义的。但这种看法却未能与整个作品的"情""理"相合。这首词的词眼是"怀古"，以全词观之，作者托赤壁之地来怀念古代英雄人物及其业绩，感情是奋发向上的，基调是健康的。结句中的"人生如梦"不过是激愤的反语，有"人生（岂能）如梦"之想。就它与上句的关系来说，名为逆折，实为顺承（以逆折表顺承，构成了回旋迭进的感情波涛），所顺承的是"故国神游，多情应笑我，早生华发"。作者自认为尚未为国建功立业，却已白发早生，不免有英雄迟暮之感。苏轼写这首词时四十七岁，政治上正受到排斥，被贬官黄州，这里面，自然包含着许多感慨，有内疚，有悔恨，作者自愧弗如英雄周瑜，因而发出了"人生如梦"而"岂能如梦"的喟然长叹。"人生如梦"是客观现实，"（岂能）如梦"是主观愿望（理想）。这矛盾之中，隐含着作者对所处社会的深沉愤慨，也抒发了自己不能像古代英雄人物那样施展才智、有所作为的抑郁情怀。——钻研教材明白了这样的"情""理"，才不至于使应该肯定的人物形象失去他美的光辉。

为了"通理明情"，看来，教师钻研、理解教材，还必须掌握"出入法"。南宋学者陈善在《扪虱新话》中说过这么一段话："读书须知出入法。始当求所以入，终当求所以出。……盖不能入得书，则不知古人用心处；不能出得书，则又死在言下。惟知出知入，得尽读书之法也。"从钻研教材的角度来体会，所谓"入"，就是深入理解教材；所谓"出"，就是要有自己的眼光和见解——这才是真正的"明情达理"。但是，这绝不是说，教师可以脱离作品的实际，任凭主观随意性去解释形象。教师只有深入地正确地理解了教材，才能将作品中诗人的"特定"感情化为学生的"特定"感情，即使是思想感情和生活情趣迥异于今人的古人诗作，学生学后也是会感到"千载有余情"的。

二、教师要"入境"动情

叶圣陶在《语文教学二十韵》中说："作者胸有境，入境始与亲。"只有"入境"，设身处地体味，才能领悟诗人的真情实感，才能领悟诗歌美的内涵。要使学生动情，教师首先要动情。别林斯基曾说："艺术不是三段说法，不是教条，不是格言，而是活的激情，是热情。"要搞好古典诗歌教学，教师要首先进入诗歌的艺术境界，要具有"热情"，具有"活的激情"。教师要做到将自己的思想感情和教材的思想性、艺术性融化在一起。然后再把自己的感情传导给学生。教师讲课感情充沛，讲得精彩，生动有趣，学生就会听得津津有味。在这种情况下，教师的感情会像磁石吸铁一样，紧紧地牵动着学生的心灵，充分显示出"以情激情"的巨大"磁性作用"。诗歌不是无情物，教师应作传情人。以火去点燃火，以心去发现心。诗歌情，教师情，学生情，这"三情"合一，融为一体，就能弹奏出美育的乐章。学生在欣赏诗歌的同时，感情会不断升华，认识会不断地从感性向理性深化。教师要把握这大好时机，因势利导，去推动学生认识活动的完成，使其迸射出理性的火花。从这个意义上说，情感是贯穿诗歌教学美育的主线，传情的过程就是美育的过程，诗歌教学中美育的诸多因素就会高度融化在教学的全过程中。在这里，不妨进而思索赞可夫的一段话："教师本身先要具备这种品质——能够领会和体验生活中和艺术中的美，才能在学生身上培养出这种品质。如果照着教学法指示办事，做得冷冰冰、干巴巴的，缺乏激昂的热情，那是未必会有什么效果的。"（《和教师的谈话》）。

三、教师要通过艺术语言和美的示范"以情激情"

诗歌教学最根本的艺术是语言艺术，教师的语言美是诗歌教学艺术美的重要体现。诗歌的语言是美的，教师的语言也应该是美的。美好的语言，能浸润学生的心田，能激起学生感情的浪花。教师语言美的体现主要是：简练明确，流畅自然，生动有情。教师的讲述，要通过语言的流畅性去体现自己思维的流畅性，做到以"情"为经，将语言组合成表露诗人感情和抒发自己思想感情的一条轨迹。教师的语言要富有启发性，切忌死板单调，须知："平庸的老师只是叙述；好的老师讲解，优异的老师示范，伟大的老师启发。"（威廉·亚瑟·瓦尔德）启发性的语言，能启示学生激发感情，能使学生如嚼橄榄，回味无穷。教师要重视朗读示范。范读时，借助有声语言和体态语言（表情、手势和姿态），能使学生达到入情入境的地步。

诗歌教学的语言艺术，还体现在板书设计上。板书设计，是课堂第一语言的物化。所谓课堂第一语言，指的是教师在课堂上的口头讲述；所谓"物化"即"迹形化"，就是把有声语言（主要指教师的口头讲述，也包括学生的口头回答）化为"有形物"，使学生能直接感知，进而加深理解，唤起感情。板书美，能使学生爽心悦目，志得神怡，它是馈赠给学生的一种艺术享受，是配合课堂第一语言"以情激情"不可忽视的一端。

作为美的示范，还应该包括其他方面，例如，外表的修饰，衣着打扮，等等。教师的外表美不单是外表的形状和特征，它还通过人的表情、动作、神态、声音、语言、风度、仪表等而表现出来，表达他高雅的格调，从而更容易引起学生情感的共鸣，收到"激情""动情"的良好效果。

《九歌·山鬼》新析

潘啸龙

在《九歌》之中，"二湘""河伯""山鬼"四篇内容，最容易引起读者误解。现代的许多研究者认为，这四首歌所表现的，乃是"湘君"与"湘夫人"、"河伯"与"美人"、"山鬼"与"公子"之间的恋情。这恐怕并不符合楚地民间的"巫风"祭神习俗。

我在《九歌六论》（刊《中国社会科学》1986年第4期）中曾指出，古代祭祀，对"山川之神"采取的是"望祭"形式即"遥望而致其祭品"。神灵在迷信想象中，也不降临祭祀现场。楚国巫风盛行。巫者迎（降）神有一个重要特点，就是须将自己装扮得与所迎神灵的相貌、服饰相似，神灵才可能"附身"降临。据《史记·封禅书》记，齐人少翁对武帝说："上即欲与神通，宫室、被服（即衣饰打扮）非象神，神物不至。"《荆楚岁时记》也记载，荆楚民间正月十五晚上"迎紫姑以卜将来蚕桑并占众事"，也是采用"作其形迎之"（装扮成紫姑模样来迎接她）的方式。都证明了上述巫风特点。

《湘君》《湘夫人》《河伯》《山鬼》所祭，正属于"山川之神"故采取的乃是"望祭"方式。这些神灵虽然不降临祭祀现场，但巫者仍须装扮成他们的模样，去四处寻觅、作接迎神灵的种种努力。直到最后，神灵还是不来，世人才将送给他们的祭品投入江中或埋在山下。"河伯"则又有"娶妇"传说，当其急于"东行"而不临祭祀现场之际，人们便将"美人"（战国时已有改用陶制美人代替活人的风气），沉入河中（即诗中"送美人兮南浦"之意）。这些习俗，是解开《九歌》祭祀"二湘""河伯""山鬼"内容之谜的一把钥匙。屈原正是根据楚地盛行的这种巫风习俗，按照"山川之神"不降临祭祀现场的特点，构思了这一组祭歌的情节，来表现世人虔诚迎神，以及不能接遇神灵的哀怨、思念之情。这也符合古人对音乐"以悲音为美"的爱好，故以此悲哀之音来娱乐众神。

为了具体说明上述意见，这里特选择《九歌·山鬼》为例，作一分析和解说，以证明它并不是一首表现"山鬼"与"公子"恋情的歌。读者可以触类旁通，以同样方式解通《湘君》《湘夫人》和《河伯》的内容、词旨。《山鬼》所述，乃是装扮成山鬼模样的巫者，在山中接迎神灵（山鬼）而不遇的情景。其中的"公子"即指山鬼女神，这正如《湘夫人》中称"湘夫人"为"公子"同例（"思公子兮未敢言"）。"余处幽篁兮终不见天"二句，前人误为"山鬼"所唱，实际上是迎神巫者诉说山高路险、竹林幽深，因而迎神"后来"的原因。终篇山鬼（神灵）并未出场，这是需要说明的。下面，先将《山鬼》原诗和我的译诗对照抄录于下，然后作一简要的鉴赏，供读者参考——

若有人兮山之阿，	我在山隈间若隐若现，
被薜荔兮带女罗。	身披薜荔，腰束女罗。
既含睇兮又宜笑，	含情脉脉，笑得有多美好，
子慕予兮善窈窕。	意态娴雅，可真教你羡慕！
乘赤豹兮从文狸，	我驾着赤豹，车后跟着花狸，
辛夷车兮结桂旗。	辛夷制的车架上，扎着桂花旗。
被石兰兮带杜衡，	我身披石兰，腰束杜衡，
折芳馨兮遗所思。	折一枝香花，赠给思念的你！
余处幽篁兮终不见天，	我深处竹林见不到天，
路险难兮独后来。	山高路险，把时间耽误。
表独立兮山之上，	我独自一人站在山巅，
云容容兮而在下。	脚下飘浮起层层云雾。
杳冥冥兮羌昼晦，	昏暗的白昼如同黑夜，
东风飘兮神灵雨。	东风又飘落阵阵的雨。
留灵修兮憺忘归，	等待着神女，我安然忘返，
岁既晏兮孰华予？	年岁渐老，谁让我青春永驻？

采三秀兮於山间，	在山间采摘一年三秀的灵芝，
石磊磊兮葛蔓蔓。	山石磊磊，到处爬满藤蔓。
怨公子兮怅忘归，	我心中哀怨，怅然忘返，
君思我兮不得闲。	神女哟，你想着我，却没有空闲？
山中人兮芳杜若，	山中的女神，就像芬芳的杜若，
饮石泉兮荫松柏，	饮的是石泉，遮荫的是松柏。
君思我兮然疑作。	神女哟，你想着我，却狐疑满腹？
雷填填兮雨冥冥，	雷声隆隆，雨色濛濛，
猨啾啾兮又夜鸣，	猿猴在夜中啾啾地叫。
风飒飒兮木萧萧，	飒飒的风声，萧萧的落木，
思公子兮徒离忧！	神女哟，我想着你，徒生烦恼！

[注]：诗中的"子""公子""灵修""君"，均指山鬼神灵而言；"予""我""余"，则指接迎神灵、装扮成山鬼模样的巫者。此歌通篇为巫者所唱。

[简析]：

这是一首祭祀山神（鬼）的歌。

在中外神话中，都有关于山神的传说。《国语》《左传》所说的山神，大抵为"木石之怪""魑魅魍魉"，属于妖魅一类；《淮南子》所说"山出噪阳"（狒狒），据《尔雅》所释，则是"披发迅走食人"的野兽。古希腊的山林之神潘，倒是位可爱的角色。他爱好音乐，性情和善，还常为"求爱"，将仙女追得慌不择路。但他的形象，却又教人不敢恭维：头上长着两只尖角，上半身虽为人形，下肢却是山羊腿，还长着对小蹄子。楚人生活在南国山泽，"天地之气，盛于东南。而楚之山川，又奇杰伟丽，足以发抒人之性情"（洪亮吉《洪北江诗文集》卷二），故屈原笔下的山神（鬼），一扫怪魅之气，变成了美丽动人的女神。因为她属于"山川之神"，古人对她的祭祀，采取的是"望祭"形式。所以，她照例是不会被巫者请到并降临祭祀现场的。《山鬼》所描述的，正是巫者接迎山鬼（神灵）而不遇的情思，其中也寄托了人们对这位女神的深切怀思之情。

不过，在此诗开头，巫者打扮成山鬼模样，还正喜孜孜走在接迎神灵的路上。我们从诗人对巫者打扮的描述，便可知道楚人心目中的山鬼是怎样的美丽："若有人兮山之阿"，是一个远镜头。诗人用一个"若"字，状貌她在山隈间忽隐忽现的身影，开笔即给人以缥缈神奇之感，镜头拉近，便是一位身披薜荔、腰束女罗、鲜翠嫩绿、清新扑面的女郎——正是山林神女所独有的装束。此刻，她一双眼波，正微微流转，蕴含着脉脉深情；嫣然一笑，齿白唇红，更使笼蘙生辉！"既含睇兮又宜笑"，着力处只在眼神和笑意，较之于《诗经·硕人》对女主人公"手如柔荑，肤如凝脂，领如蝤蛴，齿如瓠犀"的比喻铺排，反显得轻灵传神。巫者如此装扮，本意在于引得神灵附身，故接着便是一句："子慕予兮善窈窕"——"子"指神灵，"予"即打扮成山鬼的巫者。"我这样美好，可要把你羡慕死了"：口吻也是按想象中山鬼的性格设计的，开口便是不假掩饰的自赞自夸，一下显露了在山林间撒野惯了的性格，说起话来也活泼泼、火辣辣，一无扭捏之态。这是通过巫者的打扮给山鬼画像，应该说已极精妙了。诗人却嫌气氛冷清了些，所以又将镜头推开，色彩浓烈地渲染巫者迎神的车驾随从："乘赤豹兮从文狸，辛夷车兮结桂旗……"这真是一次堂皇、欢快的行进！火红的豹子、毛色斑斓的花狸，还有开着笔尖似花朵的辛夷木、芬芳四溢的桂花枝，山林间有的是奇芳异兽。诗人用它们充当迎神巫者的旗仗车从，既切合所接神灵的环境、身份，又将她手拈花枝、笑吟吟前往迎接神灵的气氛映衬得格外欢快、热烈。

　　自"余处幽篁兮终不见天"以下，情节出现了曲折，诗情也因此从欢快的顶峰跌落下来。满怀喜悦的巫者，由于山高路险误了时间，竟没能接到山鬼之神灵。她懊恼、哀伤，同时又怀着一线希冀，开始在山林间焦心寻找。此诗中间部分，诗人正是运用不断转换的镜头，通过一幅幅景物画面的交替，表现了巫者的这一寻找过程及其心理。她忽而登上高高山巅，俯瞰山林，希望发现神灵之踪影；但容容升腾的山雾，遮蔽了她焦虑顾盼的视线。她忽而行走在幽深的林中，但古木森森，昏暗如夜；那山间的飘风、阵雨，似乎全为神灵所催发，可山鬼就是不露面。人们祭祀山神，无非想求得山神的赐福保佑。现在见不到神灵，还有谁能使我（巫者代表的世人）青春长驻呢？为了宽慰年华不再的落寞之感，她便在山间采食灵芝，以求延年益寿。这些描述，写的虽是巫者在山中寻找时的思虑，表达的却正是世人的愿望和惆怅。诗人表现巫者接迎山鬼，还特别善于刻画她的心理："怨公子兮怅忘归",分明对神灵生出了哀怨;"君思我兮不得闲",转眼却又怨气顿消,反去为山鬼的不临辩解起来。"山中人兮芳杜若",字面上与开头的"子慕予兮善窈窕"相仿,似乎还是自赞自夸;但放在此处,则又隐隐透露了不遇神灵的自怜和自惜。"君思我兮然疑作",对山鬼不临既思念、又疑惑的,明明是巫者自己;但开口诉说之时,却又推说是神灵。这些诗句,将巫者不遇神灵、四处寻找时的复杂心理,表现得均极微妙。

到了此诗结尾,对神灵的降临已趋绝望,诗中出现了凄厉长啸的变征之音。"雷填填兮雨冥冥"三句,将雷鸣猿啼、风声雨声交织在一起,展现了一幅极为凄凉的山林夜景。诗人在此处似乎运用了反衬手法:他愈是渲染山林间雷鸣猿啼这些夜声,便愈加见出山鬼所处山林的幽深和静寂。正是在这凄风苦雨的无边静寂中,诗人的收笔,则是一句突然迸发的呼告之语:"思公子兮徒离忧!"那是发自迎神巫者心头的痛切呼号,它凝蓄了人们苦苦追寻神灵而不遇的全部哀思。这位迎神巫者,开初曾那样喜悦地拈着花枝,乘着赤豹,沿着曲曲山隈走来;至此,又带着多少幽怨和愁思,在凄风苦雨中呼号离去,隐没在一片雷鸣、猿啼声中——这就是屈原笔下的《山鬼》,一首多么缠绵悱恻的祭歌!

（原载于《学语文》1988年第5期）

从语法角度进行唐诗教学

王志蔚

在文学的大家族中，诗歌的语言最为凝炼，它的内容跳跃性大，强调有深邃的意境，隐含丰富的哲理，饱含强烈的思想感情，而且形式上要受到一定的限制。这些特点决定了诗歌语法的特殊性。和散文的语法相比，诗歌的语法更为灵活自由。在唐诗教学中，若能把握诗歌的这种特殊性，理解唐诗则事半功倍。

一、名词谓语句经常出现

小说、散文中也有一些名词谓语句，但那是个别情况。在诗歌中这类句子则是司空见惯的。由于诗歌的高度凝炼，要在短短的几十个字中，表现尺幅千里的画面，所以必须选择那些结构压缩的句子，名词谓语句则是理想的句式。这类句子，谓语是由名词或名词短语充当的，语言精炼，含义丰富，教学时要特别注意对这类语短意丰句子的理解。例如杜甫的《春日忆李白》中两联："清新庾开府，俊逸鲍参军。渭北春天树，江东日暮云。"这四句虽然无动词，按散文的语法看，好像也不完整。但是诗人的意思已经完全表达出来了。李白的诗清新得像庾信的诗一样，俊逸得像鲍照的诗一样。当时杜甫在渭北，李白在江东，杜甫看见了暮云春树，触景生情，就引起了甜蜜友谊的回忆。这个意思不是很清楚吗？假如增加一些动词，反而令人感到多余了。

崔颢《黄鹤楼》："晴川历历汉阳树，芳草萋萋鹦鹉洲。"这两句共有四

21

层意思："晴川历历""芳草萋萋"各是一个句子，"汉阳树"与"鹦鹉洲"都是名词短语，用来充当谓语，不能独立成句，但却能形象地表达汉阳树和晴川的关系、芳草和鹦鹉洲的关系。因为晴川历历，所以汉阳树看得更清楚；因为芳草萋萋，所以鹦鹉洲更加美丽了。

二、句子成分经常省略

诗歌由于字数、句数、平仄、对仗等形式的限制，常常需要省略一些不言自明的句子成分，特别是主语，理解这类句子，必须准确地补上，才能解释清楚。

刘禹锡《酬乐天扬州初逢席上见赠》："怀旧空吟闻笛赋，到乡翻似烂柯人。"两句都省略了主语"我"。柳宗元《登柳州城楼寄漳汀封连四州》："共来百越文身地，犹自音书滞一乡。"前句省略了主语"我们"。骆宾王《易水送人》："此地别燕丹，壮士发冲冠。"前句省略了主语"荆轲"。

又如李白《秋登宣城谢朓北楼》："两水夹明镜，双桥落彩虹。"这两句都省略了比喻词"如"，如果不讲清这点，诗句就难以理解。这两句意思是"两水（指宣城的句溪和宛溪）夹城流过，水清如镜；两桥（指句溪和宛溪的两座桥）犹如彩虹，从天而降。"再如杜甫《月夜忆舍弟》中的"边秋一雁声"，"边秋"指地域（边塞）和时间（秋夜），"一雁声"前则省略了这句的动词"传来"。这句意思是：秋天边塞的夜空中偶尔传来一两声孤雁的哀鸣。

应当指出，省略句省略的成分，有的明显有的不明显，不明显的，要指导学生结合上下文进行确定。

三、语序变换较为频繁

唐诗中，有些诗句的词语组合方式和一般文章中的句子不同，这是由于要在有限的字数和格律的限制中表达丰富的内容，所以不得不突破一般的语言习惯，对语序作适当的调整变换。对这类句子，教学时必须加以调整，才便于理解。

高适《燕歌行》"寒声一夜传刁斗"中的"寒声"不是寒冷的声音，"传刁斗"也不是声音传到刁斗或从刁斗中传出，"寒"是形容天空的，"刁斗"是敲击刁斗的声音。把这些零散的意思重新组合，就是：整整一夜，在寒风中传来战士值夜巡更敲击刁斗的声音。

王维《山居秋暝》："竹喧归浣女，莲动下渔舟。""竹喧"不是主谓关系，不是"竹子喧闹"，是在竹林中传来喧笑的声音，"归浣女""下渔舟"都是主语后置到宾语的位置，意思是"浣女归""渔舟下"，综合起来，这两句意思是：从竹林里传来一阵阵歌声笑语，原来是一群姑娘们在溪边洗完衣服，结伴回家；亭亭的荷叶，摇动分披，原来是渔舟返航了。再如杜甫《月夜忆舍弟》"戍鼓断人行"一句也不是主谓关系，而是两个并列的短语，意思是戍楼上时而响起沉重单调的更鼓，大路上杳无人迹。

四、诗歌特别注重炼字

炼字是修辞问题，同时也是语法问题，诗人们最讲究铸字炼词。一般来说，诗句中最重要的一个字就是充当谓语的中心词，把这个中心词炼好了，就是一字千金，诗句就变得更加生动、形象，蕴涵丰富了。教学中抓住了这些关键词语，就等于找到了理解诗句的钥匙。

李白《塞下曲》第一首"晓战随金鼓，宵眠抱玉鞍"。"随"和"抱"炼得很好。鼓是进军的号角，所以用"随"字最为合适，"宵眠抱玉鞍"要比"宵眠""伴玉鞍""傍玉鞍"等说法准确形象，因为只有"抱"字才能显示出枕戈待旦的紧张情况。孟浩然《临洞庭》中的"气蒸云梦泽，波撼岳阳城"，"蒸"和"撼"两个动词锤炼得极为形象生动，能恰如其分地表现洞庭湖浩瀚壮阔的雄伟气势。王昌龄《从军行》第七首："黄沙百战穿金甲"的"穿"字，炼得也很精彩，"穿"是百战的结果，突出了战争的漫长、频繁和激烈。

有些动词、形容词变为使动用法，也是炼字。如杜甫《春望》第二联：

"感时花溅泪，恨别鸟惊心。""溅"和"惊"都用作使动词：花使泪溅，鸟使心惊。春天来了，鸟语花香，本应感到欢笑愉快，现在由于国家遭逢丧乱，一家人流离失散，花香鸟语只能使诗人溅泪惊心罢了。又如李白《秋登宣城谢朓北楼》"人烟寒橘柚，秋色老梧桐"中的"寒""老"原是形容词，这里变为使动用法。这两句的"人烟""橘柚""梧桐"三种景物，用"寒""老"加以点染，深深地透露出季节和环境的气氛，不仅写出了秋景，而且写出了秋意。

有的形容词即使不用作动词，有时也有炼字的作用。如王维《观猎》第三、四两句："草枯鹰眼疾，雪尽马蹄轻。"这句话头有四个句子形式，"枯""尽""疾""轻"都是谓语，但是："枯"和"尽"是平常的谓语，而"疾"与"轻"是炼字。草枯以后，鹰的眼看得更清楚了，诗人不说看得清楚，而说"疾"（快），"疾"比"清楚"更形象；雪尽以后，马蹄走得更快了，诗人不说快，而说"轻"，"轻"比"快"又更形象，可以说，诗味在炼字里。如果抓不住关键词语，就无诗可讲了。

从语法角度进行诗歌教学是一件很有意义的事。它可以迅速地让学生掌握诗句的组合规律、用词特点，分清主次轻重，便于挖掘诗的内在含意，加深对作品思想内容的理解和认识，提高艺术欣赏能力。

（原载于《学语文》1990 年第 3 期）

审美性：诗歌教学的灵魂

熊　军

诗歌教学是阅读教学的重要内容之一。诗歌有它自身的特点：精巧的体式，跳跃的节奏，和谐的韵律以及丰富的情感内蕴，这一切无不显示出诗歌有别于其他任何文学样式的独特的美，因此，诗歌教学要突出诗歌的这一特点，紧紧围绕诗美做文章。

一、突出诗的美育功能

阅读教学肩负着对学生进行审美教育的重要使命，而诗歌则为我们完成这一使命提供了最直接、最集中、最有效的教育材料，即是说，诗歌具有其他文学样式无与伦比的美育功能。但在"文以载道"思想的长期影响下，我们似乎过于看重诗的认知功能、教化功能，诗歌教学因此成了"讲经布道"的阵地。这种教学行为是认知性的而非审美性的，它将艺术化的东西"科学化"了，将形象化的东西概念化了，将情感化的东西理性化了，结果是，当我们对诗歌进行了"深入细致"的剖析判断之后却发现，原本腾挪鲜活的精灵已然僵死。这是我们忽视甚至无视诗美所得到的回报。

苏霍姆林斯基说："美，首先是艺术珍品，能培养细致入微的性格。性格越细致，人对世界的认识越敏锐，从而对世界的贡献也越多。"（《给儿子的信》）看来，诗歌教学就应充分利用诗歌这一"艺术珍品"的美，切实有效地对学生进行审美教育，这样，不仅能培养学生的审美情趣和审美能力，甚至能在一定程度上完成对学生整个"人"的塑造，这，或许比表面化的思

25

想灌输和知识上纯粹量的积累要有意义得多。

二、探寻与感受诗美的途径

"从美的事物中找到美，这就是审美教育的任务。"（席勒《审美教育书简》）因此，引导学生从优秀的诗歌作品中探寻美、感受美，并自觉地接受美的熏陶，应该是诗歌教学的着力点所在。意蕴美与形式美是构成诗美的要件，但诗美不是美的要件的简单组装，而是以艺术之美而整体显现出来的，所以诗歌教学对诗美的探寻也不应是机械的分解和剖视，必须找到一个能烛照全篇的审美视角，然后切入诗作巨大的艺术空间意荡神驰。为此，诗歌教学主要应在以下三方面下功夫——

（一）把握诗人的情感脉络

诗人的情感是作品周身流动的血液，要体悟诗人的情感并与之交流，就得摸清诗人的情感脉络，如此，方能得诗之精髓。如流沙河的《就是那一只蟋蟀》的抒情脉络是：由外在到内在、由民族历史的宏观到个人经历遭遇的微观、由民族情感感受到个人的情感感受。把握住了这一点，就是找到了本诗提供给我们的独特的审美视角——诗人将自己的情感投射到本民族的共同文化背景上，诗人的情感得以放大，在民族感情经验中得到回响。当然，这种"面"上的扫描有赖于"点"上的考察，这"点"就是诗的中心意象"蟋蟀"及由此连带而来的诸如时间的、空间的、听觉的、视觉的、感觉的等一系列意象，是它们的闪光才照亮了诗歌整个的艺术空间，并使我们切实地感受到诗人脉搏的跳动。

（二）展开想象的羽翼

想象是诗歌创造优美艺术形象的主要手段之一，也是读者将这艺术形象在大脑中再现出来并由此获得审美愉悦的重要的智力活动。《红楼梦》中的香菱在谈及诗的妙处时说："大漠孤烟直，长河落日圆"，"合上书一想，倒象是见了这景的"；还有"渡头余落日，墟里上孤烟"，她说："我们那年上京来，那日下晚便湾住船，岸上又没有人，只有几棵树，远远的几家人家作晚饭，那个烟竟是碧青，连云直上。谁知我昨日晚上读了这两句，倒象是我又到了那个地方去了。"（第四十八回）曹公借人物之口道出了读者想象活动的两个层次，首先是将诗人的艺术想象"还原"为生活中的画面，即"合上书一想，倒象是见了这景的"。但这还不够，还应凭借作品提供的"情"与"境"、"人"与"事"，结合读者个人的生活体验和艺术积累去填充作品留下的许多"空白"，作合乎情理的情感迁移——"倒象是我又到了那个地方去了"，只有达到了这第二层次，审美活动才是进入了"佳境"，才能得诗之温馨和灵气，体会到作品独特的韵味，从而得到艺术的享受。

（三）重视诵读

古人有"吟妥一个字，捻断数茎须"（卢延让）、"吟成五个字，用破一生心"（方干）之说，可见诗味是诗人"吟"出来的，"吟"的过程就是反复推敲、反复提炼的酿制过程，而读者要想品得诗中真味，也离不开一个"吟"字，"两句三年得，一吟双泪流"（贾岛）、"夜吟晓不休，苦吟鬼神愁"（孟郊），这绝不是古人的谈玄，我们在诗歌教学时，就有人在《大堰河——我的保姆》的诵读声中热泪盈眶，就有人在《再别康桥》的反复吟咏中意荡神迷。当无声的文字转化为有声的语言之后，那原本潜隐于字里行间的节奏、韵律乃至神气都会变得明晰可感，令人荡气回肠。如果说，对诗句的研磨咀嚼能加深对诗理解的深度，那么，对诗作的反复诵读则可得到"目视其文，口发其声，心同其情，耳醉其音"的审美感受。

三、教学方式的艺术化

教学方式的艺术化是诗歌教学审美性的重要组成部分。虽然诗歌教学和诗歌鉴赏都要着力于对诗美的探寻，但诗歌教学的双审美主体（教师、学生）的存在，决定了它有别于一般意义上的诗歌鉴赏。因为教学效果的优劣，最终要看审美主体之一的学生（而不是教师）与审美客体（诗）的接触、融合程度，而这又取决于教师能否以适合诗歌特点的教学方法、手段对其进行有效调控。这里主要谈两个问题——

（一）教学语言的艺术化

1.教学语言的诗化。如《雨巷》课开头的情境导入："雨巷，一条那么悠长的雨巷，一条多么寂寥的雨巷，雨巷中，彷徨着一位诗人，又彳亍着一位姑娘，他们在雨巷中飘然相逢，又飘然而散。这景，这情，诱使过多少读者遐想幽思。"这种教学语言本身情境交融，充满了诗情画意，再通过教师声情并茂地传达出来，就与诗人所营造的美的氛围融为一体，成为诗歌教学审美性的一部分。与那种刻板、乏味的语言相比，诗化的教学语言能更强烈地拨动学生情感的琴弦，并引领着学生曲径通幽般地进入诗歌情境中去。

2.教学语言要少而精。相传古代有个国王出了一道难题，说是谁能将这小屋塞满，就给谁荣华富贵。于是有人用泥沙填，有人用稻草塞，但都塞而不满。有个聪明的人，只点了一盏灯，小屋便充满了光。其奥妙在于，"塞"则死，"点"则活。诗是浓缩的艺术，如这小屋，虽小，却是个巨大的艺术空间。教学中，教师如果也想用语言的"草捆"塞满它，自然是出力不讨好。既然诗歌留下了许多"空白"，教师就该把这"空白"交给学生，让他们去展开想象的翅膀，作一番探美觅胜的神游。教师要做的是，用少而精的语言为学生点拨点拨，引个路，使学生不至于不得要领和迷失方向。

（二）教学手段的艺术化

1.诗配画。有位老师在教《雨巷》时，挂出了一幅水墨画：悠长的江南小巷，撑着油纸伞独自彷徨的青年，还有亦真亦幻的姑娘，这一切都笼罩在迷蒙烟雨之中。这样，教师和学生一起品画，实际是在品诗，而在对诗进行品评的时候，诗又幻化成了直观的画。这种以画配诗的教学方法可以激发学生的读诗兴趣，帮助学生加深对诗情画意的理解，同时也使诗歌教学活动本身具有一定的审美性。

画可以由教师配，也可以由学生配；可以是精心绘制的，也可以是简笔勾勒的，后者更符合教学实际。

2.诗配乐。在诗歌教学中，恰当地选用音乐伴读是一种比较好的教学方法。采用这种方法有三种情况应当注意：一是有的诗作已经配好了乐曲，录好了磁带，教学时可以直接播放；二是需要教师选择与诗歌的抒情调子相谐和的乐曲为诗伴音；三是有些诗作已被当作歌词谱了曲。教师平时要注意搜集这方面的音像资料。

需要强调的是，不管诗配乐还是诗配画，都必须以和谐与必要为前提，否则，不仅无助于对诗美的探寻和感受，反而会破坏诗歌教学的和谐氛围，因为艺术化的教学方法，首先是也一定是最恰当的教学方法。

（原载于《学语文》1997年第2期）

弃妇的不平：《卫风·氓》解读

鲍鹏山

男女之不平等，约有两端。一可曰"社会地位的不平等"，尤以封建礼教时代为最甚。一可曰"自然的不平等"，即两性在生理特点上的不平等，如罗丹所言，女子的青春更短暂。一般而言，对男子，人们更看重他的社会属性；对女子，人们更看重她的自然属性。在婚姻条件中，女子的自然优势（青春美貌）只能随着年龄的增加逐渐丧失。这就使得男女两性在婚姻的天平上呈相反的趋势——婚姻悲剧往往就在此时出现了，与此伴随的，便是许多悲苦无告的"弃妇"的出现。《诗经·卫风·氓》就是早期传唱的一首著名弃妇诗。用我们今天的眼光来看，《氓》中的女主人公，是一位近乎完美的形象。先看婚前，她是一位浪漫而多情的恋人。当那位满脸堆笑的"氓"来巴结她时，情窦初开的她竟然——

送子涉淇，至于顿丘。

这是一段多么温柔缠绵的路程呢！我们完全可以想象，正是由于她的温柔与浪漫，爱情之花沿途盛开了。可是事情还有些曲折。——而唯其有了这一点曲折，才如水波一般折射出这位少女的又一份美丽——在他们依依不舍地话别时，喁喁的情话中突然传出男子一方的不和谐音："匪我愆期，子无良媒。将子无怒，秋以为期。"由于女子坚持明媒正娶而不愿和他私奔，这个刚才还满脸堆笑的男人，此时竟满面怒容了！我们在愤愤于这位"臭男人"的自私时，不能不惊讶于这位女子的过于宽容与迁让。只是，过分的忍让会纵容了男人。我们倒宁愿她能像那位郑国的小姑娘：

> 子惠思我，褰裳涉溱。
>
> 子不我思，岂无他人！
>
> 狂童之狂也且！

——《郑风·褰裳》

情人约会不来，她也不悲伤乞求，偏能痛痛快快地扬言要另觅新欢。这对那些大男子主义者，不失为一高招。

可惜沉醉于恋爱中的《氓》之女主人公，却少了这份清醒和豁达。今天我们读到"将子无怒"时，对那位怒气勃发的"氓"之嘴脸看得清清楚楚，而这位卫国少女呢？如贪吃桑葚的斑鸠被醉倒一样，她竟沉湎于爱情之中而不辨贤愚了！在此后的日子里，她常常登上高高的墙垣，向淇水那边张望：

> 不见复关，泣涕涟涟。
>
> 既见复关，载笑载言。

何等真！何等痴！无一丝造作与矜持。既不同于礼教时代女子的遮遮掩掩，又不同于自由时代新女性那样真真假假。在待娶的期盼之中，这位得不到家中"兄弟"支持的女子，终竟在"尔卜尔筮，体无咎言"的神明启示中，获得了婚姻吉利的信念，可见她对自己婚姻的处理还是很慎重的。

本来，一个现代女子嫁给一个男人，假如不受到外力的逼迫，只需一个条件就够了：她爱他。至于古代的女子要嫁给一个男人，除了"爱"之外，还得由神明来维持她对未来婚姻的信心。这位卫国的少女，在允许那位"氓""以尔车来，以我贿迁"（迎娶）之前，这两点似乎都有了。然而谁又能料到，在往后的日子里，这位女子的现实命运，却使"神明"的判断也出了差错！

再看婚后。"氓"的家境是贫寒的，因此，"自我徂尔，三岁食贫"便是这位女子早有预期又终于无怨无悔地承担了的命运。一切都是为了爱。为了爱，为了营造他们的爱巢，她——

31

三岁为妇，靡室劳矣。

　　夙兴夜寐，靡有朝矣。

　　从一位浪漫缠绵的恋人，变为贤淑勤劳的妻子，角色的变化在她是多么自然而自觉。对女子而言，婚前的美德是天真活泼与浪漫，婚后的美德是谨朴贤淑与规矩。《氓》之女主人公，可谓兼之矣！

　　不幸的是，好女人往往有不好的命运。这些女人的过错又恰恰在于她们没有错。在第五章，该女子在叙述她如何勤劳操持家务以后，紧接了一句：

　　言既遂矣，至于暴矣。

　　是什么时候，男子开始对她粗暴了呢？是在"既遂"之后。好一个"既遂"——当我经过辛勤的操劳，终于使得家业有成时，你就对我粗暴了。如果我们不从道德角度看问题，则可以说，婚姻乃是一种平衡。而许多婚姻悲剧的过程却往往是这样的：随着女子青春光华的逐渐黯淡，她的砝码越来越轻；随着财富、地位的不断增加和提高，男子的砝码则越来越重了。而且男子的财富与地位，往往由贤淑妻子的帮助所造成。从这一点看，岂非是女子帮助男子打败了自己！《氓》中的女主人公也正是这样：在家贫、劳累中她逐渐苍老，而男人"氓"，却在她"夙兴夜寐"的操持下越来越体面风光了。于是对"黄脸婆"的妻子不再爱怜，甚至不惜暴虐以待；决定性的一步也终于到来：那便是将她弃逐出门！这使我们不无理由地想起了韩非子笔下的另一位卫国女子。她不那么贤惠与无私，甚至有些自私，但她显然较为明智：

　　卫人有夫妻祷者，而祝曰："使我无故，得百束布。"其夫曰："何少也？"对曰："益是，子将以买妾。"　　（《韩非子·内储说下》）

　　这个女子以为祷神即可出门撞大运，不可谓不愚，但她对自己在婚姻中的处境却了然于心。即便不能阻止自己这边砝码的减轻，也不愿过多增加男人的砝码。控制男人的办法之一，乃在使他们没有弃妻买妾的条件。可惜《氓》之女主人公缺少这样的明智和自私，终究逃不过悲剧之命运！

韩非子说，"丈夫年五十而好色未解也，妇人年三十而美色衰矣，以衰美之妇人事好色之丈夫，则身死见疏贱"（《韩非子·备内》）。这真用得着他老师荀子的感慨了："人之情乎！人之情乎！甚不美，又何问焉？！"（《荀子·性恶》）照此说法，《氓》之女主人公悲剧之成因，似乎只在于男人"好色"、女人"衰美"间的失衡了？细细想来恐也未必。勤劳"衰美"的女人既然为家业有成作出了贡献，为什么却无法掌握家门之大权？倘若《氓》中的女主人公生活在"母权制"时代，"好色"的男人又怎敢将她驱逐出门？那时战战兢兢卷起铺盖上路的，就应该是不再"嗤嗤"的"氓"自己了。由此看来，在《氓》之女主人公的悲剧中，最终还有着社会制度因素的主宰。

（原载于《学语文》1999年第1期）

宫花缘何寂寞红

——元稹《行宫》文本细读

凌郁之

　　古诗词是中小学语文教学的重要组成部分。中小学语文课本所选录的一些古诗词，一般都是万口传诵、"至今已觉不新鲜"的名篇，对于语文教师而言，可能早已陷入审美疲劳，觉得其中没什么需要再解释的了，因而放过深层次的探讨和必要的讲解。其实，我们若能对这些诗歌作认真的文本细读，或许会有意想不到的发现，从而深化理解，触类旁通，有裨于语文教学。我们且看下面这首诗：

　　　　寥落古行宫，宫花寂寞红。
　　　　白头宫女在，闲坐说玄宗。

　　元稹这首《行宫》五言绝句，可谓盛唐的挽歌。南宋学者洪迈《容斋随笔》称赞说："语少意足，有无穷之味。"之所以能够如此，可能主要在于，它每一句都能给读者留下想象的空间：行宫为何"寥落"；宫花为何"寂寞"；白头宫女有怎样的身世际遇；她们为何要"说"玄宗，"说"他什么——语约而义丰，篇短而情遥。其意蕴的深广，实不在《长恨歌》《连昌宫词》等长篇歌行之下。相关评论文章已有不少，《唐诗鉴赏辞典》林东海先生对《行宫》一篇的赏析，非常精到。近年有南京大学莫砺锋先生《元稹的〈行宫〉如何以简驭繁》一文，议论博洽，多所发覆。但是，对于青少年读者而言，要想真正领会其中旨趣，仍不容易，最难理解的恐怕是"寂寞红"三个字。

一、感性的修辞

"寂寞红"一语，意新语工，戛戛独造，而历来注家往往忽视。作为心理状态的"寂寞"和诉诸视觉的"红"色，本不相干，而竟妙合无垠，最是神妙之笔。寂寞，是一种情绪，无所谓颜色，硬要配上颜色，那一定是灰暗的颜色；红，是一种颜色，无关乎情绪，硬要搭上情绪，一定是热闹的情绪，两者可谓风马牛不相及，而竟然组接在一起——"寂寞"于是有了色彩，"红"色于是有了情绪——此"红"便叫"寂寞红"。在令人错愕之余，便是"惊艳"，妙不可言。

"寂寞红"犹如诗眼，关乎全篇，虽在诗的第二句，却与第一句、第三句密切关联，后先照应。宫花的寂寞，宫女的白头，行宫的寥落，三位一体，相互表见。因为寥落，所以寂寞；因为白头，所以寂寞。宫女若不白头，宫花便不寂寞；行宫若不寥落，宫花便不寂寞。行宫而曰"寥落"，是说它荒废了，因为已经是"后玄宗"时代了，皇帝不来了，盛世不再了，行宫、宫女、宫花都成为了过去式。元稹写安史乱后的连昌宫，"庄园烧尽有枯井，行宫门闭树宛然。尔后相传六皇帝，不到离宫门久闭"（《连昌宫词》），这便是"寥落古行宫"的具体写照；"风动落花红蔌蔌"，"玄武楼前花萼废"（同前），这便是"宫花寂寞红"的具体写照。惟其如此，所以清人潘德舆称《行宫》"足赅《连昌宫词》六百余字，尤为妙境"。白居易《长恨歌》写唐明皇安史乱后自蜀中回来之后，所见"西宫南苑多秋草，落叶满阶红不扫，梨园弟子白发新，椒房阿监青娥老"的凄凉景象，其实也尽在此诗的"寥落""寂寞"之中了。

"寂寞红"明写宫花，暗写宫女。宫花开而无人赏，虽有"白头宫女在"，而她（们）无心欣赏。她（们）的心老了，死了，寂寞了。正如白居易笔下的上阳宫宫女，"玄宗末岁初选入，入时十六今六十"，当年"脸似芙蓉胸似玉"，而"一生遂向空房宿"，"红颜暗老白发新"（白居易《上阳白发人》），一辈子寂寞。宫花无人赏，是表象；宫女幽闭到白头，是现实；"宫花寂寞红"是表象，"红颜暗老白发新"是现实。宫花的寂寞，实乃宫女的寂寞。愈是红艳，愈是寂寞。

整个诗境的色调是苍白的：宫女是苍白的，古行宫自然是苍白的，"后玄宗"时代自然也是苍白的。在这苍白时空之上，作者偏偏着一"红"色，于是便形成了强烈的色差。这一色差给作者、读者心理必然带来强烈的冲击，"寂寞"之感也就油然而生。这种"寂寞"，大有"天荒地老无人识""天若有情天亦老"的意味，是饱和着沧桑感的寂寞。

"寂寞红"造语之所以特别，在于感性的修辞，诗人直接将一己之主观感受投注到客观物象上。从修辞格上看，或可称之为通感，或移觉，如李贺诗的"酸风"（"东关酸风射眸子"），是触觉与味觉的打通；林逋诗的"暗香"（"暗香浮动月黄昏"），是嗅觉与视觉的打通。而"寂寞红"则是视觉与心理感受的打通，与一般意义上不同感官之间的通感似还有所区别。正因为如此大胆的"为物造情"，所以才显得如此非同凡响。

二、独特的意象色系

在分析了《行宫》诗"寂寞红"之后，我们还可以诱导学生进一步深入，放眼中国诗歌史，探寻"寂寞红"这一独特的"意象色系"，以便加深对这种特殊的修辞现象的理解。

元稹《行宫》之前，未发现有人使用过"寂寞红"一语，但旧传李白所作《菩萨蛮》词有"伤心碧"，其词云："平林漠漠烟如织，寒山一带伤心碧。""伤心碧"与"寂寞红"可谓天然偶对。二者造句修辞也完全一致。碧草之"伤心"，是因为"暝色入高楼，有人楼上愁"，以愁心看平林，故所见即是"伤心碧"。能写出"伤心碧"，定能写出"寂寞红"。但是，我们不能确定这首《菩萨蛮》是否一定为李白所作，其出反在元稹之后，亦非绝无可能。

至于"寂寞红"一语是否元稹"首创"，也还值得探讨。他的好友白居易诗中恰恰也出现过。白居易《县西郊秋寄赠马造》诗："风荷老叶萧条绿，水蓼残花寂寞红。"朱金城《白居易年谱》将此诗系在元和元年（806），而卞孝萱《元稹年谱》将《行宫》系在元和四五年之际。如若可信，则"寂寞红"乃白居易的"发明"。从当时两人交谊的密切程度看，他们是完全可能看到对方诗歌的。因此，"寂寞红"几乎同时出现在元白笔下，恐非偶然。当时两人都还比较年轻，其中或许还有几分"刻意伤春复伤别""为赋新词强说愁"的意味。

元白而后，李贺最擅长这种感性的修辞，颇为论者所称赏。他直接将自己悲观的情感意绪投射在所见之红花上，于是有"愁红"（《黄头郎》："愁红独自垂。"），有"冷红"（《南山田中行》："冷红泣露娇啼色。"），有"老红"（《昌谷诗五月二十七日作》："芳径老红醉。"），皆与"寂寞红"有异曲同工之妙。红花依然是自然界的红花，而所谓"愁""冷""老"只是作者的心境而已。李贺而下，如李商隐《日射》"回廊四合掩寂寞，碧鹦鹉对红蔷薇"；郑谷《渼陂》"乱前别业依稀在，雨里繁花寂寞开"；严恽《惜花》"尽日问花花不语，为谁零落为谁开"；陈羽《吴城览古》"吴王旧国水烟空，香径无人兰叶红"，写的都是一抹寂寞的红色。中晚唐诗人所拈出的这种"寂寞红"，往往与个人的悲欢离合或家国的盛衰荣悴息息相关，而不是泛泛的"伤春""惜春"。这种强烈主观意绪的表现方式，与杜甫在安史之乱中看到"国破山河在"而写出"感时花溅泪，恨别鸟惊心"也是一个道理。

宋元明清，这一抹"寂寞红"屡屡见诸诗人笔下。陆游《卜算子·咏梅》："驿外断桥边，寂寞开无主。"姜夔《扬州慢》："念桥边红药，年年知为谁生。"邱葵《杜鹃花》："寂寞荒烟里，妖娆细雨中。"汤显祖《牡丹亭》曲词："姹紫嫣红开遍，似这般都付与断井残垣。"都是"以我观物，物皆着我之色彩"——"寂寞红"。因人及花，因花写人。有的干脆将"寂寞红"三字直接嵌入自己诗中。如韦骧诗："寂寞红芳雨后深。"（《剪金花一首和陶掾韵》）陈廷敬诗："夕照残花寂寞红。"（《妙光阁次湘北韵》）"寂寞红"庶几成为诗人笔下一种独特的意象色系。文人多情，伤春伤别，于名花之寂寞，最为敏感，尤其当其身世萧条、憔悴冷落之际，往往将自身之寂寞感伤寄托到冷红残花之上。清人史震林在《西青散记》里说："余憔悴人间，独于名利誉闻外，乃得数寂寞人，择冷寺废院无人处，看寂寞花，听寂寞鸟。"唯有"寂寞人"，才有"寂寞花"。"寂寞人"遇"寂寞花"，一倍增其寂寞。

人若不寂寞，花便无所谓寂寞。王维《辛夷坞》："木末芙蓉花，山中发红萼。涧户寂无人，纷纷开且落。"王维此处已超然于世情之外，进入禅悦的境界，是在品味辛夷坞空寂自在的状态。此花自开自落，便无所谓寂寞了。后来宋人洪咨夔《东山塔院春暮》："两崖萝蔓因依绿，一树桐花自在红。"明人王世贞《顾尚书有示山僧偈》："从教了却真空义，千树桃花自在红。"所写的都是王维式的"自在红"，空山无人，水流花开，与寂寞无关。

至于我们熟悉的"红杏枝头春意闹""浓绿万枝红一点"，那"红"乃是被聚焦、被激赏的对象，并不寂寞；"泪眼问花花不语，乱红飞过秋千去"，此问花之女子固然寂寞，而此恼人之"飞红"也无所谓寂寞。苏轼说："只有名花苦幽独。"若人都能像他那样"只恐夜深花睡去，更烧高烛照红妆"，则"愁红"变"怡红"，名花皆不寂寞矣。

三、一点启示

以上我们分析了《行宫》"寂寞红"的内涵，以及中国诗歌史上此类造句修辞现象，再回到中小学语文课堂上。对于青少年读者而言，"寂寞红"之所以难以理解，还在于他们比较年轻，还没有真正走进社会，缺乏丰富的人生阅历，并不真正懂得什么叫"寂寞"。因此，"寂寞红"是需要着重分析的关键点。这也是孔子所说"不愤不启，不悱不发"的道理。

文本细读，在语文教学中无疑是一种有意义的方法，但具体如何运用，其中切入点的选择与深广度的拿捏，可能是关键所在。对于像《行宫》这样的小诗，尤其适合文本细读之法。我们这里只选取"寂寞红"这一点加以"细读"，若在课堂教学设计中，像本文开头所提出的几点拟问，也都可以引导学生借助课内外辅导资料，具体而微地切入进去，即小见大，进而探讨唐朝因安史之乱由盛转衰的历史场域，以及由此而带来的社会心理层面的巨大阴影。如此将文本细读与群文阅读相贯通，遂能收到举一反三的教学效果。

在语文教学中，文本细读是微观掘进，是"尽精微"；群文阅读、整本书阅读是宏观开拓，是"致广大"。二者不可偏废，相辅相成，对开阔学生的视野，启迪学生的思维，诱发学生研究性学习兴趣，全面提升语文核心素养，无疑具有积极意义。

（原载于《学语文》2022 年第 3 期）

古典诗歌写作知识与高中古诗阅读教学

路海洋

在义务教育和普通高中语文课程标准里，都提到继承、发扬中华优秀传统文化的基本理念，这一理念在温儒敏总主编的统编中小学语文教材中也得到较好的落实，包括古典诗歌在内的"传统文化的篇目增加了"（温儒敏《"部编本"语文教材的编写理念、特色与使用建议》），就是其突出表现。古典诗歌是中国古代文学的大宗，数量庞大的历代优秀诗歌作品，也是中华优秀传统文化的重要组成部分。无可回避的是，当代人要想走进古典诗歌，除了需要理解它们蕴含的思想观念，还要了解它们独特的言说方式。结合中小学生的古诗学习来说，高中阶段的学生已经对古典诗歌文体特点、表达方式等有了一定程度的了解，他们也能从诗歌思想与情感表达、意象选用、意境营造等方面尝试鉴赏诗歌作品，但通常也只能从这些方面进行鉴赏。究其原因，自然是初中以来的语文教师一直都是这样教的。不过，古典诗歌最基础的言说方式，并不是意象选用、意境营造等，而是押韵、平仄、对仗的运用。事实上，要想读懂文化遗产意义上的古诗，首先要弄清的也应是押韵、平仄、对仗等古诗写作基本规范。本文即拟从古典诗歌体裁、押韵、平仄、对仗等问题入手，介绍一些有助于高中古诗阅读教学的古诗基本写作知识。

一、诗体基本知识与古诗阅读教学

文人进行创作首先要确定写什么文体，因为不同体裁作品的写作要求或说文体特性有很大差异，诗人写古诗也是如此。那么从文学阅读、研习的

39

角度来说，学生要想真正弄懂文学作品，也要了解一些基本的文体知识，这在高中阶段的语文学习中更显重要。不过，受西方文学观念影响，很长一段时间，不少通行的文学史包括基础写作教材，都将文学作品分为诗歌、散文、小说、戏剧四大类，最新的中小学语文课标和现在通行的统编中小学语文教材也大体延续这一做法。首先，这一文学体裁分类法并不完全适用于中国古典文学，如高中语文课标附录的《古诗文背诵推荐篇目》，将陶渊明的《归去来兮辞（并序）》归入"文言文"，又将屈原的《离骚》归入"诗词曲"，实际上古代的总集一般都将这两篇作品归入"辞赋类"。课标对前者体类归属的误判，应是编纂者对作品文体特点存有认识偏差所致；后者归类的不准切，在很大程度上就是套用西方文体分类观念带来的弊端，因为《离骚》既不是小说、戏剧，也不是文言文，那就只能归到诗歌中了。其次，这一文学体裁分类法是一种粗线条的做法，在具体的作品研读中还必须进一步细化，像这里提到的古诗，义务教育阶段的语文教师，可以像课标提示的那样将古风、律诗、绝句都笼统视为"古诗"，但高中阶段的教学就要对此做出区分。

具体一点说，中国古代的诗歌或说旧体诗，一般分为古体和近体两类。古体诗又称古风，近体诗又称今体诗，它们间的区分标准就是通常所说的诗歌格律。所谓"格律"是指诗歌在用韵、平仄、对仗等方面的运用规则，虽然早在东汉时期就有关于诗歌格律的探讨，但它的定型要到唐代才完成。因此，一般将唐代以后格律定型的律诗、绝句称为近体诗，唐代以前不受近体诗格律束缚的诗歌就称为古体诗，唐代以后仿效唐前古风而作的诗歌也属于古体诗。

律诗都是八句，有五言、七言之分，简称五律、七律。还有一种超过八句的律诗，称为长律，又叫排律，中学语文教材没有选这类作品，不细述。绝句共四句，也有五言、七言之分，简称五绝、七绝。古体诗的句数没有固定限制，最少的只有两句，多的可以百句以上。（罗宗强《唐诗小史》）古体诗句字数的弹性也很大，从一字到七字以上皆无不可，不过最多的还是五言和七言，简称五古、七古，陶渊明《归园田居》其一是五古，白居易《琵琶行》是七古；也有四言和六言的，《诗经》中的三百多篇作品主要就是四言诗，曹操《短歌行》也是四言诗，曹植《妾薄命》、王维《田园乐》则都是六言诗。还有一类古体，诗句的字数有五言、七言，还有二、三、四、六言甚至八到十一言，称为杂言古诗；但习惯上将此类作品都归入七古，主要原因是它们中的七言句比较多。李白《梦游天姥吟留别》就是杂言古诗，诗句有四、五、六、七、九言等多种；李白《蜀道难》，三到十一言诗句参差并见，乃是诗句字数变化幅度非常大的一篇杂言古体。古体诗中还有一个比较特别的门类，就是乐府诗，它本来是配乐的，唐代以后文人模拟古代乐府而作的古体诗，也叫乐府，但它们已经独立于音乐而存在。乐府古诗的形式与一般古体相似，但诗题往往冠以"歌""行""吟""谣""曲""辞"诸名，前引曹操、李白、白居易诸作都是乐府诗。

从古诗阅读鉴赏的角度来说，近体律绝字数、句数整齐、固定，形式上就有一种整饬之美；另外，律绝最多也就是八句五十六字，整体规模不大，但涵纳的意蕴却往往比较丰富，严羽《沧浪诗话》所谓"言有尽而意无穷"，因此总体上具有一种含蓄美。古体中的齐言诗，虽形式整饬，但意思表达比较显豁，故往往具有一种有别于近体律绝的朴茂直率美；而杂言古体诗句长短参差、变化多端，形式上就常有气势壮盛、跌宕回旋之美。教师若能将这些基本诗体知识分阶段地教给学生，无疑能够拓展学生诗歌鉴赏的视角。

二、诗歌押韵规则与古诗阅读教学

押韵是古、近体诗歌共有的基本形式要求，写作与鉴赏古诗应对诗歌押韵知识有所了解。古代诗歌中押韵的字称为韵脚，韵脚并不是诗人随意选配的，而是有相应的规约，特别是《平水韵》在南宋问世以后，诗人作诗押韵主要就依据《平水韵》。《平水韵》共106个韵部，其中平声30韵，上声29韵，去声30韵，入声17韵。韵有宽、窄之分，字数较多的韵部如平声韵的支韵、先韵、萧韵、阳韵、庚韵、尤韵等就是宽韵，字数较少的韵部如平声韵的佳韵、肴韵、覃韵、咸韵等则是窄韵。一般诗歌写作用窄韵，对写作者的技术才能要求相对较高，如律诗用窄韵的相对就比较少。

古体诗的押韵比较宽松、自由，但并非没有规律可循。首先，古体诗既可以押平声韵，也可以押仄声韵（含上声、去声、入声三类）。其次，古体诗可以全篇只用一韵，也可以通用邻韵，如平声东冬韵、萧肴豪韵，上声董肿韵、筱巧皓韵，去声送宋韵、啸效号韵等，两两或三三间可以通用；当然，平声韵和仄声韵之间不可通用，仄声中的上声和去声韵之间偶尔可以通用，但入声韵不能与其他各声通韵。再次，古体诗可以一韵到底，也可以换韵，但通常要两韵以上才能换韵；可以平声与平声韵、仄声与仄声韵之间换韵使用，也可以平仄韵交替使用。还有一种比较特殊的古体诗，即柏梁体，它是一种每句押韵的七言古诗，杜甫的《饮中八仙歌》就是这一类型的诗歌。

杜甫《茅屋为秋风所破歌》篇幅中等，用韵特点比较典型，可以此为例来说明古体诗押韵的相关问题：

八月秋高风怒号，卷我屋上三重茅。茅飞渡江洒江郊，高者挂罥长林梢，下者飘转沉塘坳。

南村群童欺我老无力，忍能对面为盗贼。公然抱茅入竹去，唇焦口燥呼不得，归来倚杖自叹息。

俄顷风定云墨色，秋天漠漠向昏黑。布衾多年冷似铁，娇儿恶卧踏里裂。床头屋漏无干处，雨脚如麻未断绝。自经丧乱少睡眠，长夜沾湿何由彻！

安得广厦千万间，大庇天下寒士俱欢颜！风雨不动安如山。呜呼！何时眼前突兀见此屋，吾庐独破受冻死亦足！

诗中涉及的韵部韵字如下：下平四豪：号；下平三肴：茅、郊、梢、坳（此处读 āo）；入声十三职：力、贼、得、息、色、黑；入声九屑：铁、裂、绝、彻；上平十五删：间、颜、山；入声一屋：屋；入声二沃：足。教材将此诗分为四部分，第一部分五句皆押平声韵，是邻韵通用；第二部和第三部分前两句押同一入声韵，第三部分后面几句押的是另一个入声韵，结合第一部分来看，诗歌至此已换了几个韵，而且是平仄交替使用；第四部分用了三个韵，前三句同一平声韵，后面几句则邻韵通用、押仄声韵，也是平仄交替的换韵。

诗人多次换韵，乃是诗意推进、诗歌表达的需要：第一部分讲怒号的秋风给诗人生活带来的苦恼，情感力度虽然已经不小，但主要还是一种无可奈何之感；第二部分开始，淘气群童的欺侮，随物质困窘而至的诸多生活苦恼，尤其是战争不断带来的心理不安，这一切进一步加重了诗人的无奈、愤懑，因此诗歌用的都是音响效果比较短促直截的入声韵；到了第四部分，面对生活困苦特别是战争灾难带来的愤懑，诗人内心饱含的阔大的儒家情怀被激发了出来，于是发出了"大庇天下寒士俱欢颜"的呼声，这里用的是音响效果比较平适的平声韵，诗歌末尾为了突出诗人愿望的坚定、强烈，便又用了入声韵。由此可见，这首诗歌用韵的变化和诗意的推进、诗人情感的递进是密切相关的。如果教师在教学中遇到类似情况，向学生适当提示上面所说的用韵特点，无疑有助于学生加深对诗歌的理解。

　　古体诗用韵说清楚了，近体诗的用韵问题就相对简单了，它有这样一些基本特点：第一，近体诗一般都押平声韵；第二，五言律绝的第一句通常不押韵，七言律绝的第一句通常要押韵；第三，近体诗一般全诗押同一个韵，不可换韵，但偶有相邻韵部通用的情况（如杜牧《清明》诗，"纷"用上平十二文，"魂""村"用的则是上平十三元）。这里不再具体论析。

三、诗歌平仄、偶对规则与古诗阅读教学

　　诗歌平仄规则要比用韵规则复杂得多，写作古诗时这也是必须熟悉贯通的知识，文章只介绍一些适合高中课堂教授的内容。古体诗并不是不可以讲究平仄，但并没有任何固定的平仄规定，而且不少诗人还刻意避免在古体诗中运用近体诗常用的那些平仄规则，目的是营造一种高古的风格。因此，这里讲诗歌平仄，主要就近体诗来讲。

　　在说近体诗平仄规则之前，先要扼要提及汉语的四声问题。现代汉语和古代汉语都有四个声调，但这两个四声不是一个概念。古代汉语的四声包括平、上、去、入，平声又分为阴平、阳平（有些地方语言，上、去、入三声也要各分阴阳），现代汉语的第一、二、三、四声，分别对应古汉语的阴平、阳平、上声、去声。那入声字呢？入声是随着中原官话语音的发展逐渐

消失了，元代周德清的《中原音韵》显示，这时的入声字就已经被"派"到平、上、去三声中去了，所谓"入派三声"。比如苏州有个颇有名气的饭店"得月楼"，其中"得""月"二字过去都念入声（现在吴方言也仍念入声），但在普通话里它们分别念阳平和去声，这就是入声派到平、去二声了。就近体诗的平仄来说，如果能够弄清楚入声字，那就能解决很多问题了。

四声既明，近体诗的平仄也不难理解。古人将阴平、阳平二声称为平声，其余上、去、入三声都称仄声。近体诗的平仄规则，王力先生将其归纳为两句话："①平仄在本句中是交替的；②平仄在对句中是对立的。"就五言诗来说，单一诗句有四种基本平仄类型，即平平仄仄平、平平平仄仄、仄仄平平仄、仄仄仄平平，前两句是平起式，后两句是仄起式；在具体的诗歌写作中，除了第一句，其他三句的第一个字是可平、可仄的。这是说本句中的平仄交替。对句中的平仄对立，即如果出句是仄仄平平仄，那么对句就要是平平仄仄平，如果出句是平平平仄仄，对句就要是仄仄仄平平，总之两句的平仄是要相对的。

七言诗是对五言诗的扩展，平仄上总体便是在五言的前面加两个字，平起的加仄字，仄起的加平字，基本句式就是仄仄平平仄仄平、仄仄平平平仄仄、平平仄仄平平仄、平平仄仄仄平平。变化比较多的，就是起首第一个字都是可平、可仄的，我们将可平可仄的字加圈，七言诗（包括五言诗）的本句、对句平仄情况就是如下：

⊕平⊗仄平平仄，⊗仄平平仄仄平。

⊗仄⊕平平仄仄，⊕平⊗仄仄平平。

它们正好可以构成诗歌的两联。五七言律绝的平仄，就是基于上述几种基本句型进行翻澜变化的。

近体诗的平仄还要注意句与句之间的粘、对，"粘"就是上下句平粘平、仄粘仄，"对"就上下句平仄相对。绝句的第一、二句之间要对，第二、三句之间要粘，第三、四句之间又要对。律诗的句数比绝句多了一倍，但粘对规律还是一样，即第四、五句要粘，第五、六句要对，第六、七句要粘，第七、八句要对。总之就是两两之间要对、粘交替，这样做的目的是要使诗歌平仄交替、声调多样。

对仗又称对偶，指的是诗文中将同类或对立的概念并列起来的做法，它是一种修辞手段，"作用是形成整齐的美"（王力《诗词格律》）。诗歌对仗的基本规则有三个：一是出句、对句的平仄要相对；二是两个句子所对内容的词性要一致，两句的句型也要一致；三是两句所对内容的意思不能重复（重复是对仗的大忌，即所谓"合掌"），上下句中的字一般也不能重复。律诗的中间两联即颔联、颈联，一般要用对仗，绝句一般不用对仗。另外，古体诗也会用到对仗，但要求要比律诗宽松得多，如出句与对句的平仄可以不相对、同字却可以相对，不细述。

下面举李商隐的《锦瑟》诗，来印证一下前面所说的平仄和对仗规则，字后面的○代表平声，▲是仄声，◎是韵脚，字下加·的是入声字：

锦▲瑟▲无○端○五▲十▲弦◎，
一▲弦○一▲柱▲思▲华○年◎。
庄○生○晓▲梦▲迷○蝴○蝶▲，
望▲帝▲春○心○托▲杜▲鹃◎。
沧○海▲月▲明○珠○有▲泪▲，
蓝○田○日▲暖▲玉▲生○烟◎。
此▲情○可▲待▲成○追○忆▲，
只▲是▲当○时○已▲惘▲然◎。

这是一首平仄、对仗都很规范的律诗，古人诗句中经常会用到的特殊句式（平平仄平仄）和本句自救、对句救等拗救手段，作者都没有使用，中间两联的对仗也十分工整，句式、词性都一致，诗歌真正做到了音响效果上的抑扬顿挫、视觉效果上工致整齐（中间两联）与整散错落（全诗）的兼备，可以作为律诗习作者效仿的典型。教师在课堂上若能向学生讲授一些基本的平仄、对仗知识，无疑有助于他们加深对诗歌音乐美、视觉美的理解。

四、余论：从一道高考题说起

2010年湖南省语文高考试卷第一道语言文字运用题的最后一小题，如下：

> 下列选项中的诗句，填入《到京师》一诗画横线处，恰当的一项是
> 城雪初消荠菜生，角门深巷少人行。_____，此是春来第一声。
> A.落红满地乳鸦啼　　　　B.柳梢听得黄鹂语
> C.春山一路鸟空啼　　　　D.楼阁新成花欲语

《到京师》是"元诗四大家"之一杨载的作品，诗作流丽清新，是一篇不错的绝句，不过以高中生的知识面，平时一般不可能细读过该作。就考试而言，学生自然可以从诗意表达层面，推测出选项B是正确答案，但这并不算很容易。如果学生对绝句押韵、平仄规律有一些了解，那么这道题的答案就更容易确定。因为押平声韵的绝句，第三句的最后一个字必须是仄声，因此最后一个字是平声的A、C可以排除；绝句第二三两句的平仄要"粘"，或者三四两句的平仄要"对"，不管从粘还是从对的角度，甚至只要从二、三、四句的后五个字看，选项D都很容易排除掉，因为选项D的平仄是平仄平平平仄仄，与第二句的仄平平仄仄平平不粘，与第四句的仄仄平平仄仄平也不对；再加上诗意的梳理，可以充分确定只有B是正确答案。

大部分古诗写作知识固然不是高考考察的直接对象，但了解、懂得一些相关基本知识，也符合课标的要求。如2017版高中语文课标在必修课程学习要求部分，就要学生"尝试梳理文学作品的基本样式和概念"；选择性必修和选修课程学习要求则规定，"在阅读鉴赏中，了解诗歌、散文、小说、戏剧等文学体裁的基本特征及主要表现手法，了解相关的中国古代文化常识"。另外，在学业质量水平描述部分，属于必修课程学习要求的水平二，便要学生"喜欢欣赏文学作品……能对作品的内容和形式作出自己的评价"；到了针对选修课程的水平五，则进一步要求学生"在鉴赏活动中，能

从不同角度、不同层面鉴赏文学作品"。由此不难发现，新课标对高中生在文学作品阅读鉴赏方面的素质、能力有着多方面的要求，而文学作品"形式"层面与"内容"层面的相关素质、能力同等重要。在这个意义上，上文所涉及的古诗体裁及押韵、平仄、对仗等文学形式层面的文化知识，应都包括在文学阅读鉴赏素质、能力的范畴内，这些知识自然可以成为高中语文阅读教学的组成部分。

当然，迫于高考的现实要求和压力，目前的高中语文教学会涉及古诗体裁问题，但一般讲得都比较浅，很多学生仍然不太分得清古体诗和近体诗的区别，而对于古诗押韵、平仄、对仗问题，则很少或基本不涉及。实际上，从文章所分析的古诗体裁及格律基本知识来看，学生理解起来并不困难，教师掌握同样并不困难，关键教学时耗也有限。那么，如果教师能在课堂上（也可以利用综合实践活动课程的研究性学习环节等）分阶段地向学生讲解一些相关知识，一方面可能会引起学生学习的兴趣，另一方面将直接有助于学生对古诗言说方式和创作规律的了解，有助于他们多角度、多层面地理解和鉴赏古诗。此外，对那些有兴趣、学有余力的学生，还可以进一步引导他们去效仿古人，写作一些近体律诗、绝句，从而拓宽他们的古诗课堂学习收获向写作实践能力迁移的面。再进一步，高中语文阅读教学将作为古诗写作基本知识的体裁和格律问题，设为课程讲授内容的一部分，也应是对新课标提出的继承、发扬中华优秀传统文化基本理念的一种具体落实。

（原载于《学语文》2022 年第 3 期）

跟随时代一道前进的诗人——柳亚子

孙文光

在中国诗史上，柳亚子是一位占有重要地位的诗人。他一生经历了清王朝末期、旧民主主义革命、新民主主义革命和社会主义革命等几个历史阶段，并且在各个阶段里都写下了大量的作品。他的这种经历，是颇为罕见的，因而，他的作品也就带有鲜明的、急剧变化的时代色彩，从而具有相当重要的"史诗"的价值。

柳亚子（1887—1958），江苏吴江县人，他原名慰高，字安如；后更名人权，字亚庐；再更名弃疾，字亚子。他出生的年代，正是中华民族处于最黑暗、最屈辱的时期。在帝国主义、封建主义的双重压迫下，中国已经沦为半封建、半殖民地的社会，国家和人民的灾难极其深重。他为此曾经发出过深切的慨叹："生我胡不辰？丁斯老大邦。仰面出门去，泪出何淋浪！"

但是祖国的危机，民族的灾难，却迫使先进的中国人多方探索和寻求救国救民的道路。当柳亚子十岁左右的时候，资产阶级改良派发动了著名的戊戌变法维新运动；不久，资产阶级民主革命运动又随之而兴起。在时代的推动下，他从小就萌发了爱国思想。1903年，十六岁的柳亚子，加入了中国教育会，到上海进入爱国学社，与章太炎、邹容等人一起，鼓吹反清民族革命。尽管当时他们的主张带有狭隘的民族意识，还不理解"清朝是帝国主义的走狗"（毛泽东《唯心历史观的破产》）这一真理，然而柳亚子在该年写作的五言古诗《放歌》里，却异常悲愤地控诉了清王朝和帝国主义践踏中国的罪恶，痛切地看出了日益深重的危机：

……上言专制酷，罗网重重强。人权既蹂躏，天演终沦亡。……豺狼方当道，燕雀犹处堂。天骄阚然入，踞我卧榻旁。瓜分与豆剖，横议声洋洋。世界风大潮，鬼泣神亦瞠。盘涡日以急，欲渡河无梁。沉沉四百州，尸祲遥相望。他人殖民地，何处为故乡？

1904 年，慈禧太后做寿，柳亚子作了《纪事诗二首》。诗云：

　　毳服毡冠拜冕旒，谓他人母不知羞！江东几辈小儿女，却解申申詈国仇。

　　胡姬也学祝华封，歌舞升平处处同。第一伤心民族耻：神州学界尽奴风。

这两首诗，笔锋直刺专制女皇，生动地表现了青年时期的柳亚子的无畏气概和胆略；同时也表现了当时人们对慈禧的强烈不满的情绪。

1906 年，柳亚子参加了孙中山领导的中国同盟会，积极进行民主革命活动。次年，与陈去病等在上海组织神交社，并酝酿成立南社。这期间，他伤时吊古，慷慨悲歌，在作品里尽情地抒发着以身许国的豪情壮志。《吊鉴湖秋女士》《西湖岳王冢》《吊刘烈士炳生》等，便是当时的力作。《天心二首为那拉、载湉同殒作》，一面为作恶多端的慈禧太后和光绪皇帝的终归尘土感到庆幸："天心今已厌匈奴，一夕元凶并伏辜。人喦有灵诛牝雉，帝羓无命笑雄狐……"；一面也感到民主革命的道路还长，自己还需要为革命多所贡献："……小雅式微真此日，中原恢复仗吾徒。侮亡取乱英雄事，振臂中宵试一呼！"诗中所表现的昂扬的爱国精神，是很能令人感动的。

1909 年，以提倡民族气节相号召的革命文学团体——南社终于正式成立。这是讫于 1919 年"五四"运动前的中国古代文学史上的一件盛事。这个团体之命名为"南社"，意谓"操南音不忘本"，最明确不过地表明它们在政治上是为了配合民族民主革命，反对清王朝的种族压迫和专制统治。而在文学上，它们则是为了冲破当时各色没落腐朽的流派对文坛的控制，让文学更紧密地为民族民主革命服务。柳亚子作为南社的发起人和组织者，他为这个团体的创立和发展是作了突出的贡献的。同时，他还以自己的创作，代表着南社的战斗实绩。正因为这一缘故，柳亚子的名字被光荣地载入中国古代文学史的史册，成为中国古代诗史上最后一位有重要影响的诗人。

但是，由于时代和阶级的局限，辛亥革命以后，南社中的许多人没有能够同时代一道前进。正如鲁迅所说的："……'南社'的人们，开初大抵是很革命的，但他们抱着一种幻想，以为只要将满州人赶出去，便一切恢复了'汉官威仪'，人们都穿大袖的衣服，峨冠博带，大步地在街上走。谁知赶走满清皇帝之后，民国成立，情形却全不同，所以他们便失望，以后有些人甚至成为新的运动的反动者。"（鲁迅《对于左翼作家联盟的意见》）然而柳亚子则不然。他始终跟随着时代的步伐向前迈进，"他的精神是随着时代的进步而进步的"（郭沫若《柳亚子诗词选序》）。民国成立之后，他在上海担任《天铎》《民声》《太平洋》等报的主笔，继续以诗文宣传革命，为当时的反对袁世凯等北洋军阀的斗争呼号呐喊。1915 年，袁世凯积极筹备称帝，他作过一首《孤愤》：

> 孤愤真防决地维，忍抬醒眼看群尸？美新已见扬雄颂，劝进还传阮籍词。岂有沐猴能作帝，居然腐鼠亦乘时。宵来忽作亡秦梦，北伐声中起誓师。

诗人爱憎分明，对袁世凯盗国行径和刘师培等封建余孽的卑劣伎俩，表示了极大的愤怒和鞭挞；而对祖国对人民的命运，则表示了深沉的忧虑和关注。

特别值得提出的是，当马克思主义传来我国、中国共产党成立之后，柳亚子同人民一道跨进了新时代的门槛。他的诗歌，由原来的为忧国忧民歌唱，又注入了为无产阶级领导的新民主主义革命讴歌的新内容。作为国民党左派，他尊崇孙中山先生，同时也景仰无产阶级的领袖马克思、列宁和毛泽东。1924 年和 1929 年，他曾分别写了如下的两首七绝：

> 孔佛耶回付一嗤，空言淑世总非宜。能持主义融科学，独拜弥天马克思。
> ——《空言》
> 神烈峰头墓草青，湘南赤炽尽纵横。人间毁誉原休问，并世支那两列宁。
> 孙中山、毛润芝
> ——《存殁口号五首》之一

这些诗，写在当时有许多人把共产主义当作洪水猛兽，反革命势力十分猖獗的时刻，确是难能可贵的，它需要诗人具有多么大的勇气和远见卓识。他还不只一次地说明，《空言》一诗"虽寥寥二十八字，自谓足称余之代表作矣"（《羿楼日札》）。他十分向往革命圣地延安，向往人民的解放区；他同周恩来、朱德、董必武、陈毅等老一辈无产阶级革命家有着深厚的情谊。在解放战争时期，他更以充沛的激情，写了许多痛斥蒋介石、歌颂人民革命的好诗，形象地纪录了伟大的人民革命斗争的壮丽图景。如《蒋家三首》中的警句："独夫暴戾前无古，民众翻腾正此时。""失笑秦淮河畔水，后庭一曲几人听？""欲报友仇惟有血，要平国乱不宜恩"等，既反映了人民的欢忭之情，也反映了作者的思想认识的不断深化和进步。

1949年2月，柳亚子以六十岁高龄响应中共中央和毛泽东同志的邀请奔赴解放区，他的喜悦之情是难以言喻的。启程时他特地作了一首诗：

> 六十三龄万里程，前途真喜向光明。乘风破浪平生意，席卷南溟下北溟。

一气呵成，轻快跳动，使读者也不禁为诗人奔向光明世界而感到欢欣鼓舞。就外表看，这首诗似与杜甫的名作《闻官军收河南河北》有某些相近之处，或许也可以说是在杜诗的启发之下而写作的吧，然而它又是那样谐和地表述了诗人当时的心境，清新隽永，别有韵味。

到了社会主义革命阶段，柳亚子老当益壮，在建国之初的几年，曾经热烈地为人民的解放，国家的独立，民族的团结，发出由衷的歌唱，写作了如《十月一日第一届国庆节……》（"联盟领导属工农"）、《浣溪沙》（"火树银花不夜天"）等一些为人广为传诵的篇章，只是可惜由于健康不佳的原因，他没有能够留下更多的作品。直到1958年6月溘然辞世，终年七十二岁。他以自己的毕生精力，贡献给祖国的诗歌事业，这是值得人们永远怀念和尊敬的。

当然，柳亚子的成就，不只是在自己的诗词中反映了清朝末年直到新中国成立后这一长时期的历史，而且还在于他在诗歌上的进步主张和卓越的艺术技巧。清末民初，形式主义、拟古主义等腐朽诗派，完全抛弃了中国古典诗歌的进步传统，柳亚子和南社诗人一起，同它们进行了激烈的战斗。他在《论诗六绝句》中，以高屋建瓴的姿态，对当时作孽诗坛的封建遗老们投以轻蔑的嘲讽和猛烈的抨击：

> 郑（孝胥）陈（三立）枯寂无生趣，樊（增祥）易（顺鼎）淫哇乱正声。一笑嗣宗广武语，而今竖子尽成名！

但是，他对前代进步的诗人陆放翁、夏完淳、顾炎武、龚自珍等则给予高度的评价。他特别称颂龚自珍，说自珍"三百年来第一流，飞仙剑客古无俦"。很显然，要以龚自珍为榜样，在诗歌中注入新思想，开辟新境界。所谓"甘持独醒谢群喧，宋玉能传屈子骚。记取定公名论在：但开风气尽堪豪"（《八日迭和左海少年四绝句》）。便坦率地说明了自己的瓣香所在。他的诗词神情激越，才气纵横，也确乎表现了深受龚自珍的影响。

在中国诗歌发展的问题上，他发表了相当通达的观点。20世纪40年代，在《羿楼日札》中，他说：

> ……五四以还，深信新文学必然发展，旧文学必然没落，一度且主张以世界语代替汉文矣。顾于文言文及旧体诗，终以习染太深，未能绝缘。自嗤矛盾，则举旧囊盛新酒为解，欲以新思想镕铸入旧风格之中。且冀旧文学自我而尽，以后不再有人沉溺其间，致废时而失事。

这段话，出自柳亚子之口，是十分令人钦佩的。如他自己所说，他对旧体诗，实是"习染太深"了，而且又有那么高深的造诣。但是，他不以自己的癖好，来影响对诗歌发展问题的认识。相反，他还颇为自许地说过："收束旧时代，清算旧体诗，也许我是当仁不让呢！"（《柳亚子的诗和字》）这也反映了他的见解是与不断前进的时代脚步相合拍的。

对于柳亚子的卓越的诗歌艺术，人们是早有定评的。当时曾有人说他："亚子翩翩第一流，七律直与三唐俦。"1945年，毛泽东同志称赞他："尊诗慨当以慷，卑视陈亮陆游，读之使人感发兴起。"（转引自《柳亚子诗词选》）主要当是指柳诗在新的历史条件下，它的爱国主义精神，较之陈陆更为强烈，但也包含了对柳诗特有的苍凉悲壮的艺术风格的肯定。郭沫若同志评他的诗词"意气风发，声调激扬，中国的文学语言，无论雅言或常语，在他的笔下就像是雕塑家手里的泥，真是得心应手"（郭沫若《柳亚子诗词选序》）。则生动说明了柳亚子在旧体诗词方面的功力之深厚，技巧之娴熟。

柳亚子诗词也有它的弱点，正如他的思想所达到的高度一样，他能够随着时代的进步而进步，及时反映历史进程的轨迹，是应当充分肯定和称赞的。但是他的清高自许，妨碍了他同人民群众的密切结合，因而也给诗的内容带来了某种感伤的气习，诗的风格也略嫌单调，诗的语言还不够通俗。这些弱点，当然不是柳诗的主导方面，我们也不能苛求于他。但在学习继承柳亚子诗歌遗产的时候，却又是值得注意的。

（原载于《学语文》1983 年第 1 期）

抒情诗教学随想

——从《大堰河——我的保姆》《西去列车的窗口》谈起

翟大炳

  艾青的《大堰河——我的保姆》写于 1933 年，贺敬之的《西去列车的窗口》写于 1963 年。前者表现了诗人在狱中对养育他的乳母，一个名叫大堰河（实为大叶荷的谐音）的农妇的怀念；后者则是表现了诗人对上海知青在南泥湾老战士的率领下，出发去新疆垦区的赞颂之情。这两首诗不仅写作时间不同，内容也完全不同。然而它们的共同之处，都是抒情诗。抒情诗的一个最重要的特色就是诗中有"我"，没有"我"就不能表现诗人鲜明的个性，不能表现他不同于别人的"这一个"独特感受。抒情诗中有"我"是没有疑问的，这是由这种文学样式所决定了的。问题在于这是一个什么样的"我"。是把自己封闭在狭小的天地里，围绕身边琐事浅斟低唱，还是"所有的努力，不管写什么，还是怎么写，不管思想感情，都必须通向人民"。（《艾青谈诗》）显然，那种顾影自怜的小"我"是不足取的。我们主张的抒情诗中的"我"，应是贺敬之所说的那样"诗里不可能没有'我'，浪漫主义不可能没有'我'，即所谓'抒情的主人翁'。王国维的'无我之境'是没有的。问题在于，是……个人主义的'我'，还是集体主义的'我'、社会主义的'我'、忘我的'我'？"（《漫谈诗的革命浪漫主义》，《文艺报》1958 年第 9 期）他主张的是诗人应和时代同呼吸，和人民共命运的"大我"。我们在进行抒情诗的教学时，首要的就是要把握抒情诗中"我"的形象。试看《西去列车的窗口》一诗。为了建设边疆，保卫边疆，在 1963 年前后，有大批上海知青支边，诗人此时正在新疆垦区。目睹这些意气风发的青年，离开了热闹繁华的上海，抛弃了温暖舒适的家庭，来到环境艰苦的新疆，对这种革命英雄主义的行为，诗人心潮激荡，但他没有把目光仅停留在垦荒这一眼前的事实上，而是从大"我"的角度高屋建瓴地看出这一事实的深远意义。青年们接过老一辈的革命红旗，新老两代人共同战斗，革命传统代代相传，我们就一定能实现共产主义的伟大理想。如诗中所说：

> 呵，眼前的这一切一切呵，
>
> 让我们说：胜利呵——我们能够！
>
> ……
>
> 我们有这样的老战士呵，
>
> 是的，我们——能够！
>
> 我们有这样的新战友呵，
>
> 是的，我们——能够！

艾青的《大堰河——我的保姆》呢？也只有从具体历史条件出发，才可以正确看出诗中"我"是一个什么样的我。艾青本人说："我有大量的诗写自己，但我写自己都和时代紧密地联系在一起，离开了这个时代，就找不到我的影子。"（转引自陶文鹏、张厚感：《给女雕塑家张德蒂》，《诗探索》1982年第2期）1932年7月12日，艾青和画家江丰等人因从事进步的美术活动被国民党政府逮捕了，被关在狱中。1933年1月14日，正是下雪天，由于从雪的洁白联想起纯洁如雪的儿时乳母，一个微不足道，连一个正式名字都没有的农妇。诗人追怀了她的养育之恩。她做了一辈子的奴隶，过着牛马般的生活，可是到头来，"同着四块钱的棺材和几束稻草，同着几尺见方的埋棺材的土地，同着一手把的纸钱的灰，大堰河，她含着泪去了"。这是谁之罪？诗人把批判的矛头指向万恶的旧社会。他愤怒地说："我是在写着给予这不公道的世界的咒语。"这首诗的杰出意义，在于诗人并不是以一个旁观者的身份对劳动人民表示同情，而是站在一个旧世界叛逆者的立场上倾注了对他们的爱，和对压迫他们的旧社会、恶势力的憎恨。所以茅盾说："描写社会现象的初期的白话诗因为多半是印象的，旁观的，同情的，所以缺乏深入的表现与热烈的情绪；例如刘复的《学徒苦》，列举了学徒工作之繁重与待遇不良，然而我们读了并不怎样感动。新近我读了青年诗人艾青的《大堰河——我的保姆》。这是一首长诗。用沉郁的笔调细写了乳娘兼女佣（大堰河）的生活痛苦，这在体制上使我联想到《学徒苦》。可是两诗比较，我不能不喜欢《大堰河》。"（茅盾《论初期白话诗》）从以上分析中，我们不难看出，诗中的"我"是一个和人民同呼吸、共脉搏的大写的"我"。但这种"我"不应是千人一面、千部一腔的概念化的"我"，而应是"我"之我，是从特殊到一般，由小"我"到大"我"，通过"我"表达出"我们"的心声。所以别林斯基说："诗人的个性越是深刻有力，他就越是一个诗人。"（《别林斯基论文学》）诗人的独特个性尤其表现在他主观上与众不同的感受上。在《大堰河——我的保姆》中有这么一句：

呈给你黄土下紫色的灵魂。

灵魂怎么会是紫色的呢？这只能是诗人自己的特殊感受。这种感受有没有生活依据呢？有的。大凡看过被鞭打的人，或碰撞伤重流血的人，初流出来的血是鲜红的，但很快就凝成紫色的。所以紫色可以给人带来痛楚沉重的感情。当然，也与诗人同时也是一个画家有关，他对色彩有着与众不同的敏感。他就说过："绘画应该是彩色的诗；诗应该是文字的绘画。"（《母鸡为什么下鸭蛋》，刊《人物》1980年第3期）从理论上说，艾青这种写法与法国象征派诗人波特莱尔所主张的情感可以找到相对应的色彩的"对应说"也是相通的。这里就不再赘述了。再如贺敬之《西去列车的窗口》，就其表达的革命内容说，同时代的诗人，如郭小川等在他们的诗作中都有过反映，但贺敬之所以成为贺敬之的，他选择的却是两代人思想情感汇合的"窗口"。这个"窗口"却是独特的，透过这车轮滚滚而去的列车的窗口，把历史和现实，今天和明天巧妙地糅合在一起，因而他笔下的"窗口"就不会和别的诗人所描写的"窗口"雷同了。诗中的"我"，以这一事件的目击者，见证人的身份出现，从而显示出他是一个抒人民之情的伟大公民形象。

在我们理解了抒情诗"我"的形象后，接下来的，便是我们如何引导学生掌握、领会诗中"我"的抒情方式了。我们知道，不论是叙事诗，还是抒情诗都重在感情的抒发，即使是有情节故事的叙事诗，也如何其芳所说："在那有格律的韵文形式的内部、是流动着反复歌咏的情绪，他们不是在讲说一个故事，而是在歌唱一个故事，因此抒情的成分还是浓厚。"（《关于现实主义·谈诗》）作为诗歌品种之一的抒情诗，它的抒情性分外强烈更是必然的了。这种强烈的程度势必反映在诗人所采用的抒情方式中，这两首诗的抒发情感的方式，主要有这么几种：如感叹语式，呼语式，融情入景、景语即情语方式。而用得最成功的，取得最大艺术效果的，我认为还是排句与复唱的方式。所谓排句，指的是一排排相连接的诗行，它们字句，在前半部或后半部完全相同或基本相同，这相连接的诗行如钱塘大潮滚滚而来，极有气势。这种排句在《大堰河——我的保姆》中使用最多，全诗共有六处使用了这种方式，因此，它成了该诗突出的情感抒发方式了。如：

> 她含着笑，洗着我们的衣服，
>
> 她含着笑，提着菜篮到村边结冰的池塘去，
>
> 她含着笑，切着冰屑悉索的萝卜，
>
> 她含着笑，用手掏着猪吃的麦糟，
>
> 她含着笑，扇着炖肉的炉子的火，
>
> 她含着笑，背了团箕到广场上去晒好那些大豆和小麦，

诗人以极其浓重深厚的感情色彩的意象，为我们勾勒出一幅幅生活画面。通过这些画面，就把他对大堰河乳母的眷眷之情作了层层推进似的抒发。

所谓复唱，是指那些句式结构相同的诗行，在全诗中有两次以上的出现，目的在于强化他所要表达出的感情。这样的诗句往往是全诗之眼。《西去列车的窗口》里，先后几次出现这样的诗句：

> 呵，祖国的万里江山！……
>
> 呵，革命的滚滚洪流！……

只要我们仔细品味一下，显然这便是作者所要强调的思想感情，它是作者感情的升华，是他对耳闻目见的动人事迹所作的概括性的评述。所以诗人用复唱的方式予以强化。

我们强调抒情诗的抒情性的重要突出地位，但也不能忽视诗歌中作为

抒情基点的叙事成分。这两首诗都有较多的叙事，这些叙事都是必不可少的。但这些叙事又和小说中的叙事有所不同，它采用极简练的方式，抓住主要事件和场面，而不是像大多数小说那样用环环相扣、细针密线方式去写。这些叙事所以必要，说明诗人的感情来自实处，是有感而发，是大处着眼、小处着墨的处理方式。诗人的情感抒发，虽可以"精骛八极，心游万仞"，但两位诗人却把基点建立在自己的"实处"。艾青的抒发是建立在他对乳母一生艰辛、悲惨身世的回顾上；而贺敬之的抒发，是因为他目睹了西去列车上发生的极其动人的一幕幕。由于虚实相间得体，两者结合较好，所以这两首诗，既不因"实"而板滞，也不因"虚"而空泛。

（原载于《学语文》1983年第3期）

我国第一部伟大的新诗集

——略谈《女神》的思想与艺术

杨芝明

《女神》题材广泛，内容丰富，但爱国主义思想像一条红线贯穿始终，她是《女神》的"诗魂"。

笼统地谈论《女神》的爱国主义，不免含混。在阶级社会里，不同的时代，不同的作家，爱国主义有其不同的时代色彩，不同的阶级内涵。《女神》初版于1921年8月，连《序诗》在内，共收诗五十七首，其中绝大多数写在"五四"运动高潮期。"'五四'运动发动的那一年，个人的郁积，民族的郁积，在这时找出了喷火口，也找出了喷火的方式。"（郭沫若《序我的诗》）可以说，《女神》是革命民主主义者的郭沫若一曲响彻"五四"时代的爱国主义颂歌。

《女神》的爱国主义首先表现为彻底的除旧布新的精神。《女神三部曲》以神话传说和历史人物对旧世界作了具体的揭露，并对其产生的根源作了比较深刻的剖析。在《女神之再生》中，诗人抒写了农叟的悲苦，人民的流离失所；在《棠棣之花》中则进一步展示了"田畴荒芜"，"苍生久涂炭，十室无一完，既遭屠戮苦，又有饥馑患"的情景；在《湘累》中，更控诉了那个混浊的世界，使一切爱国、善良、正直的人窒息难忍。而造成这种状况的根本原因在于"井田制度，土地私有"，"富者余粮肉，强者斗私兵"，致使"争城者杀人盈城，争地者杀人盈野"，甚至"天体"破碎，太阳失色，宇宙一片黑暗。诗人愤怒谴责了历代统治者专制独裁的暴虐行径，谴责了南北军阀之间的混战。"根本坏了"，"只在枝叶上稍事剪除"已无济于事。只有彻底破坏，重新创造，才是出路。《凤凰涅槃》以象征手法，提出了用烈火来焚毁旧的一切，让新中国在烈火中更生。诗人笔下的"女神"面对破碎的天地，不再修补，"待我们新造太阳出来，照彻天内的世界，天外的世界"，热烈地期待着，欢唱着："太阳虽还在远方，太阳虽还在远方，海水早听着晨钟在响：丁当，丁当。"（《女神之再生》）因此，《女神》中有不少诗作直接歌颂破坏，歌颂创造。诗人从"三个金字塔的尖端"看到了人类创造的伟大，心潮澎湃，激情讴歌（《金字塔》）；诗人面对怒涌的白云，壮丽的北冰洋的情景，以及滚滚洪涛显示出来的宏伟力量，他欢呼歌唱，激动不已（《立在地球边上放号》）；诗人对于一切具有破坏与创造的力量都加以崇拜，以至"崇拜我！"因为"我又是个偶像破坏者哟"（《我是个偶像崇拜者》）。这种对人类、自然以及自我的破坏能力、创造伟力的赞颂，正是诗人彻底的不妥协的反帝反封建思想激情的抒发和狂暴呐喊，也是"五四"时期中国人民彻底砸烂旧世界、创造新世界的爱国主义精神和英雄气概的诗意概括。它比同时代的诗作，感情更炽热，抨击的力量更猛烈，同胡适等资产阶级的改良主义也彻底划清了界限。

憧憬祖国未来，满怀激情地赞美祖国的新生，是《女神》爱国主义的又一个重要内容。诗人把自己眷恋祖国的感情，比作"炉中煤"，透过熊熊燃烧的炉火，让读者看到诗人火一样的心肠，感受到那炽热的赤子情怀（《炉中煤》）。在《晨安》中，诗人更直抒胸臆，以排山倒海之势，奔放激越之情，从遥远的博多湾，隔着滔滔的海浪，向着年轻的祖国，新生的同胞，以及象征着中华民族的扬子江、黄河、长城高呼"晨安"，衷心祝愿。"凤凰和鸣"中的理想世界，《地球，我的母亲》中的"乐园"，正是诗人所渴慕的新生祖国的诗意表现。诗人还把自己的这种热烈感情融于大自然的抒写中。如《日出》《太阳礼赞》《浴海》《光海》等，歌颂了象征光明的太阳，赞美了太阳光威下的大自然的壮美："无限的大自然，成了一个光海了。到处都是生命的光波，到处都是新鲜的情调，到处都是诗，到处都是笑。"（《光海》）在太阳普照下，整个世界呈现出一片生机盎然的动人景象，诗人对光明、自由的追求，蓬勃进取的乐观主义精神，以及对理想中国的赞美，跃然纸上。郭沫若曾说："'五四'以后的中国在我的心目中就像一位很葱俊的有进取气象的姑娘，她简直就和我的爱人一样。"（《创造十年》）这位有进取气象的姑娘，在《女神》中就诗化为"美的中国"，光明、幸福、和谐、自由的理想境界和壮丽的祖国山河。在抒写这一些的时候，泛神论扩大了诗人所追求的理想境界，增强了诗篇的艺术魅力。尽管"美的中国"和理想境界还有些朦胧、抽象，但由于诗人较准确地感受到了"五四"的时代气息，并牢牢抓住"五四"时代精神，发挥自己的艺术才能，予以充分地表现，因而诗中明显地透露出，生活在几千年的封建统治下和近百年帝国主义压迫下的中国人民，渴求光明、自由的心声，表现了"五四"时期开始觉醒的中国青年对祖国的热望，对黑暗现实的否定，对美好的向往。《女神》的爱国主义闪耀着无产阶级登上历史舞台的时代光辉。更为可贵的是《匪徒颂》以崇敬的心情向列宁三呼"万岁"；《巨炮之教训》充满信心地肯定"至高的理想总在农劳，最后的胜利总在吾曹"；《晨安》又以对十月革命的向往之情高声向"敬畏的俄罗斯"问候晨安；《地球，我的母亲》更以赤子之心歌颂"田地里的农人"是"全人类的褓姆"，"炭坑里的工人"是"全人类的普罗米修士"。

在爱国主义思想支配下，《女神》整个诗篇塑造了一个追求个性解放的"自我"的抒情形象。在"五四"初期，张扬个性，歌唱自我，不独郭沫若一人，但他从泛神论中找到了表现个人力量，蔑视已有传统，主张积极进取的思想武器。这一点迥异于当时一般诗人。他所歌唱的自我，"与天地并生，与万物为一"，占据了宇宙的中心。《天狗》是这一方面的杰出代表。诗人以奇特的比喻和想象，大胆的夸张，把自己比作一只"天狗"，要把月来吞了，日来吞了，把一切星球来吞了，全宇宙来吞了。"我飞奔，我狂叫，我燃烧。我如烈火一样的燃烧！我如大海一样的狂叫；我如电气一样地飞跑！"诗人将宇宙的力量和"自我"的力量合而为一，形成一股气吞山河，冲决一切的巨大洪流，确实使人感到是什么力量也挡不住的。这里诗人倾吐的是自己，也是我们民族的郁积，火山爆发式的爱国热情。《女神》中的"自我"，是宇宙万物的化身，"开辟洪荒的大我"（《创造者》），也是"五四"时期觉醒的青年一代。因此，诗人所歌唱的"自我"具有那般神奇的力量是可以理解的。当然，我们也应该看到，个性解放，在反帝反封建的斗争中可以起一定的积极作用，但同时表现出它的局限性，这就使《女神》的爱国主义有时会染上唯我独尊、孤军奋战的色彩，流露出理想与现实相撞击时所产生的"幻灭的悲哀"（《上海印象》）。

《女神》中有如《上海印象》这样的基本上属于现实主义的诗作，但绝

61

大部分应该说是浪漫主义的作品。《女神》在艺术上的突出特色是她的浓郁的积极浪漫主义。郭沫若在《女神》中，不是按照生活的本来面目描绘现实，而是依照自己的主观想象、理想和热情去状写生活；对理想和未来的狂热追求与赞颂，多于对黑暗腐败现实的冷峻细致的刻画。当然，《女神》的浪漫主义并不脱离现实，而是深深植根于"五四"革命的现实土壤之中。因此，《女神》同鲁迅的伟大的现实主义小说一样，能够把读者的"心弦拨动"，"智光点燃"（《女神·序诗》），燃烧起反抗和改革现实的巨大热情。纵观《女神》，从现实出发着重表现理想的这一浪漫主义特点，不仅表现在以现实生活为题材的诗作中，更突出地表现在以历史人物和神话传说为题材的诗篇中。诗人不只是重现历史或神话的图景，而是古今熔合，借助历史上的志士仁人和富于幻想的神话传说来表现自己的理想，自己对于现实、历史和未来的看法，正如他自己所说，"夫子自道"。在表现手法上，《女神》往往运用大胆的想象，奇异的联想和比喻，以及极度的夸张等浪漫主义手法，表现诗人浪漫主义的激情和美好理想。在语言上，多运用经过提炼的白话口语，又适当采用古今中外的术语，状物写人，锐意求新，而且带着浓烈的主观感情色彩，因而诗的语言异常丰富，形象生动，绚丽多彩和富于表现力。为了表现奔放炽热的感情，诗人还运用复句、迭句、排句等句型，急促的节奏，从而形成诗歌高昂的格调。但有些诗的语言不够凝炼，并且嵌入外文单词，影响了语言的和谐统一。

屈原、李白那才气纵横、驰骋想象、明丽奇诡的诗风给郭沫若以深刻的影响；惠特曼的"雄"，海涅的"丽"，也为郭沫若所喜欢。诗人熔铸了古今中外积极浪漫主义的传统，而又表现出自己的特色。这就是诗人把由"五四"狂涛所掀起的反抗黑暗，追求光明的爱国主义激情，同奇特的想象、比喻、夸张等表现手法结合起来，形成一种壮美雄丽的艺术风格，人们常称之为"郭沫若式"或"女神体"。这种风格彻底打破了所谓"温厚蕴藉""怨而不怒"的儒家诗教，是"反对旧文学"的革命精神在风格上的表现。

在诗歌的形式上，为了打破一切旧的束缚，反映崭新的思想内容，"写我自己能够够味的东西"，诗人进行了多方面的大胆创造，成功地创造了不拘一格的自由诗体，取得了很高成就，为新诗的发展开拓了道路。总之，从时间上说，《女神》不是中国新诗史上第一部新诗集；但从时代的高度上看，

《女神》深厚的思想内容，独创性的艺术风格，崭新的诗歌形式，不仅与旧诗词相去甚远，就是同时代的新诗人的诗作也无法并比。从这个意义上说，《女神》是我国第一部伟大的新诗集，是当之无愧的。

（原载于《学语文》1985 年第 3 期）

在理性之火中冶炼爱国炽情

——读舒婷《祖国啊，我亲爱的祖国》

查振科

　　舒婷的诗不仅响彻着朦胧诗群的主旋律——对民族赖以生存的这块历史的土地凄怆而又欢悦、冷峻而又热忱、沉郁而又苍劲的凝思与浩歌，同时，她的诗比起其他一些同龄诗人的作品来具有更多的亮色，蕴藉着更深厚的奋起的力量。这种亮色、力量源于其作品中浓郁的诗情和深邃的哲学意味。没有诗意的哲学是苍白晦暗的哲学，而没有哲学般深邃的诗则易流于廉价。读了舒婷的《祖国啊，我亲爱的祖国》，我们就能发现诗人在歌颂祖国的主题上所达到的全新境界。

　　从小学课本上，我们就知道了自己的祖国，地大物博，富饶美丽，有多少江河湖泊，名山大川，历史怎样悠久，文明如何发达，有四大发明，强汉盛唐，还有孔子屈原、李白杜甫……面对这些，我们不能不为自己的祖国而感到自豪、骄傲，从心中唱出："祖国，我亲爱的祖国！"

　　《祖国啊，我亲爱的祖国》也是一首唱给祖国的歌，当我们吟诵它时，我们的心情却是那样的沉重，凸现在我们面前的祖国，是那样的令人黯然神伤！我们仿佛看到我们的祖国满脸皱纹，双手青筋暴起，衣衫褴褛，纤绳深深勒进古铜色的胸腔，沿着历史的长河艰难而疲惫地蹒跚前行。一股混合着爱和酸楚的历史记忆的黏稠的液体汹涌着，充塞着胸腔，压迫得喘不过气来。

　　诗人站在理性反思的视角上抒写对祖国的深沉挚情。理性因挚情而深沉；挚情在理性之火的冶炼中愈加纯粹，理性在挚情的助燃中而越发炽热。因此，诗人不避讳祖国令人黯然神伤的憔悴，却仍然回荡着爱的旋律，也不因对祖国的一往情深而模糊了祖国的真实形象。从情的方面说，全诗运用了

"我是你……"这样的判断句式，把"我"与"你"——祖国贯穿、等同，把"我"与祖国融为一体，使"我"对祖国的感情升华到一个崭新的高度，祖国在这里不是诗人抒发情感的对象存在，而直接就是情感的主体存在。祖国就是"我"，"我"的情感世界即祖国的情感世界，祖国的情感世界亦即"我"的情感世界。另一方面，"我""你"又是两个不同的人称代词，它们相随出现，在诗的特定的语言氛围中形成一个互相交谈、对话的空间，产生出一种"我"与祖国互诉衷肠的艺术效果。是"我"声情俱下地向祖国诉说自己的痛苦的磨难，刻骨的忧思、郁郁的期待和执着追求，又是祖国流着泪、滴着血，从历史的深处走来，向自己的子孙诉说苦难悲戚的经历，一个既古老又现实的真实故事。在这交谈、对话中，"我"的倾诉是有声的，祖国的倾诉则是无言的沉默的交感。正是诗人与祖国的这种感情的叠印重合，使诗中的情感力量显得那样真诚、深厚、博大，而从那一声声"祖国啊"的呼喊之外听到祖国渴望更生的回应。从理的方面说，这首诗是诗人对祖国久久沉思后凝结而成的如泪般晶莹的珍珠。这理就是反思，就是对祖国透彻的了解和理解，而反思、了解与理解又是通过为祖国造像来完成、实现的。诗中的反思分为两大层面：历史的反思（前两节）与现实的反思（后两节），也就是说塑造了相互区别又相互联系的两个不同的祖国形象，历史的祖国和现实的（孕含着未来）祖国。"破旧的老水车""熏黑的矿灯""失修的路基""淤滩上的驳船"，一起构成一个破败衰微荒芜陈旧的历史祖国的形象，这令人心哀目涩的形象，是对历史祖国的真实刻画，诗人在对祖国历史命运的审视中看到了贫困，悲哀和希望从未曾实现的痛苦，也仿佛感受到了祖国遍体鳞伤的灼痛。的确，疲惫的歌毕竟是生存的鼓励，熏黑的矿灯毕竟有照人前行的光，纤绳紧勒毕竟是执意前行之故。但是，贫困如鬼影般紧紧纠缠着希望的步履，留下的是悠长而痛苦的记忆，希望还是遥遥无期。有人把"飞天"袖间的花朵理解为"民族有过光辉灿烂的古文化，有过极盛的世纪"，似有违诗的本意。"未落到地面"暗示希望从未实现，隐含对希望为何是痛苦的回答。祖祖辈辈追求希望，祖祖辈辈又依旧挣扎在贫困与悲哀的沼泽之中，无穷无尽的贫与悲哀在希望身上烙下了痛苦的印记，这就是我们历史的祖国，我们祖国的历史。

历史对于理解者从来就不是纯粹客观的存在，历史是选择的结果，而理解者理解的历史又何尝不是一种选择？因此，诗人把反思的触角延伸到历史的苦难巨渊中汲取悲剧的力量，而不是在对强汉盛唐、四大发明等灿烂的古文化的忘情陶醉中获到假性乐观和瞬间心理的平衡。悲剧力量的获取是诗人历史反思的终点并从这里走向现实（当代）的反思。现实的脐带命定地联结着历史，现实意欲超越历史但又承袭着历史。诗人以其囊括"时代——个人"的觉醒意识来打开这一纠结。诗人最后把这一觉醒昭示为"我"即人的觉醒，是祖国的苦难，"伤痕累累"使"我"由"惘迷"而"深思"而"沸腾"，祖国是亿万个"我"熔铸起来的祖国，祖国的"簇新的理想"也即是亿万个"我"的觉醒所汇聚而成，"我"的觉醒乃祖国的希望与理想——"富饶""荣光""自由"之所由生。从悲剧意识到觉醒意识，理性与情感在燃烧中涅槃出更生的希望之光，化作热切的向往指向未来。

理性的反思与丰富的情感融为一体，使这首歌颂祖国的诗具有特殊的艺术感染力，象征意象在这里起了重要的作用。这些让人感到陌生而又心会的象征意象为诗人找到了最好的隐喻表达。如"破旧的老水车""干瘪的稻穗"隐喻着古老的农业文明，简单的再生产，一代又一代的重复，缓慢，衰颓，没有变化，没有生机。老水车的歌如泣如诉，单调而又悠长，哀怨而又亲切，它使我们想起灰蒙蒙的天空下，农家的草屋，破旧的场院和爷爷佝偻的腰。"熏黑的矿灯""失修的路基"暗示出近现代中国的不幸遭际，工业起步维艰，充满屈辱，努力跻身现代文明，而洋人的皮鞭，八国联军的掠夺，军阀的内乱却一次又一次打破了中国人的工业梦……

这首诗不是那种由盲目狂热和政治伦理煽动起来的浅薄、廉价的颂歌，而是"含着泪迹，带着伤痕、汹涌着赤诚血潮的心曲"，没有痛苦，没有觉醒，没有对祖国命运的痛彻反思，就不会有对祖国如此深沉的爱。诗人爱的铧犁翻过板结的土地，黑油油的土地便散发出沁心的芬芳，我们看到了希望的麦苗、稻田，看到了沉甸甸的收成和播种者腮边的笑。——这就是诗人奉献给我们的。

（原载于《学语文》1990 年第 5 期）

重读鲁迅旧体诗《赠人二首》

谢昭新

明眸越女罢晨装，苕水荷风是旧乡。
唱尽新词欢不见，旱云如火扑晴江。

秦女端容理玉筝，梁尘踊跃夜风轻。
须臾响急冰弦绝，但见奔星劲有声。

据《鲁迅日记》载，本诗是 1933 年 7 月 21 日书赠日本友人森木清八的。第二首，日记中"理"作"弄"，"但"作"独"，后收入《集外集》时改之。两首诗都是写歌女生活的，一写越女，二写秦女，通过她们的悲惨遭遇反映了广大劳动人民的深重灾难，暴露了国民党反动统治下的社会黑暗。

第一首写越女离乡背井，流入都市，沦为歌女的悲惨遭遇和痛苦心情。诗人从"罢晨装"着笔，然后才写越女唱新词的活动，时间仅仅一个早晨，却概括了她一生遭遇。古代称西施为美女，作者笔下这个卖唱的姑娘，也像西施那般美丽。诗人用"画眼睛"的传统技法，以"明眸"凸现越女的聪明与秀俊。写越女的"美"，是为了衬托她生活的"惨"，不然，为什么早晨刚梳妆完毕，就要到街头去卖唱呢？越女梳妆完毕，不禁想起她可爱的家乡。诗人的笔触转到对越女家乡风景的描写。你看：苕浮水画，风吹荷动，阵阵飘香。江浙水乡，风光美丽，越女出生在这个地方而又远离这个地方，为什么？因为外敌侵略，内患翩翩，反动派烧杀抢掠，对人民敲诈勒索，再加上连年水旱灾害，农村破产，农民生活更加悲惨。他们流离失所，卖儿鬻女，越女就是被迫离开家乡，流落都市卖唱为生的。她过着被压迫、被损害的极端卓下的生活，孤单单举目无亲，由眼前此景自然引起思乡的心情。"荇水荷风是旧乡"，这不是赞美越女家乡风光，而是衬托她思念"旧乡"的眷眷的心，揭示了对歌女生活的厌弃。

"唱尽新词欢不见"，从句式上看是一大转折，从内容上看，紧承前句思"旧乡"而转到思亲人，越女虽然不满于行乞似的歌女生活，但为生计所迫，不得不去卖唱。此句即写她演唱时的心情。越女从"罢晨装"起就思念"旧乡"，到街头去唱"新词"更触动她想念远方的亲人。思故乡的心情是眷念，想亲人的心情则觉悲伤，她唱着唱着，泪流满面。这句是借用刘禹锡《踏歌词四首》中的句子，刘禹锡诗中描写的女郎，虽然也思念她的情人，但没有对自身身世的悲叹。鲁迅笔下的越女就不同了，她不仅思念亲人，更悲切自己奴隶般的地位。"唱尽新词欢不见"，饱和着越女的辛酸泪水，使我们能听到她唱尽新词后的悲泣沉吟，此句虽属移植，但它表达的丰富的思想内容则远非刘诗所比，它所抒发的对劳动人民深厚的无产阶级感情，又是刘禹锡及他那个时代的诗人无法达到的。此句的移植又非常恰切自然，它为结句作了全诗主题思想的高潮临前的准备。有这个准备，扑面而来的便是"旱云如火扑晴江"了。"旱云如火"加深描写广大劳动人民的痛苦生活，也使越女担心她家乡亲人的死活。这句是写景记实，由火一般的旱云扑在晴朗的江上，可以想见当时旱情多么严重。据记载：1928年华北、西北大旱，灾区达五百三十余县。1929至1930年，华北水灾，西北旱灾，灾区达八百余县。1931年长江发大水，沿江数省发生水灾。1932年十一省水灾，六省遭到旱灾。1933年北部十五省遭水灾，南方数省又遭大旱。连年的自然灾害，再加反动统治阶级的剥削压迫，广大劳动人民生活更加痛苦。诗人笔下呈现的既有天灾，又有人祸，生动的写实暴露了国民党反动统治的罪恶。写景为达情，本句情景交融，情寓景中。由此句的"景"，而把越女的心情推向悲痛的顶端，由悲而"愁"，她为自身的生活担忧，又为亲人的生活担愁：旱云如火，庄稼枯焦，亲人又将怎样生活？由此句的"景"，又透视了诗人对国民党反动派的痛恨，对处于水深火热之中的劳动人民的深切同情和关怀。深厚的阶级情感凝聚笔端，因而才能成句"旱云如火扑晴江"，当然，对现实生活的分析观察又是成此句的基础，这两点，远非刘禹锡所及。故刘在"唱尽新词欢不见"之后，只写出了"红霞映树鹧鸪鸣"的结句，而无法写出像鲁迅这样具有千钧之力的结句。诚然，刘禹锡《踏歌词四首》写得很美，清新悦目，怡之心肺，鲁迅借用了他的诗句，进行创新，在内容和技艺上又超越了古人。

第二首抒写歌女的愤怒反抗。秦女同越女一样，都是受生活所迫，从乡村流入都市，沦为歌女的。越女善歌，善歌有何用？有家不可归，亲人不得见，因此，她的歌中带泪。秦女善理筝，艺高有何用？她不能摆脱被压迫、受损害的境地，因此，她的筝声含悲愤。"秦女端容理玉筝"，一开始演奏，她的容貌就显得十分端庄。端庄的容貌一含悲愤，二寓不平。她看到那些听曲的富人，一个个面目可憎，她想想自己的处境，心里无限悲伤，因此，她不可能含笑理筝。她要借着弹奏的曲调，来抒发自己愤恨的心情。诗人一开始用"端容"一词，就为后面的"冰弦绝"定下了感情基调。相传秦穆公的女儿弄玉，能吹箫作凤鸣，诗人笔下的这位歌女，也具有弄玉那样的高超的艺术本领，她的筝弹奏得精彩动人，"梁尘踊跃夜风轻"，即写出了她的弹筝技艺。梁上的凝尘，也为之跳跃，舞之蹈之；夜风轻轻吹拂，它不愿匆匆离去，为筝声所吸引。诗人把"梁尘""夜风"拟人化了。运用这种拟人手法，更衬托了瑟声的哀婉动听。写瑟声的动人，为赞扬秦女的智慧，而赞扬秦女的智慧，更能引起人们对她的关怀、同情。随着秦女的弹奏，人们似听到了她对自己苦难遭遇的哀诉。

"须臾响急冰弦绝，但见奔星劲有声"写秦女感情剧变，达至高潮，立即迸发出反抗的怒火。"须臾"二字转得急遽，来得有力。秦女弹奏到伤心之处，曲调急转直下，音响特别愤亢，满腔仇恨，像火山，爆发，霎时"响急弦绝"。"冰弦绝"抒发了秦女激愤的心情，表示她对统治阶级的不满和反抗。秦女弹奏的筝弦虽然断了，但强劲之声仍在回荡，愤怒的火花像流星划破夜空，它一定能燃成革命的烈火。此处无声似有声，"于无声处听惊雷"，诗人用"但见奔星劲有声"来预示革命的光明前景，充满乐观主义精神。有人说，"弦断星奔，可能指在兰衣社的恐怖暗杀下，人们的心情都非常愤激，弹不出和平的音调，只有凄厉杀伐的音调，那是不能长久弹下去的，所以弦子断了"（周振甫《鲁迅诗歌注》）。这种解释联系当时白色恐怖的背景，尚觉有点道理，但逐一对诗句进行分析，就觉得这种理解太牵强了。我认为，二首诗没有一处指白色恐怖的，它的主题也不是揭露国民党施行白色恐怖罪行的。"弦断"是秦女的愤怒控诉，"星奔"是由"弦断"而来，在于说明深刻的革命道理：不管是"越女"，或是"秦女"，只有反抗、斗争、革命，才能获得幸福自由。

鲁迅对广大劳动人民是深爱的，他时时关怀劳动人民的命运，尤其对妇女的命运及其道路，早就作过描写和探索。（如《祝福》等小说）。他在《关于女人》一文中说："一切国产，一切宗教都有许多稀奇古怪的规条，把女人看做一种不吉利的动物，威吓她，使她奴隶般的服从；同时又要她做高等阶级的玩具。"越女的歌唱，秦女的"弄筝"，实际上都是为富贵闲人把玩的。在鲁迅的旧体诗中，计描绘了四个不同的歌女形象，那就是本诗中的越女与秦女，还有《所闻》中的歌女，《无题》"皓齿吴娃唱柳枝"中的吴娃，诗人抒写了她们共同的生活遭遇，揭露了反动腐朽势力的罪行。除对广大被压迫妇女寄以深厚同情外，还对美好未来寄以热情期待。

本诗截取了现实社会生活中的细小断面，以小见大，概括了丰富的社会内容，两首都用了情景结合，景中寓情，托事于物的艺术手法。形象鲜明，意境深阔，虚实相生，情感充沛。比较之，第一首的时间是在清晨，写越女"明眸"貌美，歌中见悲；第二首时间是在夜晚，写秦女"端容"严肃，筝声见愤。两个歌女身世、遭遇相同，但性格不一。这样，即使二首诗都写的是歌女生活，采用了同样的艺术手法，但又各具特色。唐代大诗人白居易在著名长诗《瑟琶记》中写瑟琶声，用"急雨""私语""莺语""大珠小珠落玉盘"等具体事物来比拟不同音响，那或轻或重，或快或慢，或高亢激越，或低回呜咽的音旋，透出纸面，注进人的心灵，因此《瑟琶记》最为后人称著。李贺在《李凭箜篌引》中写出了箜篌之音，不过，李诗不蹈常袭古，力创新意，通过幻想，不从正面而从侧面写出了箜篌的音响，此诗同样为后人称著。鲁迅写秦女弹筝，只用四句二十八个字，却达到了鲜明强烈的艺术效果，不蹈白、李故迹，更善独具创新，实显超人之处。

（原载于《学语文》1991 年第 2 期）

新诗：从形式之美抵达精神之境
——略谈高中语文"新诗教学内容的确定"

吴　忌

一、以"诗教"开端，语文教学的"诗性"基调

我们不得不承认，高中语文教学几乎是从"新诗"开始的。现行人教版《语文》必修第一册第一单元就是新诗，有毛泽东《沁园春·长沙》，戴望舒《雨巷》，徐志摩《再别康桥》，艾青《大堰河——我的保姆》。沪版教材虽不以诗歌单元开篇，但第一课照例是毛泽东的《沁园春·长沙》。其高一第一学段诗歌单元为第四单元，选有徐志摩《再别康桥》，艾青《雪落在中国的土地上》，舒婷《双桅船》，郭沫若《地球，我的母亲》。而苏教版《语文》必修则在第一册第一单元"祖国土"主题下编入一组"颂歌的变奏"，安排四首新诗，闻一多《发现》，艾青《北方》，舒婷《祖国啊，我亲爱的祖国》，阿赫玛托娃《祖国土》。

如此列举，目的是佐证新诗文本在高中语文教学中的存在。而新诗文本的存在，理所当然，就是我们的教学任务。参阅《普通高中语文课程标准》（以下简称《课标》），虽缺乏对于新诗教学的专门表述，但所述教学规范及文学文本必然包含新诗文本，文学分类也必然包含新诗文体分类。对于语文素养，语言审美与探究能力培养，尤其是通过文学文本的"阅读与鉴赏"品味语言，陶冶性情，涵养心灵等提出了明确的要求。沪教版《语文》第一册诗歌单元有意将张同吾《中国新诗的审美范式与民族心理》编入课文，即是对《课标》精神恰当的落实与明确的提醒。如果与人教版《语文》

编入的钱钟书《谈中国诗》做对比阅读，仅此二文足可获得阅读古今中外诗歌的语文素养。

因此，我们不妨为高中语文教学设定一个"诗性的基调"。实际上，学生对于新诗文本的接触早于高中。孩子们在幼教时期以及小教时期阅读到的许多文本就是新诗文本。此即孔子以来中国传统教育的基础目标，"不学诗，无以言"。我国传统教育几乎就是"诗的教育"。我相信孔子之所以不遗余力删订《诗》，直接目标非关乎"礼"，只是给自己的教学编订一本合适的教材。在兴观群怨之前，多识草木鸟兽虫鱼的任务也充分体现在诗与歌的文本教学之中。如果我们认真研读这些诗与歌，对于诗歌文本的教学就有更多的可能。

同时，有必要梳理一下高中语文诗歌教学的背景。翻阅初中《语文》且与高中课本进行对接研究，我们就会看见初中《语文》有比高中更多更广泛更系统的诗歌文本存在。比如人教版《语文》七年级上册第一单元在"母爱"的主题下选了泰戈尔的散文诗《金色花》；在第四单元，以"人生"为主题选入了当代诗人王家新的《在山的那边》；七年级下册则继续在"人生与成长"主题下选入俄罗斯诗人普希金的《假如生活欺骗了你》，美国诗人弗罗斯特的《没有走的路》。《语文》第八册第二单元是散文诗专题学习，编辑了鲁迅的《雪》，郭沫若的《雷电颂》，巴金的《日》《月》，高尔基的《海燕》，纪伯伦的《组歌》。《语文》九年级上下册第一单元都是专门的新诗单元，诗歌文本的主题及文体意识明显加强。先编入毛泽东的词《沁园春·雪》，为"写景抒情之作"；郑愁予的《雨说》，为"爱之歌"；当代诗人江河的《星星变奏曲》，是"一首追求光明的希望之歌"，并以此代表朦胧诗；而英国诗人济慈的《蝈蝈与蛐蛐》，叶赛宁的《夜》则是"田园诗"。下册再以"土地情丝"为主题编入艾青的《我爱这土地》，余光中的《乡愁》，戴望舒的《我用这残损的手掌》，舒婷的《祖国啊，我亲爱的祖国》，莱蒙托夫的《祖国》，以及兰斯顿·休斯的《黑人的河流》。假如在初中有科学而透彻的诗歌文本教高中教学的压力就要轻得多，或者高中若继续使用人教版语文，对于诗歌的教学，如何丰富教学的内容，提高教学要求，就是一个重要话题。

那么，高中语文教学现状呢？以我所执教的人教版高中语文为例，正是从诗歌教学开始。然与此同时，开始亦即结束。在《语文》必修一第一单元之后的三年里，我们似乎不会再次教学诗歌。虽然人教版系列教材有《中国诗歌散文选读》《外国诗歌散文选读》存在，但一律不被安排在教学的必须环节。许多学校并不预订这些诗歌教材，即使学生想自学，手头也没有课本。这就是高中语文诗歌教学的现状之一。

另外，大多数语文老师在教学毛泽东《沁园春·长沙》，戴望舒《雨巷》，徐志摩《再别康桥》，艾青《大堰河——我的保姆》时，对于教学内容的确定、教学方法的选择都存有这样那样的困惑。我在观摩同行示范课的讨论会上一再提问，我们热情洋溢唾沫横飞地教学这些新诗文本，然而"诗"呢？新的"诗"呢？或者诗的"新"呢？如果不能发现这些新诗文本诗性的存在，那就只能反思我们在高中语文教学实践中的讹错。

是的，新诗文本在具体的诗歌教学课堂，诗或者诗性并不显性存在。虽然我们也在引导学生赏析诗歌文本，但除了指使学生诵读，偶有节奏与韵律体现，可在内容赏析上与分析散文并无分别。甚至可以概括，中学语文老师对于新诗的教学一律是以散文格式进行的。小说亦是如此。也就是说，文学文体在具体教学中，文本的文学性被我们一律格式化为散文模式了。诗或者诗性，已被我们彻底消解。这也充分证明探讨高中语文"诗歌教学内容的确定"具有重要意义。

二、"诗美"，诵读指导与诗性感悟

发现新诗之美并不困难，我们在教学实践中也付出了不懈努力。以我所执教的人教版《语文》为例，必修第一册第一单元就是新诗，同事们在执教诗歌文本时，至少在以下三方面做出了可贵的探索，一是指导朗读，由之体验新诗节奏之美；二是对新诗文本进行语言的诗性赏析；三是向学生提交特定的写作背景，同时指向新诗文本的写作缘起，追究诗歌深刻的主题意义。这种最常规的做法无疑也扣住了新诗文本的诗性特征。

语文课朗读意义非凡。针对新诗文本，如果我们能获得恰当的声调与节奏，以声传情，并使诗歌"其义自现"，朗读就是一条不错的教学策略。

新诗，至少是大部分新诗适合朗读。也就是说，传统的诗歌语言其音乐性一如既往地在新诗文本中存在。恰当的朗读指导以及朗读可以使学生在音乐性语境中把握诗歌独特的韵味。好的朗读甚至可以替代理性的语言分析——过度或者不恰当的理性分析或许会使传统诗歌的诗性耗损或者消失——我们可以对那句"诗到语言为止"的著名口号进行仿句，提倡"诗歌教学到朗读为止"。读出诗歌文本的美感或意义是一种了不起的语文教学境界。比如毛泽东在《沁园春·长沙》里对山川之美的赞誉以及壮怀激越的情感抒发是可以读出来的，《雨巷》里青春的苦闷与爱的凄迷也是可以读出来的。我怀疑的是，我们如何解读？以怎样的言语解读？当然，诸如海德格尔对荷尔德林的解读另当别论。

　　传统"诗教"十分重视对诗歌的"吟咏"，只是"吟咏"作为一种古老的语文能力现在已被忽略。今人似乎并不以吟咏为常，吟咏的审美习惯以及吟咏的功夫并未被我们继承与运用，得体的吟咏我们往往做不到。这实在是一种遗憾。而我们常言的朗读或朗诵并不能替代吟咏这种中国传统的诗歌认知方式。声音并且通过对声音的控制是人类表达自我的主要途径。寒来暑往，潮起潮落，我们随之心跳呼吸，这无不和谐于诗的律动。自古以来，诗与歌向来是既可分离也可重合的文体。诗歌起源自是歌先诗后，而诗歌追求于韵律而至于格律，或久之又在声律审美疲惫里谋求突破与变革，一切都是基于对声音之美的强烈诉求。比如古体而唐律而宋词而元曲，五四时期白话诗以及后来的口语诗歌。举人教版《语文》选修《中国现代诗歌散文欣赏》"诗歌部分"五个单元的标题为例，"生命的律动""挚情的呼唤""爱的心语""大地的歌吟""苦难的琴音"，教材对诗歌文本的分类及教学要求再明显不过了，就是把握新诗文本的声韵之美。且声韵之美并不止于诗歌形式，必然要契合情感与内容。形式即内容，内容也即形式。一首优秀诗作的情韵不可以形而下剥离之。诗歌的韵味、意境，必然整体存在。因此身心投入的吟诵，其文情保持可能达到最高值。

　　通过诵读落实诗歌文本教学，借此提升学生的诗歌素养，怡情悦志，应该作为语文的理想。上述三方面教学途径，此为第一。至于对新诗文本进行语言的诗性赏析则应位列其次；向学生提供特定写作背景，指向新诗文本的写作缘起，追究诗歌的主题意义，则再次之。且其一并作为指导诵读的辅助手段。我理解，诗歌教学之语言鉴赏并不可止步局部的字词或诗句，整体的语言欣赏也应该在准确诵读里达到会意的巅峰境界。如果一个人记诵了某篇诗歌，并可在恰当的时间恰当的语境里吟诵出来，诗就已经被其内化，不再仅仅是诗人之诗，而他也就被感染甚至被同化为"诗人"了。我们由此获得无上的美感，获得特别的精神力量。

通过诗歌文本教学而使人"诗化"，才是教育或教化的极境。这也是诗歌朗诵在大众化娱乐里被广泛认可，受到欢迎，被认为是与歌唱、舞蹈、绘画等同等的才艺展现，因为它同样需要高超的艺术素养。诗歌可以直指人心，陶冶即为诗化。

现在的问题是我们往往做不到这一点。语文教师的教学"功夫"就是"异化"散文之外的一切文体，这似乎已经是一种通病。我们把诗歌文本教成了散文文本，也将小说文本、戏剧文本，甚至实用文本一律教成了散文文本。这种流弊若习以为常我们当然没什么感觉，但如果明确意识到了这一点，就会让人难堪。我主张语文教学应该有明确的文体意识，针对不同文本设置不同的文体教学范式。不仅如此，我们以散文的语言散文的方式阐释诗歌、小说、戏剧文本，包括阐释散文文本，自己却并不具备优秀的散文语言，我们的课堂语言往往寡淡无味，甚或低劣不堪。这才是教育普及之后的悲哀。对于文学文本的教学，我们的语言已毫无文学的意味了。近年孜孜不倦的努力，最为困惑。我发觉教学语文重要的并不是我们教什么的问题，而是我们怎么教，凭什么教的问题。躬身自问，我们都是合格的语言教育者吗？

我个人的答案，肯定不是。我的语文修养不足为人师表。对于语文课本上的新诗文本，对于渴求诗歌精神的学生，我并不能教出诗性之美，也不能教出新诗的新以及时代之新。既然不能，那么在研究教法之先，我们个人的任务则仍是继续丰富和完善自我。也就是说，教学新诗我们必须懂得新诗，最好，语文老师就是一个诗歌研究者或者诗人。我十分羡慕古代那些读书人，尤其私塾先生，在风声日影的白昼，在灯影幢幢的夜窗，捻着一缕白须吟咏，那是多么迷人境界啊。

若深究下去，当下高中语文教育其实一直在拒绝新诗。不单单教学过程的散文化趋势或者我们一直以毫无诗意的散文化语言解读、阐释诗歌文本，在实用主义哲学语境里新诗已然被逐出了教学的中心地带。比如语文高考作文题下就特别注明"明确文体（诗歌除外）"。也只有诗歌是在"文体自定"原则下唯一被禁止的文体。因此在高一之后，高中语文不可能再有新诗教学。若有，也可能只在高考试卷或模拟试卷"语言运用"类试题里有一二分行排列的语言片段，零星地散出一丁点诗意的亮色，比如仿句。

三、选修或校本拓展：人性的深层与个性化解读

人教版《语文》必修一以诗歌为第一单元，其意义是，我们从诗歌教学"闪入"高中语文。因有初中新诗教学作基础，对新诗这个概念学生应有粗略了解，也能大概掌握诗歌鉴赏的基本方法，获得虽不充沛但也美好的情操陶冶。若心怀诗愫，孩子们偶发诗情，分行表达也可就此入门。至于后来三年并不选修"中国新诗"与"外国新诗"，可不追究，毕竟如"戏剧"等文体也只安排了一个单元三个文本，蜻蜓点水，仅作象征，也不能构建戏剧鉴赏的能力系统。高一高二《语文》必修的目的大约是使学生达到最基础的课程标准水平，设定的目标就是基础能力目标，就此通过学业水平测试，完成高中学业。但若仅依这唯一的新诗单元来讨论高中语文新诗教学内容的确定，我们有何发现？

首先是诗人以及新诗文本的经典性。无论写作旧体诗词的毛泽东还是写作新诗的徐志摩、戴望舒、艾青，他们都是经典性诗人，所选作品也是经典性作品，没有人怀疑他们以及他们这些诗作在文学史上的经典地位。而将《雨巷》与《再别康桥》编为《诗两首》，以之与《大堰河——我的保姆》形成诗风与诗美的对称并见证新诗的发展史。这与以毛泽东诗词开篇，总揽在新诗单元名目之下，有突出的象征意义。我们应该发现，以毛泽东《沁园春·长沙》开始高中语文教学具有指向性意义。此乃新时代肇起之作，"指点江山，激扬文字"的蓬勃之势可使学生同怀奋进，以此"诗教"开启整个高中时代，起步新语文。少年人生，昂扬激越，正如孟子所言，"我善养吾浩然之气"。此之诗美，美在风格豪迈，并非小我情愁，其情满秋山，情怀家国。戴望舒的《雨巷》与徐志摩的《再别康桥》无疑是新诗发轫之后在形

式与格调上最为成功之作，无疑达到了新诗美学的巅峰境界；而《大堰河——我的保姆》则在呈现另一种美学风貌，也佐证了新诗必要的开阔和深厚。这就是"诗性"或"诗美"的所在，我们自可通过"美读"与"诗意"的阐释，达到"诗教"目标。

但有两个问题，提出来讨论一下。徐志摩和戴望舒在《再别康桥》与《雨巷》里到底要表达什么？不是我要追究这个问题，是教学中有学生向我追究这个问题。有学生问，徐志摩对于康河的抒情明显超出了"人与自然"的普遍关系，传统诗歌里"雨"与"丁香"意象的所谓"情韵义"跟此时此境的戴望舒又有何关系，这一点，虽不便回答，但必须回答。这就牵涉到诗歌教学的深层阐释问题。对于《再别康桥》，我愿意接受孙绍振先生在《〈再别康桥〉：天知、地知、你知、我知》一文里给出的阐释，也就是说，一首诗正是因为它言语表达的"含蓄"甚至"含混"才故意生成"歧义"与"多解"。最终，我们都必须追溯到"人性"这个话题上来。也就是说，诗人抒情必有内心的"渴望"或者"故事"。诗人面对一处自然风景之所以有曼妙的拟人化的"移情"，肯定与诗人的某个"遭遇"有关，不得不说的心灵隐秘与不便直言或者无从直言的委婉才是诗美的极致。孩子们不是不知道徐志摩在康桥的故事。至于《雨巷》里的戴望舒，我更愿意把这首诗阐释为"青春文学"，以为作者抒发的就是"成长的烦恼"。这与初中学习的《关雎》《蒹葭》可以互证。因此，对于新诗教学我们必须有深刻的基于"人性"的解读，这当然是一个艺术哲学问题。我们不应该在朗读加简析之外无所适从。

另，仅仅"必修"一个单元三首新诗，我们能不能完成对于新诗的教学任务。我的答案是不能。因为我所理解的新诗教学它必然涉及如下两个要点，一曰"不学诗无以言"，诗歌是语言修辞的极致，我希望学生通过新诗阅读获得最准确而唯美的言说能力；二是诗歌文本是"诗性"最集中的体现，我希望学生由此获得"诗性"的美学尺度与审美习惯。这应该是新诗教学必须完成的使命。那么，只教学这几首新诗是不够的。一则阅读量太小，缺乏丰富的积累；再者这些新诗虽然都是现代文学的经典之作，但时间截止于二十世纪二三十年代，尚属中国新诗童年期作品，其成功是有限度的。对经典文本的学习必须向"当代"以及"当代性"延伸。因为凭借鉴赏《再别康桥》与《雨巷》的文本经验，学生根本无法鉴赏当下的新诗。我们必须为学生提供更多新诗文本，那么，向学生发放《中国现代诗歌和散文欣赏》《外国诗歌散文欣赏》教材就显得尤为重要，此可使学生获得新诗阅读的"当代性"和"世界性"。组织学生选修"中国现代诗歌"和"外国诗歌"，可着重两点：对于中国现当代诗歌，基于张同吾先生所言的"中国新诗的审美范式与民族心理"，中国新诗史就是中华民族苦难史，诗人有更痛彻的思考；而外国诗歌则侧重于"像闻玫瑰一样闻到思想"，我觉得在徐志摩时代之后，我们跨越某个诗歌的荒凉时代，中国新诗在诸多文体之先获得了最为深刻的思想。我同意一个论点，关于中国新诗，当代性就是思想性，而思想性也就是诗性。而语文教育的目的也正在于此。

我以为，应该通过对诗歌文本的反复阅读，使学生在现在以及将来都可以获得"诗意地栖居"。在我们周遭，是有诗意存在的；在我们内心，也自有诗意的存在。我们应该努力发现，积极唤醒，自由表达。文学性就是人性。对于诗歌，深度阐释以及个性化解读应该是不可回避的正确选择，而目标就是企图使学生获得"语言的精准"与"思想的丰赡"。

坚守新诗，高中"语文"必然生成更浓郁的诗性。

（原载于《学语文》2016 年第 1 期）

诗词赏析

鸟倦飞而知还

——读陶渊明的《归去来辞》

贺崇明

　　鲁迅说，陶渊明"是中国赫赫有名的大隐"（《且介亭杂文二集》）。《归去来辞》就是他弃官归隐的实录。文中通过对归田前后情景的描写，着重抒写了他归隐的缘由和归隐后的生活感受，表现了他的人生态度和高尚情操。

　　文章一开始，作者就以感情色彩很浓的笔调回忆了他归来的思想活动：

　　　　归去来兮，田园将芜胡不归？既自以心为形役，奚惆怅而独悲？悟已往之不谏，知来者之可追。实迷途其未远，觉今是而昨非。

　　首二句，开门见山，脱口而出，自问自责，涌若海立，直接抒发了作者对田园生活的怀念和决意归田的强烈愿望，在文章布局上起着统领全篇的作用。"既自"以下数句，是申述"归去"的原因。东晋末年，政治腐败，官场黑暗，军阀混战，篡杀相继。这种污浊而险恶的政治现实，使诗人饱尝了精神受形体驱使的痛苦，产生了误入"迷途"的悔恨和懊恼，获得了"今是昨非"的清醒认识。他庆幸在仕宦的道路上行之"未远"，决心与污浊的官场从此诀别。于是在他四十一岁这年的仲冬，便以"程氏妹丧于武昌"为借口，毅然辞去仅做了八十多天的彭泽令，并写下了这篇传颂千古的名作。

　　陶渊明一旦决计归去，便去之甚速："舟遥遥以轻飏，风飘飘而吹衣。问征夫以前路，恨晨光之熹微。"在这里，作者只淡淡几笔，就勾画出一幅彻夜赶路的动人画面。透过微弱的晨光，我们看到诗人或乘舟疾驶，或登陆蹒行的情景。我仿佛像一只"久在樊笼里，复得返自然"的"归鸟"，在高

81

远无际的天空中"且翔且飞"。作者通过景物描写和人物动作、心理的刻画，着重渲染了他归去之情的迫切和一旦摆脱"心为形役"的处境后那种如释重负的轻快心情。

弃官归田是对仕途生活的否定，同时也是对乡居生活的向往。以下诗人则生动地抒写了他归来后的生活情况及种种感受。

当作者来到故乡，看到日夜想念的旧居时，竟激动得"载欣载奔"起来，这个富有特征的行动，惟妙惟肖地刻画了他当时那种欣喜若狂的神态和恨不得一步跨进家门的急切心情。而稚子和僮仆的候门迎接，不仅使他感到快慰，而且表明他事先已将归期通知家里，从侧面烘托了他的思乡之情的深切。他走进庭院，唯见"三径就荒，松菊犹存"。这安然挺立于荒草之中的松菊，既是写实，也是诗人自我形象的写照。在《和郭主簿》一诗中他就曾这样写道："芳菊开林耀，青松冠岩列；怀此贞秀姿，卓为霜下杰。"他来到室内，一眼就看到"有酒盈樽"。这里的酒，更是作者的一种精神寄托物，所谓"酒中有深味"，"一饮便得仙"。加上家人团聚之乐，日涉庭园之趣更添几分快意。于是，他在意得志满之际，便身不由己地走到窗前，悠闲地观赏着院中的景物，以寄托其傲然自足、安闲自适的情怀。"审容膝之易安"，意思是说：居室虽然狭小，但没有官场上尔虞我诈的丑恶嘴脸，没有军阀混战中的刀光剑影，也没有为五斗米而折腰督邮的忧愁烦恼。这显示了他安贫守节、不愿出仕的志向。

这层描写，由"瞻衡宇"，到进庭院，到入室、饮酒、倚窗，随着行动的一步步转移，作者的感情也由激动而慢慢地平静下来，带着悠然自得的情趣享受着亲人团聚的天伦之乐。

接下来是写园中的生活乐趣。渊明归田之初，生活还比较惬意，他不仅有"方宅十余亩，草屋八九间"，还有一个十分幽静的小园。这是一个远离尘嚣纷扰的世外桃源式的环境，所谓"结庐在人境，而无车马喧"。在这里散步，作者整个感情状态是十分悠闲自得的：

> 策扶老以流憩，时矫首而遐观。
> 云无心以出岫，鸟倦飞而知还。
> 景翳翳以将入，抚孤松而盘桓。

诗人闭门深居，日涉庭园，手拄拐杖，在小园里走走停停，并时而抬起头来，举目远望。而"矫首遐观"所目接的客观景物，又都与他此时此地的心境相契合，这里的"云"和"鸟"都无形中成了诗人自己的一种象征，涂上了诗人的主观感情色彩。所以云是"无心"的，鸟是"倦飞"的，阳光是"翳翳"的。此景此情正是诗人当时心境的反映：一方面展示了他刚从黑暗官场脱身出来后的陶然自得的情趣，同时也表现了他对仕途的倦意和他鄙弃世俗，卓然不群的高洁品质。这里的写景与《饮酒》中的几句颇为相似："山气日夕佳，飞鸟相与还。此中有真意，欲辨已忘言。"大自然的美好景物，使诗人更加领略了人生的真谛，断去了一切"尘想"。

以上是写实，下一段则是对以后生活的设想。"归去来兮，请息交以绝游。世与我而相违，复驾言兮焉求"。这四句，紧接上文，进一步表现了作者从此摒绝世俗，不再着意仕途的决心。他只想从亲友的知心话中寻求慰藉，借弹琴读书来消忧解愁；再就是当冬去春来之时，诗人一面去"西畴"耕种，一面趁农事之暇到山林游览：他"或命巾车"，经过高低不平的山坡上；"或棹孤舟"，悠游在弯弯曲曲的山间溪流。从"木欣欣以向荣，泉涓涓而始流"的秀丽景色中，他感受到大自然的蓬勃生机，呼吸到官场上所没有的新鲜而自由的空气；同时又由"万物得时"的繁茂景象中引起了"吾生行休"、人生短促的感叹。这一喜一忧交织在一起，就形成作者思想上一种新的矛盾。"日月掷人去，有志不获骋"。他既不能忘怀政治，放弃自己"大济于苍生"的理想；又无力改变现实，施展自己的才能，这样，余年无多的迟暮感和壮志难伸的隐痛，便油然而生。

最后一段，诗人以乐天安命自慰。"已矣乎，寓形宇内复几时，曷不委心任去留？胡为乎遑遑欲何之？"这意思是说，人的生命在整个宇宙间是极其短暂的，如同白驹过隙，转瞬即逝。因此，面对这种不可抗拒的自然规律，应该不以生死为念，听任自然的安排。他表示既不追求富贵，也不期及"帝乡"，而是希望经过一种不受任何束缚的自由自在的生活，即所谓："怀良辰以孤往，或植杖而耘耔。登东皋以舒啸，临清流而赋诗。"作者这种"乘化归尽"、"乐天安命"、独善其身和自得其乐的处世哲学及人生态度，是其思想感情与现实矛盾的产物，是对现实政治感到绝望的一种反映，它曲折地表现了作者对封建统治者的一种不满和反抗。因而在客观上尽管有一定的消极作用，但其主导方面则是积极的。事实上，陶渊明归隐以后，既没有忘记现实，也没有放弃理想，而是通过亲身参加劳动和与劳动人民的交往，深切体会到劳动的价值，感受到劳动人民生活的苦难，并由此设想出一个没有剥削、没有压迫、人人平等、自由幸福的桃花源式的理想社会。这个理想虽然在当时是不可能实现的，但是它在一定程度上反映了人民的愿望，对社会和人生作了积极的探索。

"每观其文，想其人德。"（钟嵘《诗品》）陶渊明的《归去来辞》真实而形象地反映了他不满现实政治的态度、热爱田园生活的志趣和坚决不与封建统治者合作的高尚情操。这篇作品，不仅思想内容是进步的，而且在艺术上也有很高的成就。抒情与记叙、写景、议论的有机结合，则是其主要的艺术特色。

就记叙来说，作者依时间顺序，先写归去缘由，次写归来情景，末写对未来生活的设想和以乐天安命自慰。在归来情景中，又按舟行、陆行、至门、入室、饮酒、安居等次序步步写来，然后再对田园生活的乐趣与感受，作了突出的描绘。抒情议论穿插其间。这样，作品在结构上就显得次第井然，脉络清楚，完整严谨，和谐统一。但是作者并不是纯客观地、刻板地将其辞归的经过记录下来了事，而是把自己在特定环境中所产生的丰富的深厚的情思，十分巧妙地融合在一俯一仰、一咏一叹、一景一物的记叙之中，使人感到"情之所蓄，无不可吐出；景之所触，无不可写入"（王圻《稗史》）。

就写景来说，作者的着眼点，也并不在于景物本身的细致刻画上，而在于写意。因此，无论是风舟、晨光、松菊、庭柯，还有闲云、倦鸟、丘壑、流泉，都无不被作者涂上一层厚厚的感情色彩，无不具有作者自己的个性，可以说，作品中所出现的自然景物，都是人化了的自然景物。从另一方面看，作者主观的情，又总是由客观的"景"引发出来的，所谓触景生情，感物咏怀。比如，正因为云的"无心出岫"、鸟的"倦飞知还"和阳光的"翳翳"，所以作者才发出"息交绝游""与世相违"的感慨；正因为受了"涓涓始流"的泉水和"欣欣向荣"的草木的触动，所以才产生出"万物得时"而"吾生行休"之感叹。这样，景与情，物与我，客观与主观，便水乳交融地结合在一起，从而为我们创造出一个恬静淡远的意境来。在这个情与景合的美妙境界中，作者始终活动在居于中心的主导地位上，他不管走到哪里，我们都可以从他的一举一动中体味出他的思想情绪。

就议论来说，作品中出现的并不算多，总共不过三处：一在开头，一在中间，一在结尾。它们分别以"归去来兮""归去来兮""已矣乎"领起。这些议论文字不仅显示出感情发展的自然段落，使文章富于节奏感，而且由于它们带有很浓的感情色彩和人生哲理的意味，不类空洞的说教和抽象的议论，因而读之不觉乏味，使人感到印象很深。它是诗与理的结合，是作者思想感情的结晶，在作品中起着画龙点睛的作用，如"悟已往之不谏，知来者之可追"等。

总之，本文写得朴素自然，自然得就像生活本身一样。它写的是真事，抒的是真情，描绘的是真景。作者用质朴的语言、舒缓的节奏和谐美的声韵，让自己感情的泉水静静地流淌出来，不断浸润着读者的心田，使人从中得到美的享受。它像散文诗一样优美，像抒情歌一样动人！惟其如此，所以宋代大散文家王安石称它是"南北文章之绝唱"。

（原载于《学语文》1983 年第 1 期）

浑融阔大的登临之作

——谈崔颢的《黄鹤楼》诗

陈有冰

在我国古典诗词中，登临览胜，怀古伤今是一个被反复咏歌的题材，也出现不少精美的作品。而崔颢的《黄鹤楼》却是其中最为人们所称道的。严羽推崇说："唐人七言律诗当以崔颢《黄鹤楼》为第一。"（见《沧浪诗话》）据说，李白登黄鹤楼时曾对此诗佩服不已，慨叹曰："眼前有景道不得，崔颢题诗在上头。"（刘克庄《后村诗话》，辛文房《唐才子传》）此虽系传说，但从李白的《登金陵凤凰台》《鹦鹉洲》等仿作来看，崔颢的《黄鹤楼》是很使这位"一生傲岸"的大诗人心折的。

《黄鹤楼》在结构上基本可分为两部分：前四句是怀古，追叙往日的胜迹，反衬今日的空旷。后四句则是由眼前之景出发，对山川人物发出慨叹并糅进自己的乡愁。此诗的下笔就不凡，它不像一般的登临诗，先叙登临之时之地，或描登临的所见所闻，而是怀古伤今，直抒其感慨："昔人已乘黄鹤去，此地空余黄鹤楼。"首联上句是怀古，指费文伟驾鹤登仙或仙人王子安乘鹤过此的历史传说（见《九洲图经》和《齐谐志》），下句是伤今，写今日的空旷之状。首联不但交代了此楼得名的原因，抒发了诗人登临时的感慨，更重要的是从"已乘黄鹤去"到"空余黄鹤楼"把千百年来极为巨大的时空变化浓缩在一起加以比较，使世事沧桑的对比度极为明显，抒发出千秋邈然的浩叹。

诗的三、四句则是在首句历史传说的基础上，结合登览时的体会来进一步发挥想象和抒发感慨。在修辞上则用的是顶真格，紧扣上句的"此地空余黄鹤楼"，顺接为"黄鹤一去不复返"。诗的首句云黄鹤去，此句则云不复返，一已去，一不返，不但使诗意环环紧扣，而且把山川依旧、人物全非的沧桑之感更充分地表现出来。黄鹤不复返也就是仙人不复返，也就是昔日盛事不复返。诗人站在徒有其名的黄鹤楼上，抚今追昔，更感到自身的孤独和周围的空旷。陈子昂《登幽州台歌》云："前不见古人，后不见来者。念天地之悠悠，独怆然而涕下。"那种抚今追昔的慷慨情怀大概与之相类。所不同的是，崔颢把这种慨叹用更精炼也更形象的一句诗表现出来，那就是"白云千载空悠悠"。唯有千载白云连结着今昔，连结着今昔的也只剩下千载白云。我们从"空悠悠"三字，可以看到山川的寂寥空旷，也可体会到诗人心弦的悸动。

以上是诗的前半部分，全是怀古伤今的感慨。登临黄鹤楼，不接触黄鹤楼四周的山川景物，而去抒发思古的幽情和联翩的遐想，这在手法上是别具一格，但如再这样写下去，就会显得空泛，而且离现实也太渺远了。所以在后一部分，诗人着意描绘登临中所见之景："晴川历历汉阳树，芳草萋萋鹦鹉洲。"汉阳在长江北岸，龟山与长江的黄鹤矶遥遥相对。鹦鹉洲原是汉阳西南长江中的一个沙洲，东汉黄祖为江夏太守时曾于此大会宾客，有人献鹦鹉，弥衡即席作《鹦鹉赋》，故得此名。诗人选择汉阳树和鹦鹉洲作为他登临时所要表现的主要之景，主要有以下两个原因：第一，这两处最能代表黄鹤楼周围的景色。汉阳一带人烟辐辏，林木葱茏，得人工之美；鹦鹉洲是江心洲渚，大浪之旁芳草萋萋，得自然之趣，站在黄鹤楼头，透过晴朗的江面看喧闹的繁华市井和寂寥的芳草长洲，自有一番动人之处。第二，可很好地抒发诗人怀古抚今的慷慨情怀。鹦鹉洲是因当年弥衡献《鹦鹉赋》而得名，也是弥衡被黄祖杀害后葬身的地方，现在汉阳林木葱茏，长洲芳草萋萋，但一代人才已烟消云散。诗人对人才的追悼，对物是人非的今昔之感也就从这景色的描绘中暗暗地流露了出来，况且，这天涯萋萋芳草，不就是去国离家，被谗受戮的建安名士弥衡的人格上的象征呢？

另外从章法上看，这两句诗自然流走，不拘泥于诗律对偶，显得气象阔大而又浑融。明代才子杨慎曾指责此诗的五、六两句是"扭捏成对"，认为"历历汉阳树"是作者生造无所本，而且与芳草萋萋不成对偶（见刘献廷《广阳杂记》）。其实，这正是诗人创造性的表现，也反映了这首诗重气势不拘对偶的章法特征。比较起来，李白模仿《黄鹤楼》所写的《鹦鹉洲》一诗，五、六两句倒是对得很工整："烟开兰叶香风起，岸夹桃花锦浪生。"但正如清代纪昀所指出的那样："崔是偶然得之，自然流出，李是有意为之，语多衬贴，虽效之而实多不及。"看来，再有才能的诗人，模仿也是没有出路的。

诗写到此，还是在咏物论事，或摹写山川风物，或抒发怀古伤今感慨，并未涉及登临者的个人感受。一首登临诗，如专写个人遭遇，境界未免太窄；如不写个人遭遇，情感又未免太空。《黄鹤楼》一诗高妙之处就在于诗人在着力描绘了阔大的天地，永恒的山川和巨变的世情后，在收束处专写个人的愁绪，使点和面、己和人、物和情很好地交融在一起。诗人选择的时间是薄暮降临的时分，选择的景物是烟波浩渺的江面，此时此景，当然牵动了远方游子的缕缕乡愁，所以诗人说"日暮乡关何处是，烟波江上使人愁"。当然，诗人的愁绪并不单单是乡愁，这当中还应包括着怀古伤今的浩叹，世事沧桑的感慨，显得格调高远，境界阔大，因此此诗虽以"愁"字作结，但并不显得颓唐和凄苦，这与全诗那种阔大的情怀，浑融的意境是一脉相承的。

这首诗艺术上主要的特色就是境界浑融、气象阔大，格调高远。刘辰翁《须溪诗话》评此诗是"滔滔莽莽有疏宕之气，故胜巧思"。高棅的《唐诗品汇》云："七律盛唐作者虽不多，而声调最远、品格最高若崔颢，律非雅纯，太白首推其黄鹤之作。"都是指出其格调高远、胸襟阔大这一特色，事实也正是如此。首先，在结构上，全诗八句围绕黄鹤楼这个中心写来，自然流走，传达出一个浑凝的诗感，这是一般律诗所做不到的。不像有的登览诗可以明显地分出叙事、描景、抒情等不同层次。它的境界显得统一浑融。其次，诗人采用顶真、联想、照应等修辞手法，使全诗句句紧扣又回环照应。以诗的上半部为例，首句是怀古、第二句是伤今；第三句又是怀古，第四句又是伤今，两两交错，回环照应，显得结构整饬，文气回荡。首联与颔联间则用顶针法相接，"此地空余黄鹤楼"后紧接上"黄鹤一去不复返"，结构上显得自然、精巧。李白仿作的两首诗"凤凰台上凤凰游，凤去台空江自流"，"鹦鹉来过吴江水，江上洲传鹦鹉名"是完全模仿这种顶针结构和回环照应之法的。另外上段的四句之间古今对应，用联想把眼前之景拉到千年以前，使画面清晰又开阔，具体又高远，使诗人的沧桑之感在悠悠的遐想中自然地完成。最后，在描景抒情等表现手法上也反映出诗人阔大的心胸和高远的境界。在描景时，诗人不屑于去雕琢细部，而是概写大部，反映整体，汉阳树历历可见，鹦鹉洲芳草萋萋，境界都显得很阔大。在抒情时也是发千秋遐然的浩叹，显得格调高、气魄大。相反，他对章句和诗律倒不是斤斤于求。颔联上句连用六个仄声，下句又连用五个平声；颈联的上下句又不对偶，这一方面反映当时的律诗格律尚不完备，另一方面也可看出这位诗人重气势而不重声律这个创作特征。我们不能像"论律诗细入毛发"的杨慎那样，以此就否定了这首诗在艺术上的巨大成就。

最后要指出的是：此诗境界如此浑融阔大，这与诗人本身的心胸和抱负是分不开的。史载他"少年为诗意浮艳，多陷轻薄，晚节忽变常体，风骨凛然，一窥塞垣，状极戎旅，奇造往往并驱江鲍。后游武昌，登黄鹤楼，感慨赋诗"（见辛文房《唐才子传》），正因为他有从军出塞的壮志，有凛然的风骨，有类似江淹鲍照慷慨雄浑的艺术风格，所以在登黄鹤楼时才能写出这样使诗仙钦手的浑融阔大之作。这也是"非其人，莫能属其文"吧。（杜牧《李长吉歌诗序》）

（原载于《学语文》1984 年第 5 期）

在描绘和咏叹中领悟人生的哲理

——谈苏轼的《题西林壁》

陈友冰

　　如果我们翻阅一下为数众多的歌咏庐山的诗篇，就会发现：它们大多是在描绘或咏叹庐山的神奇秀丽之景，或是流连、拜倒在那瑰丽奇迷的山色面前，或是以景寓情、借物咏志，借以叙说自己的遭遇，抒发心中的情感。至于能站到群峰之上、众山之外，概括出对庐山的总体印象，并从中领悟人生哲理，这样的咏山诗实属不多见，而像苏轼《题西林壁》这样的咏山诗，就更是凤毛麟角了。

　　《题西林壁》是元丰七年（1084）四月，苏轼与友人参寥同游庐山西林寺的题壁诗。西林寺，原是东晋高僧竺昙的禅室，在东林寺东，自晋至宋，一直香火鼎盛，吸引了不少香客、居士，同时它又位于庐山的西麓，是往秀峰和白麓洞的必经之所。在此眺望庐山，五十里庐山横亘于前，三十六峰尽收眼底。所以诗的一、二两句："横看成岭侧成峰，远近高低各不同。"就是从大处落墨，写对庐山的总体印象。既然是总体印象，就不能囿于一面，须从不同的角度去观察。诗人先面对庐山横看，这时庐山就如一道长岭横亘于天地之间。因为在山体走向上，庐山自东北向西南像条云龙蜿蜒于鄱阳湖畔，首尾长约二十五公里，宽约十公里，所以从西麓的西林寺正面眺望，无数山岭平列眼前，结成一道横亘天地的翠色长岭。但如变换一下角度顺着山势纵观，那庐山给人的形体感又变了，就只能看到眼前高耸的汉阳峰了。汉阳峰，在庐山的西南，海拔一千四百七十四米，为庐山的最高峰。尽管庐山有峰三十六座，但因为是纵观，别的峰或为其所遮，或重叠于其下，巍巍庐山，只见此峰矗立于云表了。对庐山的形体感觉不但横看、纵观得出的印象不一样，而且"远近高低各不同"。比起诗的首句来，这句诗更概括，更是对实体的抽象。因为第一句还有个横看像什么、侧看像什么，而这句连远看、近看、高处看、低处看像什么？不同在什么地方也都省略掉了。诗人如此高度的概括，不仅是要我们对庐山的千姿百态得出一个总体的完整的印象，更重要的是要从中领悟出人生的哲理：对一个事物的观察，如果站的角度不同，就会得出不同的印象；同样的，不同的距离、不同的高度，也会得出不同的结论。诗人的这个结论，不但适合于对山体的观察，也是对生活规律的高度概括和总结，联想一下我们的日常生活，一草一木，不都会因为我们观察的角度不同而会得出不同的结论吗？就连一朵桃花、一片柳絮，在不同人的眼中也会得出不同印象，有人认为"桃之夭夭""杨柳依依"，妩媚可爱，也有人认为"颠狂柳絮随风舞，轻薄桃花逐水流"，可贱可弃。所以通过"横看成岭"这两句诗，诗人从庐山这个具体之景，推而广之至天下万事万物；从观山这个具体事件升华到了具有普遍意义的生活哲理。

以上是诗的一、二两句，是写对庐山的总体印象并从中领悟出生活的哲理，按说下面两句就应该展开具体的描绘，或是去抒发赏心悦目、流连忘返的情感了。许多游庐山诗就是这样处理的，如徐凝的《题庐山瀑布》："虚空落泉千仞直，雷奔入江不暂息。千古长如白练飞，一条界破青山色。"就是在概写瀑布给自己的总体感受后再细描瀑布的飞落之态。又如曹松的《送僧入庐山》："若到江州二林寺，遍游应未出云霞。庐山瀑布三千仞，划破青霄始落斜。"则是在送别之中抒发自己对庐山景色遥念激赏之情。但这种细描和抒情是苏轼所不屑为的，甚至他还把这种描绘看成是对庐山一种洗涤不尽的羞辱，所谓"飞流溅沫知多少，不与徐凝洗恶诗"。因此，《题西林壁》的三、四两句仍然是哲理的阐发，而且是更深一层的阐发。因为诗的前两句只是在于得出这样一个结论：观察的角度不同，得出的印象就会不同，而后两句却要引起人们更进一步的思索：为什么会对庐山得出不同的印象而看不出真正的总体的面貌？诗人的结论是："只缘身在此山中。"身处一隅就会不见整体，一叶障目就会不见森林，这就是"不识庐山真面目"的主要原因，这正像西方古典美学家奥古斯丁所阐述的那样："我们如果站在房子的拐角，就看不出整个房子的美，就像一个士兵不懂得全军的部署一样"（《论美与适合》）从这个意义上来看，后两句诗不光是前两句诗提出问题的解答，而且在理性思辨上也是前者进一步升华和提纯，从而变成了一个千百年来人人乐道的哲学命题："不识庐山真面目，只缘身在此山中。"这也许就是宋诗的所谓"理趣"吧！

在表现形式上，后两句诗也不同于前者。前两句诗从表面上看还是在描摹山形、总述山势，它的哲理含蕴是在描述之中暗暗地流露出来，而后两句干脆抛开了现实中的庐山实体，而从观察角度不同、印象就会不同这个推论的前提出发，进一步抽出现实之中的观念来，直接得出一个具有普遍意义的哲理结论来。这种表现方式正像康德所表述的那样："哲学不抽出现实的东西来，而是抽出现实东西里的理念来，艺术也是同样的。"（《康德哲学》）《题西林壁》的后两句，正是哲学与艺术的共通，也是直接表现了这种艺术的理性！

最后要补充交代的是：苏轼为什么能把握住庐山的不同特征，从而得出一个别人无法得出的结论呢？我认为这除了他本人的艺术造诣和宋代的理学环境等因素外，恐怕和他对庐山长期而细致的观察有关。他刚上庐山时，对庐山的山容山态也很陌生的，当时他写过一首五绝："青山若无素，偃蹇不相亲。要识庐山面，他年是故人。"正因为他有着"要识庐山面"的决心，"往来山南北十余日"，终于成了庐山的故人，既掌握了看山的真谛，也悟出了其中的哲理。当代诗人梁上泉有首诗谈熟悉生活与掌握其中规律之间的关系："常倚那寨上的青松，才会有风涛的实感；久驾那浪里的飞舟，才知道波涛的腾翻。"我想，这也可以作为苏轼这首绝句获得如此成功的一个注脚吧！

（原载于《学语文》1985 年第 4 期）

人生失意无南北

——王安石《明妃曲》赏析

杨忠广

> 明妃初出汉宫时，泪湿春风鬓脚垂。
> 低徊顾影无颜色，尚得君王不自持。
> 归来却怪丹青手，入眼平生几曾有？
> 意态由来画不成，当时枉杀毛延寿。
> 一去心知更不归，可怜着尽汉宫衣。
> 寄声欲问塞南事，只有年年鸿雁飞。
> 家人万里传消息，好在毡城莫相忆。
> 君不见，咫尺长门闭阿娇，人生失意无南北。

这是北宋政治家、文学家王安石早期的一篇力作，写于仁宗嘉祐四年（1059）担任提点江东刑狱期间。原作二首，这是第一首。昭君去塞和亲的题材，历代题咏者极多，从晋代石崇的《王昭君辞》到元代马致远的《汉宫秋》，多半都是"哀怜昭君远嫁"，"怀恋汉帝"，或者"怨恨画师毛延寿"。王安石的《明妃曲》独出机杼，于传统见解中翻出新意，不同凡响。着重写昭君不被知遇之恨，矛头直刺汉元帝，同时也抒发了自己怀才不遇的怨愤，对封建统治者不重人才、埋没人才给予有力谴责。

全诗分三部分。前八句写昭君汉宫之别。

> 明妃初出汉宫时，泪湿春风鬓脚垂。
> 低徊顾影无颜色，尚得君王不自持。

这里，运用欲扬先抑的手法，先从反面写她满面泪痕，写她鬓发散落不整，甚至直接写她因伤心怨恨而失去"颜色"。第四句陡然一转，即便这样，汉元帝还是不能控制自己而后悔莫及。假如昭君盛妆悦色之时，其美艳动人更可想而知。"无颜色"正是写她有颜色。"尚得君王不自持"一句，一箭双雕，既刻画了汉元帝迷恋女色，更侧面烘托出昭君的美艳绝世。一笔写出两个人物，十分巧妙。

> 归来却怪丹青手，入眼平生几曾有？
> 意态由来画不成，当时枉杀毛延寿。

后两句是诗人议论：人的意态（包括体态、容貌、举止、风度等）之美，从来不是画笔所能描绘的，为这事杀了毛延寿，实在是冤枉。这几句着重批判汉元帝的昏庸不明。据晋人葛洪《西京杂记》记载：元帝宫妃既多，不能一一亲见，由画师为宫女画像，然后汉元帝再根据画像按图召幸。画师毛延寿借机勒索贿赂，独昭君因本来貌美不肯行贿，毛延寿就故意丑化她，因此昭君入宫数岁，一直没有被召见。直到她临去匈奴和亲时，汉元帝才发现昭君的美貌为后宫第一，但事已无可挽回，遂杀了毛延寿。历代许多文人据此把毛延寿视为酿成昭君悲剧的罪魁祸首。王安石却在传统见解中翻新出奇，把这个旧案轻轻推翻了，矛头直指汉元帝。意思是说，汉元帝不该依仗画师的画像，应该亲自接触，何况昭君的美，不仅在体态容貌更在她的举止、风度和品行，而举止、风度和品行，画师是无法画出的。再说毛延寿敢于勒索贿赂，不正是你汉元帝所唆使、纵容的吗？因此罪责不在毛延寿而在汉元帝。这里进一步渲染了昭君"意态"的美好、品行的高尚，批判了汉元帝不仅遗贤寡恩、使昭君含恨离宫远嫁，而且指出元帝草菅人命、枉杀毛延寿的罪行。

中间六句是第二部分，着重写昭君胡地之思，写昭君在匈奴怀恋故国、思念亲人的真挚深厚感情。

> 一去心知更不归，可怜着尽汉宫衣。
> 寄声欲问塞南事，只有年年鸿雁飞。

家人万里传消息，好在毡城莫相忆。

这几句是细致的心理刻画，十分婉曲。通过"着尽汉衣""欲问鸿雁"两个细节，并冠以"可怜""只有"等词，既表明昭君在匈奴凄苦的生活、寂寞的心境以及对汉、胡君王薄情寡恩的怨恨，更揭示出昭君对故国、亲人的眷念之情多么强烈，深挚和持久。"好在毡城莫相忆"是昭君强为宽解，也是她推己及人的善良愿望。这样，昭君的形象不仅可悲值得同情，而且是可敬可亲，值得颂扬了。

最后两句，是作者感情的直接抒发，指出昭君悲剧的根源。

君不见，咫尺长门闭阿娇，人生失意无南北。

你没有听说陈阿娇的故事吗？她当年是那样的受宠，当汉武帝也是变心，还不是禁闭在近在咫尺的长门冷宫吗？阿娇失宠和明妃失意都是最高的昏庸统治者一手造成的。对于一个"失意者"来说，无论是留在汉宫（南），还是远嫁匈奴（北），命运都同样的悲惨。这就深刻地概括了专制帝王对宫妃有玩弄之意并无真实爱情可言，封建是造成历代宫妃悲剧的主要根源，这就是作者对昭君一生悲剧的总结。同时应该指出：美人失宠和国士不遇，情况有些类似，作者借昭君失意寄托了诗人失意不遇的感慨，也抨击了北宋王朝埋没人才的罪行。最后两句精警而含蓄，是作者此诗立意之所在。

王安石怀有"矫世变俗之志"（《宋更本传》），在文学上力主"有补于世"，"以适用为本"；所写诗文，密切联系社会现实，这首《明妃曲》在思想内容上表现在三个方面：

一、全诗集中刻画了昭君这个崇高的悲剧形象，
并表示了深切的同情

昭君不仅具有绝代佳人的容貌和品行，而且又有纯洁的、崇高的怀恋故国，眷念家乡的真挚感情。像这样的美人却得不到宠幸，反而被远嫁匈奴，过着凄苦、寂寞的毡幕生活。最后作者还以阿娇失宠的故事，说明"人

生失意无南北", 扩大了悲剧的范围, 无论南北, 在昏庸统治者那里是得不到真正爱情的, 只能是失意, 只能是悲剧。这个概括相当深刻。诗人在刻画昭君这个形象时, 摆脱了前人穷尽笔墨描摹面容体态的老套, 而是运用外貌、动作乃至心理、细节等描写手段, 从多角度、多侧面地进行刻画, 特别是"低徊顾影无颜色、尚得君王不自持"的侧面烘托和"不改汉服""欲问鸿雁"等心理刻画, 都十分成功, 从而把昭君的"意态"之美以及这种美的感染力, 栩栩如生地刻画出来, 并从中宣泄了她内心的悲怨之情。这种崇高的悲剧形象, 在古代诗中并不多见。

二、对昏庸统治者的批判

古代题咏昭君的名篇、佳句极多, 或写昭君对汉主的眷念, 或对画师毛延寿的怨恨。王安石此诗不同, 他认为造成昭君悲剧的元凶是汉元帝。"意态由来画不成, 当时枉杀毛延寿"。"按图召幸"本身就很荒唐, 昭君美艳绝世, 品行正直, 也不是画师所能画出的; 昭君决不肯为"争宠"贿赂画师而丧失自己的人格。元帝为此借故杀画师, 实际是他遗贤寡恩的欲盖弥彰。杜甫说: "画图省识春风面, 环珮空归月夜魂。千载琵琶作胡语, 分明怨恨曲中论。"(《咏怀古迹》)白居易说: "见疏纵道迷图画, 知屈那教配房庭。自是着思薄如纸, 不须一向恨丹青。"(《昭君怨》)他们都看到了元帝"按图召翠"的失策。王安石则进一步不仅替毛延寿翻了案, 而且直刺汉元帝。"可怜着尽汉宫衣, 寄声欲问塞南事", 绝不是对汉元帝的眷念, 更不是为了"争宠取怜", 而是表现了昭君爱国、爱乡历久不渝的深挚感情。"一去心知更不归", "只有年年鸿雁飞", 正是对汉元帝遗贤寡恩的讥刺。"君不见, 咫尺长门闭阿娇, 人生失意无南北", 虽然是对昭君的宽慰, 更是对一切荒淫昏庸统治者的有力批判。

诗人在《明妃曲》之二结尾进一步说: "汉恩自浅胡自深, 人生乐在相知心。可怜青冢已芜没, 尚有哀弦留至今!"这几句一直被人误解, 南宋范冲对高宗论此诗时就诬陷王安石, 说: "此所谓坏天下人心术。孟子曰: '无父无君, 是禽兽也'。以胡虏有恩而遂忘君父, 非禽兽而何?"(李雁湖《荆公诗注》引）近人高步瀛指出范冲不免深文周内，然而承认"持论乖戾"（见《唐宋诗举要》卷三）。其实按作者本意，四句应作三层读：第一句"汉恩自浅胡自深"，是就汉、胡统治者自己说的，且"自"有"虽"义。汉主让昭君禁闭深宫，不予召见，后又当作礼物送给胡人，汉恩自是浅薄；胡人以"毡车百辆"相迎，胡人恩礼自是较深。然浅、深由他，与我无关。接着第二句"人生乐在相知心"，这是诗意的重点，道出了人生的追求，贵有"相知心"。元帝不是"知心"，胡人也并非"知心"，诗中已说"含情欲语独无处，传与琵琶心自知"。所以下面接着两句："可怜青冢已芜没，尚有哀弦留至今。"可见，昭君终其一生也没有得到"知心"，在匈奴仍然是哀而不是乐，其"哀弦"尚"留至今"。

王安石两首《明妃曲》一问世，立即引起了广泛重视，欧阳修、司马光、刘敞、曾巩等纷纷和作。欧阳修在《再和明妃曲》中说："绝色天下无，一失难再得。虽能杀画工，于事竟何益？耳目所及尚如此，万里安能制夷狄！"用意和王作类似，矛头也是针对汉元帝。但欧诗明显不如王诗含蓄有味。宋代的王深父、范冲等人不敢批欧阳修，却抓住王安石的"人生失意无南北"，"汉恩自浅胡自深"大作文章，罗织罪名，说王安石"忽夷夏之大防"，"薄君臣之大义"，"无父无君"，"坏天下人心术"。对他们的诬陷，后世许多人进行了批驳。程千帆说得干脆："像王、范之流，对王安石的为人抱有偏见，对他的诗文又无知，两者兼而有之，那就难怪其议论一无是处了。"（程千帆、沈祖棻选注《古诗今选》）

三、抒发了怀才不遇的感慨

王安石的咏史诗，往往借古人古事抒发自己对现实的感慨。在写这首诗的前一年，王安石写了著名的《上仁宗皇帝言事书》，提出变法主张和重视人才的意见，但没有引起仁宗的重视。联系作者的政治态度和写作背景，诗中的"意态由来画不成""人生失意无南北"以及"人生乐在相知心"等，都是借他人的酒杯，浇自己的块垒，借昭君失意，寄托自己郁郁不得志的感慨和对北宋王朝不重人才、埋没人才的一种怨恨。

　　标新立异，议论新颖是王安石咏史诗的一大特点。曹雪芹在《红楼梦》六十四回借宝钗之口说："做诗不论何题，只要善翻古人之意。若要随人脚踪走去，纵使字句精工，已落第二义，究竟算不得好诗。即如前人所咏昭君之诗甚多，有悲挽昭君的，有怨恨延寿的，又有讥汉帝不能使画工图貌贤臣而画美人的，纷纷不一。后来王荆公复有'意态由来画不成，当时枉杀毛延寿'，永叔有'耳目所见尚如此，万里安能制夷狄'，二诗俱能各出己见，不与人同。"这"不与人同"，正是王安石翻新出奇，不落前人窠臼，使这首诗成为古代题咏昭君诗中别开生面的杰构。

（原载于《学语文》1988年第6期）

羁旅秋感时代忧思

——王安石《葛溪驿》赏析

胡传志

缺月昏昏漏未央，一灯明灭照秋床。
病身最觉风露早，归梦不知山水长。
坐感岁时歌慷慨，起看天地色凄凉。
鸣蝉更乱行人耳，正抱疏桐叶半黄。

——王安石《葛溪驿》

宋仁宗皇祐二年（1050），王安石任满鄞县（今浙江鄞县）知县，一度回家乡临川（今江西临川）。是秋，又自临川往钱塘（浙江杭州），途中留宿葛溪驿（在今江西弋阳县），写下了这首包容羁旅秋感和时代忧思的诗作。

首联写景："缺月昏昏漏未央，一灯明灭照秋床。"漏：一种计时器。央：终止。漏未央，说明仍是深夜。旅途疲劳，并未能使他沉于睡乡。客居他乡，反而令他触景感怀。深夜，他独卧床上。室外，一轮残月，昏朦惨淡；室内，孤灯闪烁，若明若灭。整个环境显得暗淡冷寂，渲染出悲哀感伤的氛围，暗示了主人公忧伤愁思的情怀，为全诗定下了基调。但此情此景又是因何而发、缘何而设的呢？通常这类题材，最易于抒写羁旅之恨、悲秋之怀和思乡之情，因为行役之人，客居他乡，又逢秋夜，最容易萌发这类感情，而且"秋月""秋床"等意象又引导人们联想起这类情感。但是，王安石是位以天下为己任的大政治家，具有强烈的时代意识，他已经清醒地意识到时代危机和社会危机。因此，我们不得不考虑，在独醒者眼中，那残月、那孤灯、那秋夜是否还另有寓意？颔联还是紧承上联，"病身最觉风露早，归梦不知山水长"，抒发忧伤思乡之情。疾病之身，适感秋寒，又寄居在外，独处思乡，自是凄苦不堪。这时作者三十岁，正当年富力强，从有关资料看，他没有得过大病。这里，他似乎只是借病身、借风露达到一种双关的效果。"病身最觉风露早"，不仅仅是再现自然现象，还是传达先知先觉者独特的时代感觉。而"归梦不知山水长"的思乡之情则不是诗歌的主题，它只是过渡媒介。这种理解可以在下半篇中得到印证。

颈联直抒胸臆，高峰突起："坐感岁时歌慷慨，起看天地色凄凉。"诗人从暗淡的氛围中奋起，正视严峻的现实，悲歌慷慨。忧之深、愤之切，我们从一坐一起的动作中就能强烈地感受到。岁时，不仅是自然之秋，也是时代之秋；天地，不仅是自然对象，也是社会象征。岁时萧条，天地凄凉。都有双重含义。值此，我们就清楚地认识到，前面的昏朦残月、明灭孤灯、秋夜风露都只是天地凄凉的铺垫，都具有深刻的时代内涵。它们联系在一起，凝聚了诗人超越时人的忧时忧国之心。这一联是诗歌的中心，抒发了独醒者的孤愤和悲凉。尾联又是写景，"秋蝉更乱行人耳，正抱疏桐叶半黄"。他继续赶路，途中聒耳的秋蝉声，传达出烦躁凄惶的情绪，又引起了他的共鸣。秋蝉意识到秋季的来临，声嘶力竭，他意识到时代危机，慷慨悲歌，但是时局如此，又能奈何？所有的思考、忧虑、凄惶和愤慨都淹没在一片秋蝉声中，令人咀嚼不尽、回味无穷。

《葛溪驿》诗中这种超前的忧时忧国之心，是政治家王安石早年观察思考的结果。早在庆历三年（1043），他写诗评价庆历新政，就反映了他敏锐的政治洞察力。当时，石介等人对庆历新政都是大唱颂词。王安石却独出异论，表达了庆幸之后的忧虑："众喜夔龙盛，予虞绛灌险。太平岂可致，天意慎猜嫌。"（《读镇南邸报癸未四月作》）事实却不幸被其言中。正是这种超前的洞察力，使得他具有超前的时代意识，也使得他的诗作充满时代的忧思，而这却是当时和前此诗坛所缺少的，因此显得弥足珍贵。

在写法上，作者以时间为顺序，从夜晚到白天，从驿站到途中，借写羁旅、悲秋、思乡传达忧时忧国之情。几种感情融为一体，显得内在丰厚，深沉浑朴。首联写景抒情，含而不露，颔联承上启下，借写羁旅秋感引发挑明下联忧时忧国之情，慷慨激昂，悲愤满腔，从而将感情推向高潮，最后又跌落在秋蝉的哀鸣声中，如同空谷足音，回荡不已。在一起一落中，写尽了政治家深刻的时代忧思和无可奈何的伤感。在风格上，全诗冷峻瘦健。诗人选择缺月、孤灯、秋夜、秋蝉等意象，并不仅仅借此表现悲哀，还借此宣泄悲愤。他在一片悲哀景象中，能超于悲秋、思乡、羁旅之情之上，从悲哀中奋起，慷慨悲歌，抒发忧时忧国之情，正表现了从不幸中图强的精神面貌。时代积贫积弱，文学艺术也应该从男欢女爱、离愁别恨中振作起来。事实上，也真有了一定的觉醒。在绘画领域，崔白、郭熙等人突破了浓丽没骨的黄氏体制；在词学领域，范仲淹等也打破了诗庄词媚的传统。但诗歌领域，王安石之前还没有那么自觉起来，欧、梅等人诗作都缺少一定的瘦健精神。《葛溪驿》所表现出来的这种精神，适应着时代的需要，补弥了诗坛的不足。瘦健精神直接形成瘦劲的诗风。方回说《葛溪驿》"似江西人诗"（《瀛奎律髓》卷二十九），正说明了它对江西诗风的先启作用。

（原载于《学语文》1989 年第 3 期）

卢纶《腊日观咸宁王部曲娑勒擒虎歌》赏析

丁　放

山头曈曈日将出，山下猎围照初日。

前林有兽未识名，将军促骑无人声。

潜形跧伏草不动，双雕转旋群鸦鸣。

阴方质子才三十，译语受词蕃语揖。

舍鞍解甲疾如风，人忽虎蹲兽人立。

欻然扼颡批其颐，爪牙委地涎淋漓。

既苏复吼构仍怒，果叶英谋生致之。

拖自深丛目如电，万夫失容千马战。

传呼贺拜声相连，杀气腾凌阴满川。

始知缚虎如缚鼠，败寇降羌在眼前。

祝尔嘉词尔无苦，献尔将随犀象舞。

苑中流水禁中山，期尔攫搏开天颜。

非熊之兆庆无极，愿纪雄名传百蛮。

　　诗题中"腊日"，一作"腊月"，显误。腊日为旧时腊祭的日子。《史记·秦本纪》："十二年初腊。"《正义》："十二月腊日也。……猎禽兽以岁终祭先祖，因立此日也。"后人以十二月初八为"腊日"。可见腊日出猎，为古人传统习惯。若作"腊月"，则失为宽泛。"咸宁郡王"，浑瑊的封号。"部曲娑勒"，"部曲"指部将，"娑勒"，擒虎壮士的名字。"擒虎"，一作"擒豹"，因诗中是"缚虎如缚鼠"之句，确指为擒虎，故作"擒豹"者误。

　　这首诗的主旨是通过壮士擒虎场面的描写，来赞美作者的府主咸宁郡主浑瑊，约作于贞元前期。全诗可分为三大段："山头"八句是第一段，写围猎时发现猛虎，浑瑊命部将娑勒擒虎。"舍鞍"八句是第二段，描绘壮士生擒猛虎的壮观场面。"传呼"以下十句为第三段，写随从围猎的部下向咸宁郡王祝贺，归结到歌颂的本意。

诗的开篇从出猎写起，"山头瞳瞳日将出"，是围猎队伍出发时所见到的景象；太阳尚未出山，而她吐露的光芒却已映红了山头，"山下猎围照初日"，言围猎开始时，已是旭日初升了。这两句写日出之景，既见出时空的变化，又起得堂堂正正，令人精神为之一振。"前林有兽未识名，将军促骑无人声。"行动刚刚开始，就有好消息传来，前面林中发现猎物，因为林木的遮蔽，一时还不知是什么动物，这时，将军催马向前，率先进行搜索，大家则严阵以待，悄无人声。这里说"将军促骑"点明了此诗歌颂的主要对象，显示出将军的英勇无畏，指挥若定，下文娑勒擒虎，就是在将军查明"敌情"后，命他进行的，通篇行文，也都围绕将军展开。"潜形踠伏草不动，双雕转旋群鸦鸣。"上句写虎潜伏草间，纹丝不动，实际上一是躲开众人的搜索，二是蓄势待发，准备和人进行搏斗。下句写环境气氛，双雕，当为将军之物，用以侦察猎物的，雕在空中盘旋，惊得群鸦乱鸣，这句写动，与上句虎的潜伏不动，一动一静，恰成对照。此时的气氛骤然紧张，经过将军和双雕的侦察，已经查明猎物为一斑烂猛虎，于是将军发布命令："阴方质子才三十，译说受词蕃语揖。"浑瑊通过翻译，命他部下的勇士去将猛虎生擒，壮士欣然从命。这一段是打虎的前奏曲，节奏变换，如急风暴雨，扣人心弦。

第二段写壮士生擒猛虎的经过。"舍鞍解甲疾如风"，是说娑勒得令后，以旋风般的速度下马解鞍，向猛虎扑去，充分刻画出娑勒的神威，其行动如风，一来显其毫无畏惧，二来是为了先发制人。"人忽虎蹲兽人立"。写人虎对峙相持，其绝妙之处，在人、虎的反常行为，人本应站立，却说"虎蹲"；虎本应蹲，却说"兽人立"，此处写人虎都在集中全力，准备作殊死搏斗，人作"虎蹲"，是为了蓄势猛扑，虎作人立，是见人之后，怒遏，反倒直立欲扑，这个细节极为传神，可以说是中国诗史上最优秀的细节之一，所以沈德潜评云"人虎互形，毛发生动"（《唐诗别裁》卷七）。"然欻扼颡批其颐，爪牙委地涎淋漓。"这两句是人、虎短兵相接，展开恶战。上句写壮士打虎，"欻然"，忽然，急速的样子，"颡"，前额，"颐"，面颊。"扼颡"和"批颐"，分写娑勒两只手的动作，一只手扼住虎颡，将虎头尽力往下按，另一只手猛击虎的面部，描写娑勒的神勇。下句写猛虎在壮士迅雷不及掩耳的攻势下，爪牙着地，口涎横流，狼狈不堪。"既苏复吼拗仍怒，果叶英谋生致之。"二句意谓虎颡被按得太紧，闷绝过去；但略一松手，它又苏醒过来，仍然怒吼着，挣扎着。经过几次的反复过程，猛虎力气用尽，活活地被人捉了回来。"英谋"，咸宁郡王英明的谋划，与上文"译语受词蓄语揖"的"受词"相应，"叶"，符合、实现的意思。"拖自深丛目如电，万夫失容千马战。"这两句写猛虎被擒后的余威。当娑勒把老虎从深丛中拖出时，它仍目光如电，使得马因恐惧而变色、颤栗。此处写虎威、人恐、马颤，反衬出娑勒的勇武绝伦。

第三段转入祝贺和颂扬，由擒虎想到擒敌卫国，收束全诗。"传呼贺拜声相连，杀气腾凌阴满川。"目睹打虎的壮观场面后，咸宁郡王的部下一起向他拜舞祝贺，群情激昂，士气高涨。古时打猎兼有练兵之意，看到元帅部下有这样勇武的将官，将士们当然精神振奋，产生联想："始知缚虎如缚鼠，败寇降羌在眼前"。我们的将军缚虎尚如缚鼠一样容易，如果打仗，肯定会所向披靡，想到这里，败寇降羌似乎已经出现在眼前了。诗人由打猎写到打仗卫国，大大深化了诗的主题。"祝尔嘉词尔无苦，献尔将随犀象舞。苑中流水禁中山，期尔攫搏开天颜。"这四句奇峰突起，诗人异想天开，直接与老虎对话，安慰老虎说，我用好话来祝愿你，你可别为被捉而苦恼。你将被荣幸地献给皇帝，将同那些经过训练的大象、犀牛一起跳舞，住在有山有水的禁苑中，希望你的搏斗之技，能博得皇帝开心。"非熊之兆庆无极，愿纪雄名传百蛮。"末尾两句由擒虎起兴，借用周文王出猎得到吕尚的典故，赞扬皇帝任咸宁郡王，天下即将太平，我愿通过这首诗，将咸宁郡王的威名传遍百蛮。

这首诗最为精彩的部分，无疑是打虎一段，这一节不但在"十才子"诗中一枝独秀，即使置于佳作如林的盛唐诗中，也光彩夺目。王士禛说"卢纶大历十才子之冠冕"（《分甘余话》卷四），仅凭此诗，卢纶即不虚此名。沈德潜云："中间搏兽数语，何减太史公钜鹿之战。"如果从声威气势上着眼，卢纶写娑勒擒虎的壮举及人马颤栗的情景，确实与司马迁笔下"钜鹿之

中学诗学教育

战"写项羽率楚军破釜沉舟、以一当十、喊声动地，而"诸侯军人人慑恐"的场面相似。不过，我们若将此诗与《水浒传》中"武松打虎"一章进行比较，更会发现一些有趣的东西。第一，构思不同，卢诗写擒虎，主要写壮士的神勇，"疾如风"，"扼颡""批颐"，最后将虎活捉，虎威只是从侧面烘托，"拗仍怒""目如电"等等，《水浒》写打虎，极力描写老虎的威风，打虎前先用大段文字写老虎如何吃人等等，打虎时虎主动出击，武松开始时处于被动，费尽全力，才掌握主动权，将虎打死，二人打虎，一生擒，一打死，结果不同，前者似乎更难，更要恰到好处。第二，人物形象不同，诗中娑勒虽勇，不过是按元帅韬略行事，打虎一段，是为了歌颂元帅，因而未用力过多地刻画娑勒形象，武松则是《水浒》中打虎一回的主人公，形象极为鲜明，王望如评这一回曰："虎搏人，未闻人搏虎；众人打虎；未闻一人打虎；众人器械打虎，未闻一人拳脚打虎。……用拳不用棒，雄哉松也！"（《水浒传会评本·上》）无论是写人、写虎，小说中的文字均比诗中细致得多，这又是诗文性质不同所致。总之，诗与小说均臻极品，又各具风采。

世人多赏卢纶的《塞下曲》绝句，其实这组诗也是颂诗，刘永济先生说"此题共六首，乃和张仆射之作，故诗语皆有颂美之意"（《唐人绝句精华》），当然，这组诗非常出色，体现出"盛唐气象"却无甚深意，而这首《擒虎歌》，无论内容之深刻，场面之壮阔，均超过《塞下曲》，而且具有很强的叙事色彩，体现了盛唐诗向中唐诗转变的契机。

（原载于《学语文》1989 年第 5 期）

似壮实悲　似火山爆发

析辛弃疾《破阵子——为陈同甫赋壮词以寄之》

张智华

> 醉里挑灯看剑，梦回吹角连营。八百里分麾下炙，五十弦翻塞外声，沙场秋点兵。
>
> 马作的卢飞快，弓如霹雳弦惊。了却君王天下事，赢得生前身后名。可怜白发生！

这首词不少人认为是一首纯粹的壮词，这样理解似嫌不妥。辛弃疾有些词艺术构思非常独特，词意多层而丰富，《破阵子》正是这样一首似壮实悲、对比强烈的名篇。

南宋爱国志士陈亮字同甫，具有铜肝铁胆，好论政谈兵，敢于直言批评南宋朝廷的妥协政策，是辛弃疾的知音。他们两人曾经相会，"憩鹅湖之清阴，酌瓢泉而共饮，长歌相答，极论世事"（辛弃疾《祭陈同甫文》），无比快慰。辛弃疾这首词即作于鹅湖相会之后。

这首词题为壮词，其实壮中含悲，深层意蕴，确为悲愤郁闷。上片词人回忆早年在以耿京为首的敌后起义军中一段豪迈的战斗生活。当年作者正是一位壮志满怀、意气风发的青年志士。他和起义军在一起，出生入死，战斗在金人统治下的地区。下片紧承上片赞颂早年的抗金生活，抒发自己的宏伟理想，并借此鼓励陈亮施展抱负，收复中原，最后表达了自己南归以来未能实现早年壮志的巨大悲愤。词在追写当年抗金义军军旅生活时，充满了浪漫主义的豪情，格调雄壮豪迈。然而，吹角连营、沙场点兵、弯弓走马的雄壮场景，毕竟只是追忆和想象之中的生动画面，现实却是冷酷的。他在南归之后，抗金主张受到排斥，长期遭受冷落，无法实现理想，因此最后用"可怜白发生"的实笔警语，点醒真情，由回想猛然转回到眼前，情绪一落千丈，宣泄了壮志难酬的强烈悲愤。词人以回忆与现状、梦想与实情之间的巨大反差，展示了他激荡的情怀和深沉的痛苦，同时也含蓄地暗示出南宋朝廷的妥协政策，是使他英雄坐老的根本原因。因此，从这个意义上说，这是一首悲愤之词。

词以豪情衬苦境，以虚景衬实情。词中第二、三、四、五、六、七句所描绘的追怀和梦幻的景象，是虚笔，是受胸中豪情驱遣而展现的早年豪壮生活图景。辛弃疾渴望能统率兵马、驰骋沙场、杀敌立功，但受朝廷妥协政策压抑，无法在现实生活中实现，于是借助于追忆，托想于梦幻，展示自己的理想和情怀。而昔日和梦境越是威武雄壮，现实就越显得黯淡悲凉；梦中情怀越是豪迈奔放，梦醒时的悲愤也就越强烈深沉。这种豪情与苦境、虚景与实情的对比是非常鲜明的。词人以壮衬悲，有力地表现了报国无门的痛苦和郁闷。

词中不仅以虚景衬实境，而且先扬后抑，独具匠心。这首词前九句的基调是雄壮高昂的，而结尾一句却是悲凉低沉的，前后形成一个巨大的感情落差，从而在词的情调上由雄壮转为悲愤，词人正是借这种情感的陡然变化来展示现实和理想之间存在的巨大矛盾，以及理想在现实中的幻灭所形成的苦闷。前面九句扬，最后一句抑。这种"扬抑法"一方面是词人思想感情的真实再现，另一方面又是对比手法在一首短词中的独特运用。可谓"雄壮"扬得越高愁闷的份高，也就显得越沉重。

与这种虚景与实情、雄壮与悲壮对比映衬、先扬后抑密切相关的是这首词奇变的结构布局。除单调小令外，一般词都是分片的。分片的词多数是由上下两片构成，大体上是上片写景而下片抒情。这首词在形式上虽然仍依照常格回"沙场秋点兵"句结束上片，但是过片情调未变——仍然是雄壮，词人完全是根据强烈情绪的自然流动作为结构依据的。这首词前九句基本上为一种情调——欢快，而结尾一句是另一种情调——悲凉。虽然在句子的数量上是九与一的对比，但是没有给人以畸重之感，却起到了相反相成的效果。最后一句有力地突出了志士悲愤的千钧之重，发人猛醒！此外，布局也很奇特，第一句落笔于现实，中间八句托志于追忆和梦想，最后一句又折回现实，这种由实及虚、又由虚到实的布局，使现实与理想、悲愤与豪迈，反复对照，分外震撼人心！总之，在一首短小的词中运用这种奇特的结构布局，极大地增强了对比的艺术效果，从而打破了形式上的常规，显示出辛词艺术的独创精神。

（原载于《学语文》1990 年第 5 期）

梦想在疑忌中消歇

——曹植《洛神赋》解析

潘啸龙

黄昏日落之际，最容易勾起人们坎坷途路的愁绪；而平生的种种向往和追求，也常会如烟如云地涌现眼前，化作惆怅难寻的幻梦。

传诵千古的《洛神赋》，描述的景象就正如此。此赋的诞生，虽然因了作者"流眄"洛川的触动，并且受到了宋玉《神女赋》的感发（见原序）；但它真正起因，也许正是曹植经历了苍黄翻覆的宫廷风云之变（按：据曹植本传和《赠白马王彪》诗序言，他到京师朝拜文帝在黄初四年。其时任城王曹彰被曹丕毒死，曹植险些被害，只因下太后援救恳求，文帝才放过了他。此赋序称"黄初三年"朝京师，正如有些注家指出的，可能是故意将时间提前，以免招致怀疑），在崎岖山阪的颠簸和悲忧交瘁的劳思间，所做的一场绮丽清梦？

这清梦的展现很美，而且因了"辞采华茂，骨气奇高"的曹植的浪漫之思，特别带有飘忽变幻和情意缠绵的韵致。而照亮了整个梦境和牵动了作者不尽思情的中心人物，便是传说中的美丽洛神——"宓妃"。

《洛神赋》的构思和写法，显然带有摹拟传为宋玉所作的《神女赋》的痕迹。不过，因为《神女赋》标明是叙"梦"之作，笔底多带"梦"之缥缈流动之感。曹植此赋却不明言是梦，而将它处理为似乎真是作者身历的实境，故起笔便是平中孕奇的氛围创造："西倾"的红日，辉映着"车殆马烦"的主人公穿山通谷；长长的身影，缓缓移动在崎岖的山阪上。接着便来到长满蘅草的川边——洛水到了，辚辚的车音顿时消歇。只留下主人公与车御"秣驷乎芝田，容与乎阳林"，欣喜地伫立川岸，向着暮色苍茫的远山眺望。平平的叙述，正与陶渊明《桃花源记》描述"武陵人"的行舟之初一样，奇遇的显现在事前竟一无征兆。

但也正是在此刻，恰如云烟之突敛，作者笔下的主人公，刹那间目睹了一幕终生难忘的景象——一位俏丽的女子，已无声无息地现身于川上的山岩之间！由于文中对此丽人的现形，先就渲染了主人公"精移神骇，忽焉思散"的异常情状；之后又以御者的"其状若何？臣愿闻之"暗示，同在川边的驾车人，对此景象却一无所见。更使这"丽人"即洛神宓妃的显身，变得蹊跷而神奇。

当作者落笔描摹所见洛神的形貌时，仿佛立志要与宋玉笔下的巫山神女争辉似的：虽然也重在展示她那照人的风神和明艳的姣容，采用了"荣曜秋菊，华茂春松""皎若太阳升朝霞""灼若芙蓉出渌波"的排喻，以及"云髻峨峨，修眉联娟，丹唇外朗，皓齿内鲜"之类勾勒、着色。但细心的读者，一眼即可看出它与《神女赋》写法的不同：宋玉的描摹一发即收，更带印象式的"梦"境特点和飘忽之感。曹植的写法，因为不是展示"梦"境，"看"到的景象当更真切，故更重视云蒸霞蔚的彩笔雕画，使形象更觉明丽和纤毫毕现。

最明显的差别在于：曹植表现洛神，不像宋玉笔下的神女那样，只在庭墀、宫帷间现身，而是安排在涣涣洛水和峨峨川岩之间，因此就有了更广阔的活动空间，来展示洛神的动态风貌和性格特点——

"其形也，翩若惊鸿，婉若游龙"；"仿佛兮若轻云之蔽月，飘摇兮若流风之回雪"；"忽焉纵体，以遨以嬉。左倚采旄，右荫桂旗。攘皓腕于神浒兮，采湍濑之玄芝"。

以飘流舒卷的"轻云"、翩翩飞旋的雪花，比拟洛神衣袂飘拂、轻盈流动的体态，有多形象！而"采旄""桂旗"的映衬，"神浒""湍濑"的辉照，又把洛神的热情好动、妩媚天真之性，传写得多么动人！正是这些出色的描摹，使洛神的性格表现，带有了作者曹植自身的个性特点：与巫山神女的娴丽、静雅不同，在美丽的洛神身上，似乎透露着更多的天真、大胆和热情。

也许正因为如此，在主人公"托微波而通辞，解玉佩以要之"，向洛神转致眷眷之情时，她的反应也远比巫山神女率真——不仅爽快地答应了下来，而且"抗琼琲以和予兮，指潜渊以为期"，表达了相当真挚的倾慕和痴情。而一旦因为主人公"感交甫之弃言""惧斯灵之我欺"，洛神感觉到对方疑忌于自己的心迹时，其情绪之激荡、不平，也格外令主人公惊心——

> 于是洛灵感焉，徙倚彷徨。神光离合，乍阴乍阳。竦轻躯以鹤立，若将飞而未翔……超长吟以永慕兮，声哀厉而弥长。

神光的忽隐忽现，身躯的竦立欲飞，表现出洛神的身心受到了多大的打击。那哀哀长吟的凄厉之音，包含着这位神女身遭猜疑的多少痛苦和伤情！

最令人惊异的，是作者描述洛神痛苦情状后的突然转笔，文中由此展现了"众灵杂沓，命俦啸侣"的一派欢乐景象：这些无忧无虑的快活神灵，或游戏于清波之间，或回翔于渚川之上，采摘着蚌中的"明珠"，争拾着翠鸟的美羽，显得何其逍遥！人之哀乐已不能相通，神灵之悲喜竟也如此隔膜——在这样的热闹、欢乐之境中，表现洛神悄然"延伫"、举袖掩面的悲惋之情，正有王夫之《薑斋诗话》所说的"以乐景写哀"的强烈反衬效果。而况陪伴洛神的，又是泪洒斑竹、沉身湘水的"二妃"，和那蹁跹汉水、只与郑交甫有"解佩"一晤之缘的"游女"——她们当年的辛酸悲剧，不正都在无声地诉说着此刻洛神悲剧重演的绵绵伤情吗？

全赋写到洛神的率众离去，正与屈原《离骚》抒写主人公的悲怆远逝一样，运用了纯从客意渲染、烘托的笔法：

> 于是屏翳收风，川后静波，冯夷鸣鼓，女娲清歌。腾文鱼以警乘，鸣玉鸾以偕逝。六龙俨其齐首，载云车之容裔……

真是车仗雍容、如火如荼，表现出洛神随从的何其繁盛和富丽。然而，此刻归去的洛神，却再不像她显现时那样爽朗无忧、天真欢快。虽然她还是那样美丽，那样"华容婀娜""丹唇外朗"，但一颗纯真热情的心，却因了主人公的猜忌、人神的"道殊"而破碎了！她是带着不尽的幽愤和哀伤，在"抗罗袂以掩涕兮，泪流襟之浪浪"中逝去的。这一幕情景，正如朱冀评论

《离骚》结尾一节的描述一样，"极凄凉中偏写得极热闹，极穷愁中偏写得极富丽"（《离骚辩》），更牵动读者的叹惋唏嘘之情。然而，这位多情的女神，即使在伤痛之中，仍未割舍对主人公的眷恋和倾心："无微情以效爱兮，献江南之明珰。虽潜处于太阴，长寄心于君王"——这就是她在神影消散、光彩隐没的刹那，留下的最凄切的心愿。经了作者那充满怅意的收笔，至今似还袅袅不绝地飘扬在洛川的云水苍茫之间。

洛神宓妃在古代传说中，并不是令人敬仰的女神。在屈原的《离骚》和《天问》中，也因此被作为"信美无礼""纬繣难迁"，与"夷羿"有着暧昧关系的形象描述的。但在曹植笔下，却进行了根本的改造，成了一位美丽、热情，虽遭猜忌仍不变其缱绻痴心的正面形象，这是颇耐人寻味的。作为一位同样怀有美好的追求，志在报效社稷、"流惠下民"，而多次遭受监国谒者谗毁和魏文帝迫害、疑忌的俊偻之士，曹植是不是在洛神悲剧中发现了自己的影子？或者将自己的遭际赋予了洛神？如果这一推测不错，则在《洛神赋》中做着清绮之"梦"的，与其说是主人公"余"，不如说是现身岩畔的洛神宓妃了——正是她，身当"盛年"，满怀"爱"心，希冀着有与"君王"一遇的"良会"之期；却在"余"的无端猜忌中梦销神灭，永归"太阴"。这绵绵不绝的悲情离怨，似乎也正是曹植朝会京师，猝遇任城王曹彰被害，自己也险遭厄运的悲愤之情的幻化——一位西方哲人说："梦境是愿望的达成。"但美丽热情的洛神——曹植，即使是在"梦"中，也仍未达成效"爱"社稷、为"君王"所容的"微"愿！这是不是《洛神赋》那恍惚迷离之辞背后，所包含着的最令作者叹伤的深层意蕴呢？

历来解说《洛神赋》者，除了附会小说《感甄记》者外，大多看到了此赋有所寄托，以抒发君臣不遇、现实与理想矛盾的失望和苦闷之情。清人何焯《义门读书记》指出，此赋"托词宓妃，以寄心文帝，其亦屈子之志也"。由于语焉不详，此赋又以作者第一人称抒写，读者往往在理解上不得要领。笔者因作此文，略为解析。现在读者当可明白：曹植在此赋中托身的形象，恰恰不是第一人称的"余"，而是那遭"余"猜疑、不得遇合，"虽潜处于太阴，长寄心于君王"的洛神宓妃——这虽然显得奇特，却是打开《洛神赋》之谜的唯一锁钥。

（原载于《学语文》1991年第3期）

不泥于古，不掩真情
——李渔《芙蕖》赏析

程华平

　　文学史上咏荷之作可谓多矣。公元前六世纪的《诗经》中这样写道："彼泽之陂，有蒲与荷"，荷花清丽高雅，生长于污泥之中，却不染纤芥污秽；身经清水洗濯，风采华丽而又不染其形。因而，历史上许多洁身自好，不愿同当权者同流合污的文人骚客每每借荷花自况，寄托自己高远情志以及自己的高风亮节，文学史上的咏荷之作也就特别的多。如：

　　　　贪看翠盖拥红妆，不觉湖边一夜霜；卷却天机云锦缎。从教疋练写秋光。

　　　　　　　　　　　　　　　　　　　　　　　　　　　　　　（宋·苏轼）

　　　　红白莲花开共塘，两般颜色一般香；恰如汉殿三千女，半是浓妆半淡妆。

　　　　　　　　　　　　　　　　　　　　　　　　　　　　　（宋·杨诚斋）

　　　　菡萏初舒艳，奇芬晕碧霄。

　　　　　　　　　　　　　　　　　　　　　　　　　　　　　　（元·王烨）

　　特别是宋朝周敦颐的《爱莲说》，这篇仅有一百十九字的通过赞咏荷花而表露自己清高自赏情趣的咏荷杰作，几乎是歌唱荷花的绝唱。

　　咏荷佳作名篇如林，因而，这就在事实上给后人咏吟荷花带来了一定困难，要突破内容、描写上的俗套与窠臼，超越前人，那就更为不容易。不少对描写荷花有兴趣的作家鉴于此也不无遗憾地却步了。

　　清代小说家、戏曲家、理论家李渔在构思《芙蕖》的时候同样遇到了这样的难题。这位浑身才艺的作家无论是在他的理论著作，还是在他的小说，戏曲创作实践中，都特别强调"文字美不贵新"，他宣称他的写作态度、取材标准是"不新可以不作"，他将自己的诗文集取名为《李笠翁一家言》，

113

"凡余为诗文杂著，未经绳墨，不中体裁，上不取法于古，中不取肖于今，下不觊传于世，不过自为一家，云所欲云而止"。这就充分表明了李渔在写作上力求创新、不落俗套，写出自己真情实感的创作指导思想。在包括《芙蕖》在内的七十多篇以各种花卉草木为题的散文集《闲情偶寄·种植部》卷首，李渔还针对人们在描写花卉草木的诗文上往往容易陷入大同小异、缺乏新意的现象提出了尖刻的批评。

在这种创作思想的指导下，《芙蕖》一文也确实像作者一贯所坚持的那样，洗尽陈笔滥言，显示自己的灵心慧舌，因而，和以往众多的吟咏荷花的诗文相比，《芙蕖》一文给人的感觉确实是别具一格，独具特色。

前人咏荷，大致最集中于荷花清丽高雅，出污泥而不染这些方面，而《芙蕖》一文，李渔则将对荷花的描写与赞叹的立足点放在"芙蕖之可人"的"种植之利"上，赞扬荷花的"无一时一刻不适耳目之观，无一物一丝不备家常之用者也"。

《芙蕖》对于荷花"可人"特点的介绍与赞誉，是按照"可目""可鼻""可口""可用"四个方面依次说明的。前两个方面属于"耳目之观"，后两者则属于"家常之用"。正由于李渔写作的立足点是在芙蕖的"利"上，因而，我们可以看到他对芙蕖的描写就不仅仅局限于供人欣赏之上，事实上，李渔在写这篇文章时一直是以芙蕖的主人而自居的，认为芙蕖服务于主人是其责无旁贷的义务。从这一点来讲，这也是李渔求新意，求与众不同的表达效果、感情效果的一种很重要的手法。

芙蕖的"可目"，是作者描写的重点，描写芙蕖的"可目"，作者又以自然界的时间为写作顺序，按照花开之前、花开之时，花开之后的时序来加以描写，说明的。

花开之前的荷钱，是为了点缀单调的绿波，才露尖尖之角；它的荷芊与荷叶，在待花盛开之前，便已作"飘摇之态"，"呈袅娜之姿"，让主人"先享先穷逸志矣"。至于花开之时，"菡萏成花，娇姿款滴"，更是芙蕖恪守其责的"分内之事"，对主人来讲，也是理所当然的应得享受，至于荷花凋谢，芙蕖也同样无愧于它的主人，因为一直到白露为霜而止，芙蕖花中生蓬，蓬中结实，亭亭玉立，如同未开之花一样与翠绿的荷叶并肩挺立。

芙蕖的"可鼻""可口""可用"，比起"可目"来，作家只作了简单的说明：

"可鼻"，是指荷叶的清香宜人，荷花的沁人心脾的幽芳。而这"可鼻"，也是针对种植芙蕖之利而写的："避暑而暑为之退，纳凉而凉为之生"。

"可口"与"可用"，更是直接说明芙蕖的使用价值："莲实与藕皆并列盘餐而互芬齿颊"，"摘而藏之，又备经年裹物之用"。

正是由于芙蕖如此"可人"，因而，李渔在总结芙蕖的"种植之利"时写道："是芙蕖也者，无一时一刻不适耳目之观，无一物一丝不备家常之用者也"。他写作这篇文章，就是围绕着这样的中心来展开的。在文末，李渔对芙蕖令人信服地赞叹道："有五谷之实而不有其名，兼百花之长而各去其短，种植之利有大于此者乎？"

李渔对芙蕖的描绘与赞美，立足于它"可人"的"种植之利"上，但是，我们同样可以发现，李渔又是一个具有很高艺术审美能力的人，他对芙蕖的描写并没有仅仅停留在描述芙蕖的经济价值上，而是将它的功利性与审美性始终紧密地结合在一起，在叙述芙蕖的"种植之利"的时候，时时不忘对芙蕖给人以美的享受的描述。

芙蕖之所以"可目"，是因为在百花未开之时，芙蕖业已点缀绿波，给人以美的享受；荷叶田田，随风摇曳，婀娜多姿；荷花娇姿万千，幽香阵阵，自春至秋，接连不断地给人以美感。即使在荷花凋零，那杆杆莲蓬，和墨绿的荷叶一起，也同样美丽无比，芙蕖的"可鼻"，正是由于荷叶的清香，荷花的异馥。在这里，芙蕖的实用价值与它的美已完全融合在一起了，正是由于芙蕖的美，它才给人以享受，而又因为芙蕖能给人以享受，又反映了它的更美。

芙蕖的美与它的种植之利，给它的主人带来了实用价值与无穷美感，所以，李渔对芙蕖倾注了无尽的爱恋。在文章开头，李渔先入为主地写道："予夏季倚此为命"，奇句夺目，给读者惊奇之感，引人入胜。至文章末尾，李渔更是感情深挚地写道："予四命之中，此命之最。"而又由于生途维艰，"竟不得半亩方塘为安身立命之地"，因而只能凿斗大一池，聊种数株芙蕖，借以无负于生。"又时病其漏，望天乞水以救之，殆所谓不善养生而草菅其命者哉！"爱荷拳拳之心，跳跃于纸上。

《芙蕖》一文，行文简洁，结构严谨，层次分明，详略得宜。文章开头一、二两小段，对芙蕖作了简单的概括，便进而点明写作的目的，备述芙蕖的种种可人之事。在这里，李渔按"可目""可鼻""可口""可用"四个方面依次说明，层次清晰。在这此间，"可目"又是说明的重点，对此，李渔又按"花开之前""花开之时"和"花开之后"的时序来说明，有条不紊，繁简适宜。文章开头"予夏季倚此为命"与文末"予四命之中，此命之最"，首尾呼应，行文紧凑。

纵观全文，李渔确实做到了不泥于古，而又不掩真情，将芙蕖给人以美的享受与它的实用价值有机地结合在一起，别出心裁，确实是一篇独出新意的《爱莲说》。

（原载于《学语文》1993年第5期）

明丽的山川与高逸的心志

——王勃《滕王阁序》赏析

周勋初　张宏生

《滕王阁序》又题作名篇佳作赏析《秋日登洪府滕王图饯别序》，是王勃于唐高宗上元二年（675）秋去交趾探望父亲，途中经过南昌而写。据五代时王定保《唐摭言》记载，这篇著名的骈文作于王勃十四岁之时，并敷演了一个故事，说是洪州都督阎某在滕王阁设宴，广集文人雅士，预先让其女婿写了一篇记文，意欲显示其才华。众宾客知其意，纷纷逊谢不为，唯独王勃毫不辞让。"公大怒，拂衣而起，专令人伺其下笔。第一报云：'南昌故郡，洪都新府。'公曰：'亦是老生常谈。'又报云：'星分翼轸，地接衡庐。'公闻之，沉吟不言。又云：'落霞与孤鹜齐飞，秋水共长天一色。'公矍然而起曰：'此真天才，当垂不朽矣！'遂亟请宴所，极欢而罢。"这个故事或许得自传闻，出于想象，但宋人写《新唐书》，也略加采用，可见，这篇骈文的杰出成就早已广被人口，得到公认。

《滕王阁序》的特色之一是工于写景。首先，善于抓住景物的特征加以刻画。如"潦水尽而寒潭清，烟光凝而暮山紫"二句，极精炼而又传神地把秋天潦水渐干，碧潭清澈，天高云淡，烟光微霭写出来了。前人曾经评价宋初林逋《山园小梅》冲"疏影横斜水清浅，暗香浮动月黄昏"二句定是写梅，杏花经受不起，王勃的这两句，也只能是九月之景，移作他时不得。其次，写景富有层次，巧于调度。在作者笔下，有近景，如"鹤汀凫渚，穷岛屿之萦回；桂殿兰宫，列冈峦之体势"；有远景，如"山原旷其盈视，川泽盱其骇瞩"；有空中之景，如"层峦耸翠，上出重霄""落霞与孤鹜齐飞"；有地面之景，如"飞阁流丹，下临无地""秋水共长天一色"。表现出开阔的视野和出色的概括力。尤其是"落霞"二句，虽然从庾信《马射赋》"落花与芝盖同飞，杨柳共春旗一色"而来，但动静相生，上下浑成，精于选材，显然是青胜于蓝。最后，虚实相间，创造想象的空间。登上滕王阁，纵然极目远望，毕竟是有限的。若仅就眼目所见，不免与雄阔的感受不符。于是，作者进一步写下"渔舟唱晚，响穷彭蠡之滨；雁阵惊寒，声断衡阳之浦"二句，以听觉（此处听觉也是虚写）补充视觉之不足，引导读者展开想象，从而沟通了有限和无限，把实有之景变成心中之景。中国古典美学一向注重"思接千载，视通万里"，王勃在这里显然深得此理。

《滕王阁序》的特色之二是兴怀高远。文中以"四美具，二难并。穷睇眄于中天，极娱游于暇日"数句，把"良辰、美景、赏心、乐事、贤主、佳宾"诸事收束，紧接着以"天高地迥，觉宇宙之无穷"承上"穷睇眄于中天"，以"兴尽悲来，识盈虚之有数"启下，兴起对人生境遇的感慨。兴尽悲来是古代作家经常表现的感情形态，如著名的《兰亭集序》写兰亭修禊"游目骋怀，足以极视听之娱，信可乐也"，紧接着便转入抒情："夫人之相与，俯仰一世……虽趣舍万殊，静躁不同，当其欣于所遇，暂得于己，快然自足，曾不知老之将至。……修短随化，终期于尽。古人云：'死生亦大矣。'岂不痛哉！"虽然有南朝风流在，但"因乐极生悲，感生死事大，见不可不随时行乐之意"（李扶九《古文笔法百篇》卷十五），终不免近乎颓唐。王勃也是从逸游的豪兴陡然转入悲凉之叹："关山难越，谁悲失路之人；萍水相逢，尽是他乡之客。怀帝阍而不见，奉宣室以何年？嗟乎！时运不齐，命途多舛；冯唐易老，李广难封。屈贾谊于长沙，非无圣主；窜梁鸿于海曲，岂乏明时？"对古代贤人志士的命运感慨一番，但其指归却并非趋向消沉，所以用"所赖"二字一提，振起全篇："所赖君子安贫，达人知命。老当益壮，宁移白首之心；穷且益坚，不坠青云之志。酌贪泉而觉爽，处涸辙以犹欢。北海虽赊，扶摇可接；东隅已逝，桑榆非晚。"志存高远，气势笼罩，充分表现出面对逆境的超越情怀，千百年来，不知激励了多少志士仁人，全篇也因此显得格高而调逸。从感情脉络来看，这是全篇的中心，也是抒情的高潮，所以作者作了尽情的渲染。

另外，在章法安排上也有可说者。全文从洪州的地势写起，按"物华天宝""人杰地灵"两条线索分别加以铺叙，点出宴会。然后，描写阁外所见之实景和当秋之奇景，以及宴游之乐。再由赏心乐事生发，拓开笔势，将古之失志者感慨一番，又将今之失志者规勉一番，最后归到自己，以应命作序作结。"其中布置之巧，步步衔接，步步脱卸，皆有开阖相因之妙。"（林云铭《古文析义》卷十）文别题为《秋日登洪府滕王阁饯别序》，从章法来看，其谋篇运思，无不统于其下。所以，虽然大开大合，却又结构严谨，脉络清楚，见出作者出色的创造力，不愧是千古传诵的名篇。

（原载于《学语文》1995 年第 3 期）

未亡人的悲咽

——李清照《声声慢》赏析

祖保泉

　　寻寻觅觅，冷冷清清，凄凄惨惨戚戚。乍暖还寒时候，最难将息。三杯两盏淡酒，怎敌他晓来风急。雁过也，正伤心，却是旧时相识。满地黄花堆积，憔悴损、如今有谁堪摘。守着窗儿，独自怎生得黑。梧桐更兼细雨，到黄昏、点点滴滴。这次第，怎一个愁字了得！

　　在宋人著录的书目中有李清照《漱玉词》，今皆不传。今见的《漱玉词》是后人辑录的。这首词，在明清以来的流传本中便有异文，即"晓来风急"或作"晚来风急"。虽"晓""晚"一字之差，从鉴赏角度说，也必然产生差异。我以为作"晓来"解较好，其版本根据是，明沈际飞所选《草堂诗余别集》、清朱彝尊等所编《词综》、张惠言《词选》、陈廷焯《词则》等，收录这首词，皆作"晓来"；其好处正如俞平伯所说，"'晓来'，各本多作'晚来'，殆因下文'黄昏'云云。其实词写一整天，非一晚的事，若云'晚来风急'，则反而重复"（俞平伯《唐宋词选释》）。

　　下面，让我来解说这首词。

　　这是一首未亡人吐露无穷悲咽的作品。悲咽之"情"必然要通过"事"才能表达出来。词中主人公的悲咽之情渲染着一些生活琐事，那些生活琐事正一桩又一桩地烘托出主人公的悲咽之情。主人公所处的环境那么"寒"，其心境又那么"惨"。境寒、心惨交织，构成了词的整体。这首词，按词谱要求，由八个韵脚句相叶成体，这八个韵脚句，恰恰显示了全词的抒情层次。下面，让我按层加以解说。

寻寻觅觅，冷冷清清，凄凄惨惨戚戚。

　　"寻寻觅觅"状主人公失魂落魄的神态；"冷冷清清"状寻觅后感知的冷漠境地；"凄凄惨惨戚戚"状感知后的心理反应——孤寂感强烈地袭击着她，她不禁吞声抽咽了。请注意，上片起笔十四字便把主人公的"境寒""心惨"突现出来，非精于构思者不办；十四字而以七叠连下，亦非词家大笔手莫办；这七叠连下，扣动了万千读者的心弦。

　　乍暖还寒时候，最难将息。

　　"时候"是深秋的一天，这由下文"雁过也""满地黄花"交代清楚。此处所谓"乍暖还寒"，即天气较冷，乍忽有点儿暖意罢了。这"乍暖还寒"可值得注意，它既补足上文"冷冷清清"的季节因素，也为下文饮"淡酒"、闻"过雁"、叹"黄花"、落"梧桐"等细节的出现预先交代了因由。如果说，"乍暖还寒"是主人公即景抒情所运用的一条线索，看来也有道理的。
　　"将息"即调养、养息。天气"乍暖还寒"，令人穿着为难，才有"最难将息"的感叹。
　　好这里，不妨问一句：在往年夫唱妇随的欢欣日子里，遇到"乍暖还寒时候"，也感叹"最难将息"吗？不，那时她有丈夫关心，嘘寒问暖，哪有如此感叹。如今孤自独处，便有"最难将息"的感叹了。
　　此时"乍暖还寒"，怎么御寒？

　　三杯两盏淡酒，怎敌他晓来风急。

　　唐宋诗词中有所谓"卯酒"，这儿的"三杯两盏淡酒"即饮卯酒，为了御寒——"晓来风急"。不过，应该注意，主人公饮的是"淡酒"：这不是酒味淡，而是主人公孤单单地潦潦草草地饮它"三杯两盏"，感到淡而少味。这与往年他们夫妇曾以"饮茶先后"赌记忆"其事在某书某卷"的欢乐相比，此时此刻的凄苦，有谁知？这与往年"险韵诗成，扶头酒醒"的争强好胜的欢愉相比，这凄苦，怎不刻骨铭心！

正当此时此刻，苦楚偏又袭来：

　　雁过也，正伤心，却是旧时相识。

为理解方便，可把这三小句看作"正伤心，雁也过，却是旧时相识"。意即当主人公正在伤心的时候，雁儿偏偏掠空而过——暗寓夫君已亡，雁也不再为她捎信。瞧吧，那雁还是旧相识呀——多少凄苦自在不言中。

词的上片，写主人公晨起后的境寒心惨光景，下片直承上文抒情，不作过渡叙述。

　　满地黄花堆积，憔悴损，如今有谁堪摘。

"憔悴损"，用今语说，即"憔悴得很"。

黄花之所以"堆积"，因为无人采摘。"人"为什么不采摘？因为"人"太憔悴了，哪有心情装饰居处？夫君已亡，她说"如今有谁堪摘"，多么凄苦啊！

主人公伫立窗前，凝望着"黄花"，思念着已亡的夫君。

　　守着窗儿，独自怎生得黑。

"怎生得黑"，即今语"怎么熬到天黑?""守着窗儿，独自怎生得黑"，实意即"把自己关在空闺里熬日子，度晚年！"这是凄苦之情的极端措辞而已，并非主人公实际已身处黑夜。应该指出：如把"怎生得黑"的"黑"理解为"天时已黑"，那么下文有"到黄昏"，便有时光倒流的错误了。应该说这错误来自某些读者的理解，与作者无关。

　　梧桐更兼细雨，到黄昏，点点滴滴。

主人公在凄苦中煎熬，熬到黄昏，偏偏有细雨绵绵凋梧叶，真是分外助凄凉。那细雨点点滴滴，正是主人公的眼中泪；那凄凄飘零的梧叶正是未亡人兼飘泊者的化身！未亡人身当此际，怎不痛定思痛，吞声悲咽！

这次第，怎一个愁字了得？

末句中的"愁"就是起句中所说的"凄凄惨惨"，首尾两相呼应，使全词有圆活之美。末句把"凄凄惨惨"之情扩展至无限的时间，使人读后陷入无穷无尽的伤心境地中，真是余音绕梁，三日不绝。

这首词，前人给予好评的较多，也有个别人予以贬斥。可是那些赞语、贬词偏有强烈的感性色彩，缺乏理性的说明。这里，笔者在说明这词的艺术特色时，愿就前人之论要加以诠释。

清代词论家沈谦说："词不在大小浅深，贵于移情"。（沈谦《填词杂说》）我以为，就词的题材、体裁说，不在乎其大小；就抒情达意说，也不在其字面浅深；主要的在乎词具有强烈的艺术感染力。因而，应该承认，沈谦的话击中了鉴赏词的要害。李易安《声声慢》就是个显例。这首词写了一些生活琐事（晓风、酒、雁、黄花、梧叶、细雨），借以抒发孀居悲苦之情，抒发得极其深沉，感人至深。这里似应强调一点：妇人倾诉孀居悲苦，读来如闻抽咽，这在词中，古今罕见。人们既惊异易安的大胆，又赞许她是词坛的当行老手。

这首词在结构上有散而不散的特点。说它散，它把本来没有逻辑关系的"酒、雁、黄花、梧桐、细雨"连缀在一起；说它不散，秋寒（乍暖还寒）为许多细节的出现作了合理的说明。我以为，不理解这一点，便难于理解这词在构思上的匠心所在。

词，亦叫曲子词。讲究声与意两相谐合。易安的《声声慢》也是显例。这一调，既可押平声韵，又可押入声韵；作者押入声韵，取其发音短促，有助于表达悲咽之情。又，全词多用舌音字、齿音字，着意使音调低沉，使人读来从音调上感知悲咽之情。又，起句七叠连下，前人大加赞赏，宋人罗大经说："起头连叠七字，以妇人乃能创意出奇如此！"（罗大经《鹤林玉露》）奇在何处？答曰：这七叠三句，就抒情说是递进的："寻寻觅觅"表失落感；"寻觅"到的是"冷冷清清"；当此之际，怎不"凄凄惨惨戚戚"！就声调说，这七叠三句是递降的：声调由平声撮口呼开始，突然转入声（双

123

唇音、细音），音量低小而短促；继之以上声（舌音）转平声（舌上音），使声调低沉下来；又继之以平声（齿音）转上声（舌上音）再转入（舌齿音）收尾，使声调降低到极点。这种声与意的谐合，突出地体现了主人公的悲咽情态。梁启超说："此词最得咽字诀"，这正是深入骨髓的评语。

填词，押险韵，贵在自然。张端义《贵耳集》评此词说："更有一奇字云：'守着窗儿，独自怎生得黑？''黑'字不许第二人押。"易安用"黑"字押韵，押得那么精巧、自然、稳重，不露丝毫锻炼痕迹，真罕见！人们只好佩服她本领高强。

对这首词，予以贬斥者说："此词带伧气，而昔人极口称之，殆不可解。"（许昂霄《词综偶评》）（按："伧气"即鄙陋、村野之气。）试问：孀居者悲咽着思念亡人，难道违反礼教吗？这也是人类正常情感的一脉呀，为什么不能形诸笔墨？贬斥者的道学气儒酸味真难闻啦，逼得人们打个喷嚏了事。

（原载于《学语文》1996年第4期）

苍凉悲壮的塞下怀乡曲
——范仲淹《渔家傲》赏析

祖保泉

塞下秋来风景异，衡阳雁去无留意。四面边声连角起，千嶂里，长烟落日孤城闭。　浊酒一杯家万里，燕然未勒归无计。羌管悠悠霜满地，人不寐，将军白发征夫泪。

范仲淹是宋代名臣，是当时士大夫仰慕的人物。《宋史·范仲淹传》说："每感激论天下事，奋不顾身，一时士大夫矫厉尚风节，自仲淹倡之。"读过范仲淹《岳阳楼记》的人，都记得"先天下之忧而忧，后天下之乐而乐"的名言，从而赞许范氏有国士胸怀。这里，我们所选的范氏词《渔家傲》一首，也可见到他国士胸怀的另一个侧面。

这首词，是在西夏兵频频侵扰、宋兵大败的形势下，范仲淹奉命守卫西北边境期间写的，其时他已五十四岁左右。

下面，就这首词逐层加以笺释。

塞下秋来风景异，衡阳雁去无留意。

"塞下"，泛指边塞，这里则实指与西夏比邻的陕北。"风景异"，即"风光异"。这"风景"不仅指自然现象，也指敌我相持不战不和的光景，这由全词可以印证。若把"风景"只解作秋叶落，鸿雁去，则嫌肤浅。"异"，塞下秋寒既异于内地，也异于平安无事的其他边城。

"衡阳雁去"即"雁去衡阳"，为符合声律而颠倒。传说秋时北雁南飞，飞到衡山便不再南飞了。"无留意"表明塞下此时寒荒不可留。暗喻"人"

不得不留。正为下文暗牵引线。

　　　　四面边声连角起，千嶂里，长烟落日孤城闭。

　　这里的"孤城"指"延安城"。当时延安城四面筑有若干堡砦，守砦御敌。昏暮时，各岩号角声起呜呜地遥相应和，吹出了边塞的悲凉，山城的孤寂。

　　这三句，如果人们从当时只求固守，不必追击，希望敌人怀恩归来的战略角度加以理解，应该说，这描绘是真实的。

　　我要特别点出，"千嶂里"一句，把"孤城"的"孤"衬托得如此形象化！景象阔大，自有雄浑之气。"千嶂里，长烟落日孤城闭"，就是一幅苍茫而生动的图画。"孤城闭"时，角声四起，此时此境中的守边战士能无苍凉悲壮之感？怎不动乡思之情！

　　这词的下片，换头直抒思乡之情。

　　　　浊酒一杯家万里，燕然未勒归无计！

　　有上片所写荒凉景象的衬托，此时抒情主人公揭示内心情感丝毫不显得突兀。可以说，下片首句是上片思绪的进一步发展。以"一杯"思及"家万里"，笔力操纵自如，造语精工，且为下文开拓空间——可以赞许一字：妙！"燕然未勒"，显然是化用后汉窦宪于永元元年（89）大破北单于，登燕然山刻石记功而还的故事。"燕然未勒归无计"，出语慷慨，有将帅风度。将帅此时思家，亦人之常情，思家而服从于报国，自饶悲壮情味！将帅也是"人"，"人"而又是"将帅"，于此更见情之真纯。

　　　　羌管悠悠霜满地，人不寐，将军白发征夫泪。

　　这三句中第一句，对创造境界，极有力。句中一个"霜"字，点明秋月凄清面寒光泻地，也增强了羌笛声的悲凉直刺人心。联系前两句，则把"浊酒一杯"在手的抒情主人公放到特定的氛围中，从而调动读者的想象力；

"此情此境，主人公何以自持？"主人公自己说："人不寐，将军白发征夫泪！"——如此真纯地道破：思家，夜不能寐，再加上筹谋操劳，五十出头的人，已白发苍苍了！战士们呢，还有流泪的呀！我以为结尾这么写，既是主人公的真情实感，也完全符合"发乎情而止乎礼义"的儒者要求。

这首词所表达的感情在唐人边塞诗里已有表现："回乐峰前沙似雪，受降城外月如霜。不知何处吹芦管，一夜征人尽望乡。"（李益《夜上受降城闻笛》）因此可以说，这首词算是边塞词。只是，"羌管悠悠霜满地，人不寐，将军白发征夫泪"，竟然出自一位真正的守边将军之口，这便招来议论了。

宋·魏泰《东轩笔录》卷十一：

> 范文正公守边日，作《渔家傲》乐歌数阕，皆以"塞下秋来"为首句，颇述边镇之劳苦。欧阳公（欧阳修）尝呼为穷塞主之词。及王尚书素出守平凉（今甘肃平凉县），文忠（欧阳修）亦作《渔家傲》一词以送之，其断章曰："战胜归来飞捷奏，倾贺酒，玉阶遥献南山寿。"顾谓王曰："此真元帅之事也。"

明·瞿佑《归田诗话》曰：

> 范文正公守延安，作《渔家傲》词曰：……予久羁关外，每诵此词，风景宛然在目，未尝不为之慨叹也。然句语虽工，而意殊衰飒，以总帅而所言若此，宜乎士气之不振，所以卒无成功也。欧阳文忠呼为"穷塞主"之词，信哉！

今人唐圭璋《唐宋词简释》在范仲淹《渔家傲》后的"释"语中有曰：

> 末句，直道将军与三军之愁苦，大笔凝重而沈痛。惟士气如此，何以克敌制胜？故欧（阳）公讥为"穷塞主"也。

我以为，这些议论都有片面性，即只就"将军白发征夫泪"一句谈问题，而又夸大其词。如果用论辩的语言说，这叫断章取义，深文周纳。

在"将军白发征夫泪"之前，分明有"浊酒一杯家万里，燕然未勒归无计"两句，为什么不联系起来谈问题？"燕然未勒"的壮志已构成"将军白发征夫泪"的前提，在这个前提下说出守边愁苦的实情，正显示抒情有节制，不失"将军"身份，这有什么不可？在特定的境况中第一句"将军白发征夫泪"，当真就表达了"士气之不振吗"！当时的边塞民谣偏偏唱道："军中有一韩（韩琦），西贼闻之心骨寒；军中有一范（范仲淹），西贼闻之惊破胆。"（见《五朝名臣言行录》七三二）这是历史的真实，岂容抹杀！范仲淹守边"卒无成功"吗？《宋史·范仲淹传》说："仲淹又请修承平、永平等砦，稍招还流亡，定堡障，通斥候，城十二砦，于是羌汉之民，相踵归业。久之，元昊归陷将高延德，因与仲淹约和，仲淹为书戒喻之。"从民族和睦角度说，这能说是失败？宋仁宗于庆历三年二月"赐陕西招讨韩琦、范仲淹、庞籍钱各百万"（见《仁宋纪》），正表示奖赏他们贯彻了朝廷的意图。因此我说欧阳修、瞿佑、唐圭璋之论有片面性，不是凭空乱说的。

又，欧阳修讥笑范词为"穷塞主之词"，而自赏"战胜归来飞捷奏，倾贺酒，玉阶遥献南山寿"三句（按：全词已佚，仅存三句），说是"此真元帅之事也"。我以为，《渔家傲》范词欧阳词，各有所当：范词的主旨在吐露守边将士之苦，故有下片末三句；欧阳词的主旨在送王素出守平凉，末三句系以祝愿，也是情理中事。试想：送将军去战地，怎能不予贺战胜敌人？两者主旨不同，用不着去生硬比较谁高谁低。如果就欣赏角度说，人各不同，只好各是其是了。清·彭孙遹说："'将军白发征夫泪'，亦复苍凉悲壮，慷慨生哀。永叔欲以'玉阶遥献南山寿'敌之，终觉让一头地。"（见《金栗词话》）陈廷焯《词则》录范氏《渔家傲》后，特录彭氏语。显然，他也同意彭氏看法。这就告诉我们：任意贬斥"将军白发征夫泪"，是不能令人信服的。

欣赏诗词，要知人论世，尽可能地把作者放到历史的具体环境中去加以考紧，是非常必要的；只就欣赏者自己主观愿望或某一条条框框出发，大发议论，那便容易流于不着实际。

（原载于《学语文》1996 年第 6 期）

姜夔《扬州慢》赏析

祖保泉

扬州慢

淳熙丙申至日，余过维扬。夜雪初霁，荠麦弥望。入其城，则四顾萧条，寒水自碧。暮色渐起，戍角悲吟。余怀怆然，感慨今昔，因自度此曲。千岩老人以为有黍离之悲也。

淮左名都，竹西佳处，解鞍少驻初程。过春风十里，尽荠麦青青。自胡马窥江去后，废池乔木，犹厌言兵。渐黄昏、清角吹寒，都在空城。　杜郎俊赏，算而今、重到须惊。纵豆蔻词工，青楼梦好，难赋深情。二十四桥仍在，波心荡、冷月无声。念桥边红药，年年知为谁生！

这首词，小序说明三点：①写于公元1176年农历"冬至"日。②写路过扬州，所见一片荒凉；不禁感慨系之。感慨的主旨即所谓"黍离之悲"——借用《诗·王风·黍离》故实，表示对家国残破的伤心。③此乃"自度曲"（作者自创此曲：在词句的右侧，原曾标示音乐符号，供懂得音乐的人使用。详见杨荫浏、阴法鲁合著《姜白石创作歌曲研究》）。

这首词，上下两片，各用四个韵脚字；从词的思绪进展看，每个韵脚句便是情思进展的一个层次。全八个层次，合成一个整体。下面，逐层稍加诠释。

第一层三小句，可称之为解题：开头两小句点明"扬州"，第三小句点明路过扬州。所谓"淮左名都"，即扬州是宋代淮东路的有名都会（古人讲说地理，每每以东为左，以西为右）。"竹西佳处"，取杜牧诗"斜阳竹西路，歌吹是扬州"（《题禅智寺》）。后人以"竹西"作为扬州的代称。这一

129

层中，请注意"夕驻"两字，它暗示全词所写的仅是"少驻"所得的印象。

第二层两小句，作者开始暗用典故来展示他的荒凉印象了。"过春风十里"，是杜牧"春风十里扬州路，卷上珠帘总不如"（《赠别》）的借用和省略。作者明白地告诉人们，他是"至日"（公历每年十二月二十日左右）过扬州的，此时哪有"春风"？他说"过春风十里"，意在逗引人们想起杜牧笔下的繁华的扬州，暗暗地用来与他所见的荒凉的扬州对比。荠麦，即自生自长的野麦。扬州，在南宋初，屡遭金兵南下的烧杀掠夺，人民避敌避盗，弃田逃亡，后来宋朝廷曾募民承佃田亩，也无人愿来耕种。因而作者所见到的是"尽荠麦青青"。

为什么要用"荠麦青青"来显示荒凉？作者意图要把"荠麦"与《麦秀歌》联系起来。《史记·宋微子世家》云："箕子朝周，过故殷墟，感宫室毁坏，生禾黍，箕子伤之，……乃作《麦秀之诗》以歌咏之，……'麦秀渐渐兮，禾黍油油。彼狡僮兮，不与我好兮。'所谓狡僮者，纣也。殷民闻之，皆为流涕。"作者暗暗地借此发抒家国残破的伤感。

第三层，继续写荒凉印象，并点明荒凉的原因。所谓"胡马窥江"，指金兵南侵。南宋高宗建立新政府于归德，后迁至扬州，建炎三年（1129）春初，金兵下徐州，渡淮向南，直指扬州，高宗仓皇逃往杭州。其后，绍兴三十一年（1161）、隆兴二年（1164），金兵又践踏扬州。原来繁华的扬州，兵后几乎成了满目荒凉的"空城"。所以当时的扬州人谈到兵祸，非常憎恶。

第四层三小句，写一个带有边防特征的细节："戍角悲吟。"这便把荒凉写得可见可闻，动人心脾。

上片四大句，写作者的亲见亲闻。应该说，作者的思维是敏锐的，用笔是细致的，善于创造所谓"清空"境界。

下片第一层，换头直接说"杜郎俊赏，算而今、重到须惊"，表明要进一步运用杜牧诗作对比，来写扬州的荒凉。应该看到，这个换头句，读来如此轻快，似乎不惹人注意，而实际具有承上启下的构造功能，此乃周密思考的结果。所谓"俊赏"，即是"俊游"——游赏中有俊秀的游伴。杜牧所见的扬州，何等繁华；作者所见的扬州，何等荒凉。而他说：料想杜牧"而今重到须惊"！作者主要为开拓下文，才写上如此一笔。

有人说，这词中一再提到杜牧，表明作者以杜风流自喻。我以为，此乃经不住推敲的记法。作者此时一心要发抒家国残破的伤痛，哪有心思效"杜牧风流"？

第二层借用杜牧诗作为反衬，继写扬州的荒凉。杜牧："娉娉袅袅十三余，豆蔻梢头二月初。"（《赠别》）"十年一觉扬州梦，赢得青楼薄幸名。"（《遣怀》）。谁都明白，杜牧在扬州，度着温柔乡的浪荡生涯，如果他重见残破荒凉的扬州，想也再没有浪荡之情可写了——言外之意，有的只能是悲凉之感！

第三层仍借杜牧诗作为反衬，再写扬州的荒凉。杜牧诗："二十四桥明月夜，玉人何处教吹箫。"（《寄扬州韩绰判官》）今夜呢？"二十四桥仍在，波心荡、冷月无声。"相比之下，何等荒凉！

这两句被视为名句，主要在于它描绘出一个清空冷漠的境界，悲凉感自寓其中。

第四层，词的结尾，仍写扬州的荒凉。

作者路过扬州在冬季，当然看不到红芍药花。然而他料想，盛产于扬州的红药，年年春来开放，又有谁来欣赏它？扬州几乎成了"空城"，人们哪有赏花的情致！结尾以想象中的细节一笔荡开，把所抒之情延宕在无限的时流里，使人回味无穷。

这首词，是一半靠书本知识、一半靠生活感受写出来的。作者是个高级清客，有深厚的文化教养，因而出语处处显得有来头，典雅而不俚俗；他是个极为敏感的有丰富想象力的文士，抓住一点点生活感受、一点点浮光掠影的印象，便能运用自己的文化知识，描绘出情趣淡雅的作品。

这首词所发抒的家国衰微之感，渗透在点题后的每个层次里。较有文化修养的人读来，处处能与作者的思想产生共鸣，觉得有沉痛感；粗识文字的人读来，觉得掉书袋气味太浓，所抒之情感人不深。我们应该理解，作者不是生活在时代潮的旋涡里，而是游离在时代潮的边沿，他没有强烈的刺激、感受，只受到一点时代潮的波及而已，因而抒情必然是清淡的。词的所谓"清空骚雅"，正是生活底子薄弱的词家们提出的适应其创作的理论。

俞平伯说："本篇上片最工，下片较弱。"（《唐宋词选释》）我以为，下片弱在借杜牧诗句抒情，终嫌隔了一层。

沈祖棻《姜夔词小札》"《扬州慢》"一条云："首两句，周济指为

‘俗滥处’，不知于天下名胜、昔日繁华，特郑重言之，益见‘荠麦青青’‘废池乔木’‘黄昏清角’种种荒凉之不堪回首，乃有力之反衬，非漫然之滥调也。”按：这是就全词构思角度说的，颇有道理。如从语词运用角度说，四言两句，对仗工整，称扬州为“名都”“佳处”，也符合事实，并非滥用。

陈锐说：“其《扬州慢》‘纵豆蔻词工’三句，语意亦不贯。”（《襄碧斋词话》）我以为，作为压缩引文而又有所省略看，那三句还是可以讲得通的，何必怪他“语意不贯”。

这首自度曲，每当抒情转进一层时，便用去声领字（过、自、渐、算、纵、念）造句，有前后呼应作用。探索这首词的总体构思时，切不可忽视这些领字。

（原载于《学语文》1997 年第 1 期）

不肯随俗浮沉的"孤鸿"

——苏轼《卜算子·缺月挂疏桐》赏析

祖保泉

卜算子 黄州定惠院寓居作

缺月挂疏桐，漏断人初静。谁见幽人独往来？缥缈孤鸿影。　　惊起却回头，有恨无人省。拣尽寒枝不肯栖，寂寞沙洲冷。

这首词录自《东坡乐府》上卷，末句原作"枫落吴江冷"。黄山谷曾见此词，在录全词后，大加赏叹。黄氏所见此词的末句为"寂寞沙洲冷"。（见《苕溪渔隐丛话》前集卷三十九）此后各本，如《宋六十名家词》《词综》《词选》《词则》等录此词，末句皆作"寂寞沙洲冷"。按：此词末句以作"寂寞沙洲冷"为宜，理由是：词已标明"黄州定惠院寓居作"，词所写境地，与"吴"全不相干；如硬要认定末句为"枫落吴江冷"，则通解全词时，总觉得这一句与此前诸句不相侔合。"枫落吴江冷"原是唐人崔明信的残句，不知怎地被人误入东坡此词。

这首词写于元丰五年（1082），作者时年四十七。据《宋史·苏轼传》可知，苏轼自熙宁四年（1071）冬因与"当轴者"（指宰相王安石）言论不和，乞放外任，至写此词时的 11 年间，先为杭州通判，历时 3 年；改知密州（今山东诸城县），历时 3 年；又迁知徐州，历时两年余，而"乌台诗案"发，被捕入狱，历时一百多日；元丰二年（1079）12 月 29 日，责授黄州团练副使，次年 2 月 1 日到黄州，暂居定惠院。这 11 年间，苏轼遭遇南迁北调的颠沛之劳，入狱的折磨之苦，真够他受的。尽管他自己能逆来顺受、旷达自处，但心灵深处，总不免有孤寂幻灭之感。人们读他在这首词之后写的前后《赤壁赋》《念奴娇·赤壁怀古》等，总会嚼出一些孤寂幻灭的意味来。由此可知，这首词借"孤鸿"来发抒孤寂幻灭之感，乃是这一时期抒怀的发端。

这首词，金代王若虚在《滹南诗话》中提到它，便根据自己的理解写道："东坡《雁词》云：'拣尽寒枝不肯栖'……"。此后有些选本，如《词综》《词则》等，在词牌［卜算子］下，注曰："雁。"我以为这对读者大有益处：这个"雁"字暗示，全词的审美意象就是"雁"——孤鸿。读者可以就此探索这首词的艺术构思。下面，试就"孤鸿"这一审美意象来解释这首词。又，这首词，就"孤鸿"以抒情，描绘"孤鸿"，有象征性，我们称这一意象为"象征意象"也可以。

缺月挂疏桐，漏断人初静。

开头两句，画出一个幽冷的境地。在"缺月""疏桐"之间，着一"挂"字，把天与地的景色连接起来，显示出无限幽渺的空间。此时，夜深人静，宇宙只剩下一片沉寂。

谁见幽人独往来？缥缈孤鸿影。

在这沉寂幽渺的境地中，只有"孤鸿"，像个幽居的隐者，缥缈不定地闪现着孤影。"谁见"句，分明是个虚拟的设问，为的就是引出一个答案："缥缈孤鸿影。"从这两句的主从关系说，上句乃是下句的修饰语；从全词的艺术构思说，显然，上片四句着力描绘"孤鸿"。我以为看清了这一点，自然会理解上片四句与下片四句所描绘的对象是两相侔合的，非常自然地显示出全词构思的完整性。这里，还应该补充一句：作者以"幽人"来比况"孤鸿"，暗示"孤鸿"有孤高的品质。

这两句，从字句校勘角度说，"谁见"一本作"惟见"，一本作"时见"，皆不可取。理由是：既是"幽人独往来"，就是为了避免人们"惟见""时见"；又，上文已说明"漏断人初静"——此时已无人活动，怎么会有人"惟见""时见"幽人独往来呢？这两句，上下呼应，自然而有神气，若作"惟见""时见"，则呼应的神气全无了。

惊起却回头，有恨无人省。

孤鸿缥缈，栖息不定，刚一栖息，又遭惊扰，"却回头"状受惊扰的神态。孤飞而心中有恨，又处处不被人理解，因而也就我行我素，不求人理解了。"恨"什么？作者全不点破，给读者留下无限的思索空间，强化了作品的诱发力。

拣尽寒枝不肯栖，寂寞沙洲冷。

孤鸿要有选择地寻觅栖息之地，"拣尽""不肯"，正明确而坚定地表明她不是随俗浮沉之辈，相反，自有她的孤高品质。虽"寂寞沙洲冷"，也甘愿忍苦栖息，可是，就栖息这样的"冷"境中，也还要"惊起却回头"，这就难怪她"有恨"了。孤鸿，有顽强的孤高本性，她甘愿忍苦飘零，也不趋炎附势。

这首词，由于它在表达上有象征性，有诱发力，因而当时以及后世，对它的评论颇多。如黄山谷读此词，评曰："语意高妙，似非吃烟火食人语，非胸中有数万卷书，下笔无一点尘俗气，孰能至此！"（见《山谷题跋》）这是就"孤鸿"意象所显示的孤高思想加以赞扬的。有些评论辩白鸿雁"未尝栖宿树枝，唯在田苇间"，因而说"拣尽寒枝不肯栖"一句"此语有病"。（见《苕溪渔隐丛话》前集卷三十九）这是从生物学角度来考查鸿雁的生活习性；我们要评论这首词的审美意象，可以不参加这种辩论。在诸多评论中，我以为黄苏《蓼园词选》对这首词的批语还能得其大体，黄苏曰："此东坡自写在黄州之寂寞耳。初从人说起，言如孤鸿之冷落；下专就鸿说，语语双关，格奇而语隽。"

对这一说法，我想作点补充：与其说"初从人说起，……下专就鸿说"，不如说上下片皆说"鸿"。这样说，才符合"谁见"二句的呼应特点，也自见全词构思的完整性。这里，应该强调一点：如果承认这首词有象征意象，那就应该对这一象征意象的完整性加以重视。我说"谁见"两句有虚实、呼应关系，乃是明摆着的，不是我强加的，因而说，全词上下片皆说"鸿"就孤鸿创造意象，是符合实际的。

（原载于《学语文》1997年第3期）

辛弃疾《永遇乐·京口北固亭怀古》三议

胡传志

一、关于创作背景

《永遇乐·京口北固亭怀古》写于宋宁宗开禧元年（1205），当时辛弃疾66岁，任镇江知府，朝臣韩侂胄正在筹划北伐。对此背景，古今各家向无疑义，但随着研究的深入，这一背景显得不够准确，有待补充。

早在20世纪80年代，邓广铭先生就发现了出自南宋人之手的《宋兵部侍郎赐紫金袋（辛公）稼轩仕历始末》一文，并据此考出稼轩南渡初年即绍兴三十二年、隆兴元年（1163—1164）"寓居京口"的行踪，见其《稼轩词编年笺注·增订三版题记》（上海古籍出版社1993年版）。由此可见，《永遇乐·京口北固亭怀古》是他重游京口之作。这层背景对理解该词至关重要（详下文），可惜邓广铭先生未予重视，得之于前，却失之于后，在笺注该词时未能揭明此意，致使学界至今不能正确理解这一名作。

二、关于下片含义

关于下片，通行的解释认为是借讥刺刘义隆表明自己坚决抗金但反对韩侂胄冒进误国的主张。这样解释有两点欠妥。一是与题目《京口北固亭怀古》脱节，与上片句句紧扣京口北固亭不协；二是讽刺韩侂胄的证据不足，韩氏暗中筹备北伐，开禧二年（1206）实施，辛弃疾未必清楚内情。

笔者认为，下片是追怀作者当年在京口所目睹的张浚北伐。张浚是著名的爱国将领，于隆兴元年（1163）发动北伐，由于准备不充分、军队腐败等原因，北伐失败，并招致敌人的追击，宋王朝为此付出惨重的代价，与金国签订了屈辱的"隆兴和议"。这与刘义隆元嘉北伐相似，故辛弃疾以之相比，有"元嘉草草，封狼居胥，赢得仓皇北顾"之语。但张浚北伐毕竟是爱国壮举，特别是自那以后，南宋王朝再也没有发动像样的北伐，随着时间的推移，随着苟安局面的延续，它所体现出来的复国之志，就越见珍贵，所以仍值得怀念。"四十三年，望中犹记，烽火扬州路"，正是怀念这次北伐。"四十三年"，通行的解释是指自绍兴三十二年（1162）稼轩南渡至开禧元年（1205）创作该词的时间，为实数，但古人计年，常以虚数计之，若此，四十三年前，则为张浚北伐的隆兴元年。"扬州路"即淮南东路，是张浚北伐的主战场，与京口隔江相望。以辛弃疾的抗金斗志、爱国热忱，在濒临前线的京口，一定时刻关注着这次救国行动，一定密切注视着"烽火扬州路"。如今，他再次来到京口，自然最容易想起这件往事。他向北眺望，还依稀记得当年所见到的情形，而现在所看到的是，人们意志消沉，不思复国，居然在前线地区祭祀着异族敌人，这激起词人满腔悲愤，最后质问道："凭谁问，廉颇老矣，尚能饭否？"（谁，何，什么）

三、关于用典

大量用典，是这首词的显著特色。自岳珂《桯史·论稼轩词》讥其用典稍多以来，用典似成了该词的瑕疵。

就这首词而言，用典完全是出于需要。任何怀古题材的作品，都不可避免要用一些典故，在词作很少用典的北宋中期，苏轼《念奴娇·赤壁怀古》也有"遥想公瑾当年，小乔初嫁了，雄姿英发"等典实，此后风气渐开，词中用典越来越多。加之《永遇乐·京口北固亭怀古》的怀古对象，历史跨度较大，故不得不多用典实。有的典故本身就是怀念的对象，如上片所用孙权、刘裕二典，是词人追怀的对象，意义醒豁。下片连用四个典故，各有好处：用刘义隆北伐事，承接上片刘裕的北伐壮举，影射张浚那次性质相似的北伐，比较贴切，比直接写张浚北伐要自然一些，能多出一层怀古的意味；用他四十三年前在京口的见闻，既扣住了《京口北固亭怀古》这个题目，又起着承上启下的作用，将历史和现实、怀古与伤今衔接起来；用“佛狸祠下”之典，与上文“元嘉草草”相接应，保持怀古的格调，以那里的祭神活动来写不思恢复的民心，“神鸦社鼓”的景象增强了词的韵味；以廉颇自比，能见其身世感慨，也很贴切。可见，这首词用典虽多不滥，是比较成功的。

（原载于《学语文》1998 年第 1 期）

趁口道出　佳趣佳语
——孟浩然《过故人庄》赏析

周兴陆

　　闻一多先生在《唐诗杂论》中说："孟浩然最好的诗是孟浩然本人，因为孟浩然是诗的孟浩然。"的确，孟浩然的人品和他的诗境是深度契合的，达到"人外无诗，诗外无人"的"完"的境界。

　　孟浩然早期曾有过求仕心愿，写给张九龄的"欲济无舟楫，端居耻圣明"（《临洞庭上张丞相》）便显露出求荐援引之意。然他终于仕途无望，感慨之余，在好友王维面前发一通牢骚，却又因诗句"不才明主弃，多病故人疏"（《岁暮归南山》）开罪于玄宗而遭到斥责，最后选择了终身归隐的道路。"当路谁相假？知音世所稀。只应守寂寞，还掩故园扉"（《留别王维》）道出他由求仕不遇而决志归隐的心路历程和人生抉择。

　　绝迹官场，在外人看来似是孟浩然的不幸，但就孟浩然自己来说，却是人生之大幸。"红颜弃轩冕，白首卧松云。"（李白《赠孟浩然》）是孟浩然的人生旨趣。怀抱这种人生态度的诗人怎能容忍官场的蝇营狗苟，即使入了仕途也会碰壁而归。"迷花不事君"的孟浩然只有在山水田园中才能觅得人生的归宿，也只有在山水田园中他才能畅然适性，感悟生命的真趣。试看他的田园诗《过故人庄》：

　　　　故人具鸡黍，邀我至田家。

　　　　绿树村边合，青山郭外斜。

　　　　开轩面场圃，把酒话桑麻。

　　　　待到重阳日，还来就菊花。

通篇从容叙事，信口道出，未经苦心缔构而野趣翛然，有陶诗之兴味。

首联，即事叙述，紧扣题意。一句明点"故人"，二句由故人之邀，暗点诗题之"过"。"鸡黍"是故人待客的丰盛饭食，尽透农家气息。"具鸡黍"足见友人情谊之浓，又暗点主人之身份。《论语·微子》："子路从而后，遇丈人，以杖荷蓧。……止子路宿，杀鸡具黍而食之。"此句暗用此典，点明主人也是一位隐士。"邀我至田家"，主人"邀"，我便"至"，一邀一至，自然显现主客交谊的率朴深厚。以我字入诗，在孟浩然诗中随处可见，如"我家襄水曲""我辈复登临""我爱陶家趣"等。在孟诗中，始终有一真实的诗人主体。

颔联，写庄上之景。"绿树""青山"，一近一远，层次分明。绿树青山，清淡素雅，本是静景，却用"合"和"斜"两个动态词来描述，赋予静景以动态、闲境以生趣。胡应麟称孟诗"淡而不幽"，"闲而匪远"（《诗薮·近体·五言》），这两句足以当之。诗人笔下的庄上之景，不论层次的叠印，动静的衬托，色调的谐和，皆非诗人有意削删、裁汰，而是庄上自然的田家景色。清新淡远，而无缥缈幽深思致，如画家写意，墨气全无。

颈联，写场上之事，有农家天然之趣。打开窗子，面对谷场，园地的葱翠映入眼帘；主客把酒对饮，闲聊桑麻农作之事。这里没有尘世萦心，没有政事烦耳。没有机心，没有权诈。主客心境恬淡，胸怀畅然，志趣归真。这是田家的真境。陶潜《归园田居》有句云："相见无杂言，但道桑麻长。"孟诗"话桑麻"或源于此。但我们更愿意说，这不仅是语源上的关系，还标明孟和陶归隐后都得田园之真意真趣。

尾联，临别复订重过之期。古代风俗，重阳节要赏菊。诗人临别和故友又有新的期约。这是隐士之约，也是挚友之约，直觉一片真率款曲之意溢于言外。"菊花"，显然是陶潜"采菊东篱下，悠然见南山"之菊花。一个"就"字便使全诗生色。杨慎《升庵诗话》卷六云：孟集"刻本脱一'就'字，有拟补者，或作'醉'，或作'赏'，或作'泛'，或作'对'，皆不同。后得善本是'就'字，乃知其妙"。深味此句，"赏"字过于直板，"醉"字显得造作，"对"字兴味不够。"就"字，口头语，是"接近""亲近"之意。诗人来"就菊花"，可以想见，诗人不是热衷仕宦主体张扬之流来揽月赏花，附庸风雅；也不是失意蹇促落魄文人来咏物释怀。"就"字，主动性很弱，又赋予菊花以生意和情状，透出诗人"人淡如菊"、归于自然的胸襟。重阳赏菊，是诗人和故友之约，细绎"就"字，诗人和菊花何尝不在相约相期？唐汝询云："'就'字极佳，非有养不能道。"（《唐诗解》）正印证了闻一多所言襄阳其人其诗的深度契合。

此诗通体清妙，平淡至极，句句自然，无刻画之迹，似一幅田家行乐图。正是这不经意之笔，得超然之趣，天成之诗。周珽称道此诗"趁口道出，辄成佳趣佳语。"（《唐诗选脉会通评林》引）的确，五言诗天下称浩然独步，《过故人庄》又堪称浩然五律之上品。

（原载于《学语文》1998年第1期）

孤轮独照江山尽，长啸一声天地宽

——试析张孝祥《念奴娇·过洞庭》的禅意美

张 勇

　　张孝祥不但生活在一个佛学兴盛的朝代，而且生活在一个佛学气氛浓厚的家庭里。孝祥的伯父张邵、父亲张祁都热衷于研究佛理，妻子时氏是个虔诚的佛教徒。孝祥本人喜欢与僧人交往，在任地方官期间，经常与名僧一起悠游山水，以诗词相唱和。从《文集》中的疏文、偈子来看，孝祥主要崇尚禅宗思想。张孝祥的禅宗思想在其爱国主义壮词中很少流露，而在其雅词中则有较多表现。张应行《于湖先生雅词序》说："所作长短句凡数百篇，读之泠然洒然，真非烟火食人辞语。予虽不及识荆，然其潇散出尘之姿，自然如神之笔，迈往凌云之气，犹可以想见也。"孝祥作于乾道二年（1166）的《念奴娇·过洞庭》（见卷首）就是这种"非烟火食人辞语"中最杰出的代表，通篇洋溢着禅意美。

　　"洞庭青草，近中秋、更无一点风色。玉鉴琼田三万顷，著我扁舟一叶。"词的开头两句极写月夜洞庭的辽阔、平静、澄澈。洞庭映月如玉镜、如琼田，这里连用了"鉴""田"两个禅宗意象。禅宗常用"鉴"（镜）来象征本心的圆明、纯净。玄觉《永嘉证道歌》曰："心镜明，鉴明碍，廓然莹彻周沙界，万象森罗影现中，一颗圆光非内外。"人的本心原真地反映外物而不受外物影响，如明镜鉴物，不分妍媸美丑，像来影现，像去影灭。乾道三年（1167），孝祥过金山寺，为宝印禅师的禅堂题额曰"玉鉴"。可见孝祥以"玉鉴"喻洞庭别有深意。禅宗也常用"田"，如"本分田地""一片田地"等来象征本心的原真。《圆悟录》卷十三曰："须知诸佛出世，唯证明此一片田地。"禅宗的终极关怀就是体悟人人本具的这"一片田地"。孝祥用"玉鉴""琼田"比喻洞庭湖的光明澄澈，目的是昭示自心的澄明圆满。烟波浩渺的洞庭湖上"著我扁舟一叶",月溶溶、水溶溶、心溶溶,词人敞开自我生命,在自我的光明体验中浩然与天地同流。

"素月分辉,明河共影,表里俱澄澈",此处的"素月"已不是自然之月,而是词人"如月贮琉璃,根尘悉清净"的澄明之心,此句表现的是禅宗典型的水月相忘境界。丹霞子淳禅师说:"宝月流辉,澄潭布影,水无蘸月之意,月无分照之心。水月两忘,方可称断。"(《五灯公元》卷十四)月印万川,川月皆明,月无心照川,川无意分月,在这种水月相忘的直觉观照中,主客界线顿然消失,两者泯然归一。南宋晓莹《云卧纪谈》载,绍兴年间,一位儒士登焦山风月亭,作诗云:"风来松顶清难立,月到波心淡欲沉。会得松风元物外,始知江心是吾心。"月庵果禅师评此诗曰:"诗好则好,只是无眼目。"遂改后二句为:"会得松风非物外,始知江月即吾心。"这一改破除了物我对立,即心即佛,但"会""知"二字仍留下逻辑痕迹,相形之下,孝祥"素月分辉,明河共影,表里俱澄澈"句纯属直观,禅意更浓。"素月"、"明河"、昊昊苍天、绵绵时空,经词人禅心浸润而圆成一佛性的世界。

中国古代艺术论常以"观于目,会于心"来描绘审美观照。"观于目"是对物的感性观照;"会于心"则是物我碰撞而产生的审美兴会,它是自我生命与客体生命的契合,是主体避开外在的遮蔽,驱散内在的迷雾,掘出万象深层的底蕴,而走向自心的彻悟。皎皎明月、莹莹湖水,驱散孝祥因仕途失意、壮志难酬而招致的烦恼,迥脱尘宰、一真孤露。禅宗认为人的本心是不可言说的,所谓"说似一物即不中",禅宗是靠诗意的体验而渡到光明的彼岸,去创造一个朗如秋月,六尘不染的心境,正如寒山诗所云:"吾心似秋月,碧潭清皎洁。无物堪比伦,教我如何说?"(《全唐诗》卷八〇六)孝祥此时充满禅悦的心灵是难以用语言表达的,"悠然心会,妙处难与君说"。

禅宗常用"月"象征人人本具的圆明之本心,"人人尽有常圆之月,各怀无价之宝"。"孤""独""自"是观照主体"心月"的基本特点。盘山宝积禅师曰:"心月孤圆,光吞万象。"(《五灯会元》卷三)不懂这一点,就难以理解孝祥"孤光自照"句的内涵。乾道元年(1165)孝祥任广南西路经略安抚使,《宋史》说他"治有声绩,复以言者罢",第二年就遭攻讦而落职。回忆在岭南的一年,词人说:"孤光自照,肝胆皆冰雪。"心灵冰清玉洁，如一轮孤月静照寰宇。正是由于具有这样一颗光明澄澈的心灵，词人虽处"短发萧骚襟袖冷"的凄凉境地，仍能"稳泛沧浪空阔"，宠辱不惊闲看庭前花开花落，去留无意漫随天上云卷云舒。

　　禅宗还常用"吸尽西江水"来象征超出万法、绝对自由的境界。雪窦《颂药山师子话》："天外风清哮吼时，为君吸尽西江水。"在禅的世界里，自我本心是最高主宰，超佛越祖、自由自在。我是昂扬奋发、气象宏远的"弄潮人"，我一喝能令水倒流，"蓦然跳出洪波里，搅浪拿云宇宙低"（《颂古》卷二十四应庵华颂）。孝祥"尽吸西江"句本此。此时词人之心已与天地合其德，与日月合其明。远近大小彼此界线顿然消失，北斗可以作酒樽、万象可以为宾客；过去现在未来回还互融，一朝风月，万古代空，"不知今夕何夕"。

　　纵观孝祥短短三十八年的人生历程，他并没有隐居山林成为一个虔诚的佛教徒，而是为抗金大业奔走呼号、为民生疾苦殚精竭虑。这种用世热忱与其禅宗情怀并不矛盾。禅宗并不主张躲进深山老林，枯守青灯古佛，而主张在尘世的一念之转中轻松潇洒地体悟坦坦荡荡、无忧无虑的人生，所谓"愚人除境不忘心，圣人忘心不除境"（《五灯会元》卷十七）。《念奴娇·过洞庭》所充溢的醇浓的禅意美，正是孝祥在其政治热情、聪明才智充分发挥之后，在更高的层次上向自己精神家园的回归，是一种对人生、对宇宙的达观情怀。

（原载于《学语文》2004 年第 4 期）

诗学漫谈

漫谈词的断句

宛敏灏

几位爱好读词的青年相约来访，要我谈谈关于词的断句问题。这便是那次谈话的纪要。由于当时大家随便说，事后也没有整理补充，所以只能称它为"漫谈"。

一般在读词中涉及断句问题，最容易发现的有三：①标点错误，无法读通；②将"依语法结构"和"按词谱断句"并举，但未说明如何发生这一差异以及怎样处理；③断句标点符号各搞一套，宜如何改进以便读者？

一

为了讨论举例方便，我们随便抽取几本词籍放在手边。首先打开 1958 年排印本《花庵词选》，这本书是用四部丛刊影印明刻断句重排的（其标点符号分"·读；·句；·韵"三种）。如上述第一个问题，能在里面找出很多例子，请看照抄的几首词（为了节省篇幅，只录有问题的部分）：

水调歌头隐静寺·观雨寺·有碧霄泉

青嶂度云气·幽壑舞回风。江神助我·雄观唤起碧霄龙。……人间应大（失）·匕箸唯我独从容。……（应改为：《隐静寺观雨，寺有碧霄泉》"江神助我雄观，唤起碧霄龙。""人间应失匕箸，唯我独从容"。）

念奴娇洞庭

洞庭青草·近中秋更无·一点风色。……（应改为："近中秋、更

147

无一点风色"。)

念奴娇离思

一叶扁舟谁念我·今日天涯飘泊。(应改为:"一叶扁舟,谁念我、今日天涯飘泊"。)

木栏(兰)花〈慢〉离思

送归云去雁·淡寒彩、满溪楼。凝情望行处路。但疏烟远·树织离忧。……(应改为:"淡寒彩满溪楼"。"但疏烟远树织离忧"。)

木栏(兰)花〈慢〉别情

……青鸾送碧云句·道霞扃雾·锁不堪忧。……(应改为:"道霞扃雾锁不堪忧"。)

雨中花《慢》长沙

一叶凌波十里·御风烟鬟·雨鬓萧萧。认得江皋玉珮·水馆冰绡。秋净明霞·乍吐曙凉·宿霭初消。……(应改为:"一叶凌波,十里御风,烟鬟雨鬓萧萧"。"秋净明霞乍吐,曙凉宿霭初消"。)

以上几首词的作者是张孝祥,录自原书《中兴以来绝妙词选》卷二。《水调歌头》《念奴娇》等都是一些常用词调,文字也不怎样艰深,居然点得不少词句不成文理。如什么"雄观唤起碧霄龙","匕箸唯我独从容","近中秋更无","淡寒彩","道霞扃雾","锁不堪忧","御风烟鬟","乍吐曙凉",等等,恐怕标点者自己也不知所云。

对于书里少量序、注的标点又是怎样呢?除上举《水调歌头》词题外,再抄序、注各一例于下:

……然其盛丽·如游金张之堂·妖冶如揽嫱施之祛。

——《(中兴以来)绝妙词选序》

按"然其"后系对偶句,"丽"字下标点须抹去。

……又问别作何词·秦举小楼连苑·横空下窥·绣毂彤鞍骤·坡云·十三个字·只说得一个人骑马楼前过·秦问先生近著·坡云·亦有

一词说楼上事·乃举燕子楼空·佳人何在·空锁楼中燕·晁无咎在座云。三句说尽张建封燕子楼一段事·

——苏轼《永遇乐》"明月如霜"词调下注文

按秦观《水龙吟》词起句，正确的标点应为"小楼连苑横空，下窥绣毂彫鞍骤"。

给一部书作标点，难免有些欠妥甚至错误处。但出现太多便显得工作过于粗疏。其实这对读者也不是什么了不得的问题，只要读时多留心些就不会上当；特别是能否发现错误，也是对自己鉴别能力的一种测验。

值得注意的倒是造成这些错误的真正原因（不包括由于对文言的理解水平所致的错误）。我们不妨就如下现象试作推测：①书中选录张孝祥的《水调歌头》共有三首，何以前两首的断句无错误？②《永遇乐》注引秦词断句错误，但后面秦观《水龙吟》的断句又是正确的，为什么？

循这两种现象分析下去，就必然逐步深入到前举问题（二）的研讨了。

二

《花庵词选》的标点者可能参照某一词谱的断句，误以为某调只有一种模式，这样就把《水调歌头》第三首某些句子断得不成文理。秦观《水龙吟》篇首断句无误，当然也由于参照词谱。可惜他在点苏词《永遇乐》注文时，似误以为秦观词也是《永遇乐》调，便依样画葫芦硬把两句改为三句。在造成这一错误到标点秦观《水龙吟》时，中间分隔一卷，词数十首，恐连"似曾相识"的印象也没有了。推测这就是前后断句不一致的原因所在。（不过也有无法悬揣其致误原因的，如将晏几道的《满庭芳·秋思》换头断成"年光还少·味开残槛菊·落尽溪桐"，即使把"少"字理解为"小"意，说"年纪还轻"；但"味"字怎能跟下句读？两句合起来说的又是什么呢？）

同样，由于对某词调字句形成，只知其一，不知其二；有的书在谈词的格律时先举一个平仄格式，然后再举两三首词为例。《满江红》举的是岳飞"怒发冲冠"及萨都剌"六代豪华"。后者"但荒烟衰草，乱鸦斜日"的断句与所举平仄格式符合；前者也照样断为"驾长车踏破，贺兰山缺"，就显得欠妥。于是注明："依语法结构，应该标点为：'驾长车，踏破贺兰山缺。'这里是按词谱断句。"《念奴娇》一调的例词录苏轼《赤壁怀古》、陈亮《登多景楼》及萨都剌《石头城，用东坡原韵》各一首。在苏轼词后注云："依语法结构，应该标点为：'故垒西边，人道是三国周郎赤壁'。这里是按词谱断句"。又注："依语法结构，应该标点为：'多情应笑我，早生华发'。这里是按词谱断句"（按例词分别点作"故垒西边人道是"，"我早生华发"）。陈亮词"鬼设神施"句也断成"鬼设神施浑认作"，词末又注云："依语法结构，'浑认作'应连下读；这和苏轼《念奴娇》'故垒西边人道是'一样，'人道是'也本该连下读的。"只有萨都剌词无注，其篇首"石头城上，望天低吴楚，眼空无物"虽与苏轼"大江东去，浪淘尽、千古风流人物"及陈词"危楼还望，叹此意、今古几人曾会"不同，但在平仄格式的第二行下加注："（或仄平平仄、平平仄）"，事实上说明这样也可以了。

遗憾的是，这里还有不少问题未搞清楚：①是否宋苏轼或陈亮填此调都不符合格式，反而不如元代的萨都剌；既然如此，何必再举苏、陈的词，以致不得不加注呢？②苏词"小乔初嫁了，雄姿英发"，与所举平仄格式及其他两首例词都不合，为什么又不断句为"小乔初嫁，了雄姿英发"并照例加注呢？③在《水调歌头》平仄格式后曾注明"前阕第三句、后阕第四句为一个十一字句，中间稍有停顿，上六下五或上四下七均可。但是近代词人常常把它分成两句，并且是上六下五（参看张惠言《词选》所录他自己的五首《水调歌头》）。"这一灵活性，是否可以推论到十一字句以上呢？总之：说来说去，仍不能令人信服地把问题讲清楚。尤其提出所谓"依语法结构"和"按词谱断句"，把二者对立起来，可谓"犹治丝而棼之"了。词谱，指的是哪家词谱？如非康熙《钦定词谱》的简称而是作为普通名词使用，那就要考虑到词谱中也有"依语法结构"断句者。又今传各家词谱原都是依据唐宋以来词作的文字编订的。现在转以后订之谱，衡量其所依据的词是否符合格律，显然于理欠通，似不必自找麻烦了。

萨都剌的《念奴娇·石头城》是"用东坡原韵"写的，但句法并不全依原作。可见虽在和韵词里句子的长短分合仍可自由。《东坡乐府》里还有《念奴娇·中秋》"凭高眺远"一首，句法完全与萨都剌的"石头城上"相同。这说明苏轼并非不知或不肯像这样写。"大江东去"一首，据杨朝英《阳春白雪》所录"大乐十首"首列此词，因知元时尚在传唱，这又说明并非不合格律，仅供吟诵的。所以作谱者把它列为"又一体"，也只是就词句的变化比较，并未肯定另有音谱。根本不存在什么"语法结构"和"词谱"格律不同的问题。

我们这样说的根据，是比较宋元以来作者采用同调填词，发现在句子的分合方面颇有灵活性。大体是这样：词的格律是从合乐来的，词句应与乐句相配合。乐的"节奏以均拍区分，拍者所以齐乐，施于句终，故名曰齐乐，又曰乐句。拍之多少以均而定，约两拍为一均"（王易《词曲史》）。沈义父《乐府指迷》说："词腔谓之均，均即韵也。"王易谓"词以均为节，一均略如诗之一联，有上下句，下句住韵，起转之韵不计"。看来词句分合的活动范围，可以达到约如诗句的一联而无碍于歌唱。搞清这一点，遇住韵前字句偶有参差，就可大胆依文理断句；即使作谱，也不必考虑什么"正体""又一体""定格""变格"，只要注明句法有哪些变化就行了。

《水龙吟》一调的结句，各家所填时有参差，同是苏轼词句法也不一样（前举苏词《念奴娇》二首是起头句法不同）。

我们再翻阅排印本《花庵词选》，看它是怎样处理的。该书选录苏轼《水龙吟》二首，"楚山修竹如云"一首的结尾点作："为使君洗尽·蛮风瘴雨·作霜天晓。"把"似花还似非花"一首的结尾也点成："细看来不是·杨花点点·是离人泪。"二者断句皆误。先著曾经说过：

> 《水龙吟》末后十三字多作五四四，此作七六，有何不可？近见论谱者于"细看来不是"及"杨花点点"下分句，以就五四四之印版死格。遂令坡公绝妙好词，不成文理。（《词洁》）

按苏轼此首系"次韵章质夫杨花词"，章氏原作的结尾"望章台路杳，金鞍游荡，有盈盈泪"是五四四的句法，而和词为"细看来不是杨花，点点是离人泪"句法已变作七六。因知和作不一定要求与原唱句法一致，除上举萨都剌《念奴娇》"用东坡原韵"外，又得此一例证。其他如秦观"小楼连苑横空"结句是"念多情但有当时皓月·照人依旧"（排印本《花庵词选》

仍误断句为"念多情但有·当时皓月，照人依旧"。所录辛弃疾的四首结尾句法与秦观词同，标点也同样错误)，又是一种九四的句法(九字句的前三字如略停者，亦可加顿号)。无论"五四四""七六"或"九四"，分别相加字数同是十三，当然应按照文理断句并承认其同属一种体式。

三

断句必须使用标点符号，标点当否，对于词的理解和欣赏有密切关系。如李清照的《如梦令》"常记溪亭日暮"的结句，一般标点为"争渡，争渡，惊起一滩鸥鹭"。倘改为"争渡? 争渡?"便有助于理解。因上句为"误入藕花深处"，连声惊问"怎(争)渡?"更符合于"沈醉不知归路"的神态。李煜的《浪淘沙》"帘外雨潺潺"的结尾，通常都依"流水落花春去也，天上人间"断句，曾见有人点作"天上? 人间?"读起来便感到别有一般滋味。春去也，在天上还是在人间? 这一问，使得上面"别时容易见时难"句更为肯定、沉痛。像这样的例子，既涉及断句，更重要的是如何正确地使用标点符号。

标点符号有通用的，也有专用的。通用的标点符号既适合于散文和韵文，词当然也不例外。因此只供一般阅读的词籍，应尽量采用统一的标点符号，勿作不必要的增减或改变，徒乱耳目。如为编订词谱，则字声平仄以及韵协转换等各方面不得不增加一些专用标点符号，可由作者自行斟酌损益，在书首凡例中予以说明即可。无急于取得一致必要，将来择善而从，自可渐趋统一。过去所用易于混淆的符号，已逐渐为新的取代，即其明证。

谈到这里，我们回顾一下开始时提到的三个问题，似乎都已明确：①有些词籍断句所以出现不少错误，原因是多方面的。我们只要注意这一缺点，便不会为其所误。②词乐约以两拍为一均，词句须与乐句相配合，在一均处住韵。故约有两拍(或约如诗句一联)的范围，词句可以自由分合。强依其中一种形式，去给所有句法不同的断句，以致发生不成文理的现象，这一做法是错误的。③标点符号与断句虽有密切关系，但如何改进专用符号是其本身问题，宜另行研讨。

总之：词的断句问题牵涉面很广，诚如万树在其《词律·发凡》里说的"分句之误，更仆难宣"。但他能指出致误的种种原因（如："既未审本文之理路语气，又不校本调之前后短长，又不取他词对证……更或因字讹而不觉，或因脱落而不疑"等等），而所举苏轼《水龙吟》结句，谓"应于是字、点字住句"，却是错误的。后来叶申芗作《天籁轩词谱》曾于发凡中指出万氏"每有过拘之处"，引《词律》将张先《于飞乐》词句误断例，谓为"膠柱鼓瑟"。叶氏明确主张"分句自以文理为凭，不必拘定字数"，这是很正确的。不过他也没有把可依文理断句的道理说出来，所以我们研讨主要侧重此点，进一步予以说明。其他有关问题就暂不涉及了。

（原载于《学语文》1983年第1期）

审美主、客体要和谐结合

——兼谈唐诗中描写的月色美

王明居

　　"金乌西坠，玉兔东升。"当日落西山以后，皎洁的明月，便常出来和人们作伴。它或者高悬天际，或徘徊云端，或独挂梢头，或从树叶间投下斑驳疏落、半明半暗的影子，或把自己优雅的面容映入清澈如镜的池塘中。它默默无言，仿佛是天真的含羞的少女，是那样地晶莹纯净、妩媚动人！

　　喜爱月色之美可以说是人之常情。为什么月色惹人喜爱，它是什么样的美呢？

　　这根本上要从审美客体方面去寻找原因。作为审美客体的月亮，乃是一种客观存在的自然物。它本身，就蕴藏着一种阴柔之美的特性，这种特性，具体表现在它的光泽、形态、色彩、温度等方面。就月的光泽来说，虽然银白明亮，但它本身却不会发光，而是太阳反射过来的。它的光，轻轻地倾洒在人们的身上，是极其柔和的，它的体型又比较富于曲线美，且多变化，有上弦月、下弦月、圆月，时而呈现出残缺美，时而显示出团圆美。它的色彩接近淡青。这种青，在感觉上给人一种凉意。在情调上显示出幽静、淡泊、清雅、娴逸。它的性情是温柔、娴淑的。它的风格是含蓄、蕴藉的。它善于和寂寞为伍，同轻薄、浮躁、激动是不能并存的。它经常把人带进遐想和深思中。它对每个人都能无私地献出它的抚慰、体贴之情。它令人悠然神往，去从容地领悟、回忆那有趣的人生。有时，它也露出淡淡的哀愁，但又不是消极颓废的。它的光线，有时织成一顶虚无缥缈的青纱帐，笼罩着万物；有时又像飘忽不定的青雾，忽聚忽散，朦朦胧胧，这就易于把人引入变幻、神奇的世界中。总之，它的美是多方面的。有光泽上的皎洁美，仪态上的婀娜美、装饰上的朴素美，情趣上的幽静美、风格上的婉约美，意境上的朦胧美。这些都说明月亮本身就存在着一种阴柔之美的自然属性。作为审美客体的月亮本身，如果不存在这种特性，那么，古代文人是不可能写出歌咏月色之美的绝妙诗词的。

月色的阴柔之美，是客观的，是不依赖于人的主观意识而存在的一种自然美。但如果把它生动地形象地描绘到文学作品中，它就不再是原来的自然美，而是经过作家主观意识加工、创造过的艺术美了。也就是说，审美客体经过审美主体的思想熔炉的冶炼，使二者达到水乳交融的境界，那就更美了。因此，历代文人笔下所描绘的月色之美，都是审美主体和审美客体和谐结合的产物。

如果说，作为审美客体的月色是属于景的话，那么，作为审美主体的诗人所寄托在景上的就是情。这种情，附丽到景上，必须符合景的具体规定性，也就是要切合审美客体的美学特性。否则，就无法揭示审美客体的本质。如果月亮没有妩媚娴静的阴柔之美，就无从把它喻为美人；而太阳却不具备这一特点，因之人们也不会把太阳比为美人，即使写女子怀春，也不常请太阳出来和她作伴，而往往是让她对月兴怀、以月寄情。因此，越是尊重审美客体的特点，越是遵循审美客体的发生、发展、变化的规律，那么，就越有利于发挥审美主体的创造性和想象力。当审美主体的创造性、想象力在审美客体上得到充分表现时，就可以创造出情景交融的境界。许多唐诗中所描写的月亮，含情脉脉，似有人性，以至于有些诗人干脆把月亮当成是具有人性、人情的人去加以描绘，李白写的"举杯邀明月，对影成三人"（《月下独酌》），就是个典型的例子。

在唐诗中，通过月色描写所表现出来的人情美，是多种多样的。有爱情，有乡情，有骨肉之情，有友情，有爱国之情，等等。

爱情。

作为审美客体的月亮，乃是一种没有生命的无机物，哪能产生什么爱情呢？但它的光泽和形态却具有一种阴柔之美，因而作为审美主体的诗人往往把男女之间甜蜜的缠绵的爱情移植到月亮的身上，寄托在月色描写中。例如：李商隐《无题》诗中写的"晓镜但愁云鬓改，夜吟应觉月光寒"就寄托了对情人的思念和至死不渝的爱情。全诗对月光描写虽着墨不多，但却是传神之笔。由于写的是清冷的月色，故给画面增添了一种寂寞悲凉的气氛，这就强化了对情人的追忆。再看李商隐另一首《无题诗》：

> 来是空言去绝踪，月斜楼上五更钟。
> 梦为远别啼难唤，书被催成墨未浓。
> 蜡照半笼金翡翠，麝熏微度绣芙蓉。
> 刘郎已恨蓬山远，更隔蓬山一万重！

这首诗描写思念远别的情人时的怅惘心情。夜阑人静，万籁俱寂，月光如水，久不能寐，只能在梦中怀念、啼唤、寻找情人的踪影了。梦醒后，为了捕捉梦境中的意象，便在墨未磨浓的情况下疾速成书，以寄托自己的情思。此时，烛光虽然若明若暗地照着用金丝绣成的翡翠图案的帷帐，虽然也有用麝香熏过的绣着芙蓉形状的被褥，然而自己的意中人却远在天涯海角，哪里有心情去消受这一切呢？全诗的情调，缠绵悱恻，含蓄隽永。其月色描写，对全诗的抒情，提供了特定的环境，并对烘托画面的气氛，强化情感的深度和层次，起了显著作用。

乡情。

当游子漂泊在外，夜晚凝神遐想时，经常会回忆往昔时抚育过自己的故乡。尤其是当自己遇到困难、处于逆境时，这种思乡之情更为炽烈。为了在神思默忆中弥补自己在现实中所感到的不足，审美主体经常把这种乡情寄托在对于审美客体的月色描写中。且看杜甫的《月夜忆舍弟》："戍鼓断人行，边秋一雁声。露从今夜白，月是故乡明。有弟皆分散，无家问死生。寄书长不达，况乃未休兵！"此诗写于安史之乱时，通篇贯串着忆字，并以故乡明月之美和兄弟离散之愁相映衬，更增添了诗人惆怅的情绪。

骨肉之情。

杜甫不仅善于描写月亮来表现兄弟手足之情，而且还善于用来寄托夫妻之情、儿女之情。且看《月夜》："今夜鄜州月，闺中只独看！遥怜小儿女，未解忆长安。香雾云鬟湿，清辉玉臂寒。何时倚虚幌，双照泪痕乾。"此诗也是写于安史之乱时期。先从妻子在鄜州见月而想念诗人写起，并说自己的儿女因年幼而不理解思念在长安的父亲（杜甫自己）。后四句写诗人的爱妻在月光笼罩下思念自己时的情态，"清辉玉臂寒"，写得多美、思念的感情表现得多委婉、深切！

友情。

且看李白的《峨眉山月歌》：

> 峨眉山月半轮秋，
> 影入平羌江水流。
> 夜发清溪向三峡，
> 思君不见下渝州。

峨眉山月为高山所遮，秋天只能看见半个脸庞，故曰半轮秋。月影映入平羌江，江水在流动。夜晚从清溪出发，向三峡驶去，心中怀念友人未下渝州。全诗如行云流水，明丽自然，一气呵成，其中所描绘的月色和友情，水乳交融，独具一格。爱国之情。

人情美中最高尚的乃是热爱祖国的感情。这种感情也常常寄托在月色描写中，且看王昌龄的《出塞》：

> 秦时明月汉时关，
> 万里长征人未还。
> 但使龙城飞将在，
> 不教胡马度阴山。

此诗首先点出古代明月照耀下抵御外侮的祖国屏障——关塞，创造出一幅易于触发思古之幽情的画面，然后联想到万里征人，忽而突现李将军的高大形象，并触及当时反侵略的卫国战争，由古及今，从月到人，逐层深化，爱国热情，溢于字里行间。

（原载于《学语文》1983年第3期）

谈谈屈原在"比兴"上的开拓

潘啸龙

屈原在诗歌艺术上作出了多方面的创造与开拓，对后世发生了深远的影响。本文着重探讨一下屈原的"比兴"艺术。

"比兴"手法在《诗经》中曾被普遍运用，并在国风民歌中取得了极大的成就。屈原的开拓在于：

第一，在比兴的方法上，突破了"即景起兴"和形象比喻的一般表现方法，更多地采用了"寄寓"和"象征"的手段，赋予了表现对象以更深刻的美学意义。

比兴，作为一种艺术表现方法，是我国古代人民口头歌唱实践中的一大创造。山歌好唱起头难。国风民歌的"兴"，主要就是"先言他物以引起所咏之词"。例如"关关雎鸠，在河之洲""殷其雷，在南山之阳""习习谷风，以阴以雨"，等等，就是声情并茂的起兴之例。国风民歌的比，则是"以彼物比此物"，便于更加形象地表现对象的某种特征或思想感情。如"手如柔荑，肤如凝脂，领如蝤蛴，齿如瓠犀""我心匪石，不可转也；我心匪席，不可卷也""狼跋其胡，载疐其尾。公孙硕肤，赤舄几几"，等等，把新娘的美丽、弃妇的志节、公孙的窘态，比拟得极其形象生动。就这一方面看，国风民歌的比兴运用，可说是达到了灵活自如、情景如画的极高水平。

但屈原的比兴，却有很大的不同。"先言他物以引起所咏之词"的起兴方法，在他的诗中已发展为景物的描绘和环境的渲染（如《抽思》《怀沙》的开头），单纯的"起兴"之例几乎就没有。"以彼物比此物"的比喻，屈原虽还使用，并有极生动的实例（如《山鬼》"山中人兮芳杜若"；《抽思》"有鸟自南兮，来集汉北"；《惜往日》"乘氾泭以下流兮，无舟楫而自备。

背法度而心治兮，辟与此其无异"等）。但是，作为屈原诗歌"比兴"的最突出而鲜明的特点的，却是"象征"和"寄兴"。这种特点，在《诗经》中还只在少数诗作中出现，尚处于萌芽状态；到了屈原手里便被大量运用，并大大发展了。例如《离骚》的"扈江离与辟芷兮，纫秋兰以为佩"；"朝搴阰之木兰兮，夕揽洲之宿莽"；"朝饮木兰之坠露兮，夕餐秋菊之落英"；"制芰荷以为衣兮，集芙蓉以为裳"；以及主人公的神游四方，"求宓妃之所在""见有娀之佚女""及少康之未家兮，留有虞之二姚"等等，就主要带有"象征"和"寄寓"的意义。如果将它们仅仅作为一般比喻的修辞手段来看，就无法理解诗人所要表达的情志，而且简直要令人发笑了：我们可曾见到过全身插满了草藤、花朵、穿着芰荷绿叶而又以露水、菊英为饮食的怪人？同样，作为一个关注民生国运的政治家，竟然异想天开，去求访虚无缥缈、早已成为古人的"宓妃""佚女"和"二姚"，岂不荒唐之至！但是，当我们从"象征"的意义来看待主人公的佩戴、饮食的时候，他那芳洁美好的品性和拔俗而出的形象，却因此被感受得极其鲜明；当我们从"寄寓"的意义上来看待主人公的"求女"过程时，就不但不见其荒唐，而且恰恰能把主人公对于理想的强烈求索精神、嫉恶"信美无礼"、决不苟容取悦的坚贞品格，体味得尤其深入。这种"比兴"所追求的，已不在于外在特征的"形似"，而在于内在品格、精神的"神似"。较之于一般的起兴和比喻，其蕴含的意义，无疑要丰富得多；其能引起人们的遐想和回味，无疑深远和长久得多。屈原的诗作大多是政治抒情诗，写得不好，很容易流于概念化而枯燥无味。富于形象性的"象征"和"寄寓"手法的运用，使得屈原的诗作达到了情文并茂的境地。

第二，屈原用以比兴的事物，不仅成批地涌现，而且贯穿于情节发展的始终，富于浪漫主义特色。

在国风民歌中，作为一种修辞手段，被用来"比兴"的事物，在诗中具有很大的瞬时性。当它们被用来表现某种对象的作用一经达到，即失去继续存在的意义，而退出情节的发展过程。例如上举的"关雎"的和鸣、南山之"雷"、跋胡毚尾之狼，以及"席""石"之类，都是如此。

屈原用以比兴的事物则不同。它们在诗中已不再是单一的存在，而是纷繁复杂、成批地涌现出来。象征主人公美好品性的，就有兰蕙、茝芷、申椒、宿莽、秋菊、杜衡、胡绳、揭车等等；作为党人们恶行的象征而与上述香草对立的，则又有萧、艾、椴、菜、施等等。它们之间本身原无联系，更不具备爱慕、嫉争之情。但在屈原笔下，它们全都活生生地行动了起来，出现了复杂的联系，有着矛盾、斗争和发展变化了。例如香草兰蕙，忽而会"变而不芳"，化为恶草阵营的"萧、艾"；而恶草如"椴"之类，又居然想"干进务入"，充实于香囊之中！它们不仅与主人公直接发生了关系，还参与了整个情节的发展过程。如《离骚》开头，写了主人公对奇芳异草的采撷和佩戴；接着又写到主人公因此受到党人的嫉恶和君王的斥退；以及主人公的毫不悔改、"好修为常"；最后又写到兰蕙的变节和椴、椒之类的"干进""专佞"。用以比兴的众多花草，与主人公的斗争经历伴随始终，成为情节发展的有机组成。比兴事物的这样运用，完全是屈原个人的独创，在他以前的诗歌创作中，是没有先例的。

第三，对用以比兴的事物本身进行形象的刻画，使比兴表现出了"典型化"的趋向。

屈原运用比兴来象征某种品性、寄寓某种情思时，常常注意抓住比兴事物本身的特征，进行形象化的描绘和刻画，使得用来比兴的事物，本身就获得了比较形象的个性特征，成为某种类型的代表，即典型了。这一比兴"典型化"的趋向，在《离骚》对宓妃的刻画上，尤为突出。

在《离骚》中，屈原运用"男女喻君臣"、以主人公上下四方"求女"的比喻，来表现他对于圣君贤臣"遇合"的理想追求。诗中出现的宓妃，本来只具有比兴的意义，并不成为独立的形象。但屈原对她却进行了比较细致的刻画：宓妃出现的时候，是云气缭绕，"纷总总其离合"；她早上在传说中的有盘"洗发"，整日里"康娱以淫游"，晚上跑到"穷石"去，不知干些什么隐秘的勾当；她容貌娟好，又傲慢无礼；她喜怒无常，明明说好了来与主人公相会，半途中却又翻脸变卦（"忽纬繣其难迁"）。经过这样的描绘和刻画，宓妃在屈原诗中就不单只是比兴意义上的神女了，她简直成了某种女子的典型：当我们见到那种脾气乖张、傲慢无礼而荒唐不羁的美人时，不正可以想起屈原笔下的宓妃来吗？在"比兴"中，寥寥数笔，就塑造了一位典型性的神话人物。这确实是令人惊讶的！类似的例子在《离骚》中还有一些（只是不如对宓妃的刻画那样深入罢了）。如"佻巧"善鸣的"雄鸠"，喜爱调唆是非的"鸱鸟",等等。它们正如鲁迅笔下"公允折中"的"叭儿狗""媚态的猫""戴着知识阶级徽章"的"羊"一样,不仅是一种比喻,而且是某类性格的典型了。

从上述三方面可以看到,屈原对于诗歌的比兴手法,较之于《诗经》有了很大的开拓和发展。不仅如此,屈原诗歌的比兴,适应他的浪漫主义创作方法,显示出了鲜明的浪漫主义特色。大量花草、禽鸟的拟人化,缤纷多姿的神话传说的运用,使屈原的比兴,无法再归入《诗经》比兴的现实主义范围内,而闯入了浪漫主义的表现领域。其瑰奇璀璨、神幻变化,在后世诗人中,唯有李白、李贺方能与之媲美。司马迁称《离骚》"举类迩而见义远"(司马迁《史记·屈原贾生列传》),明人赵南星称屈原之文"骋志荡怀,出入古今、翱翔云雾,恍惚杳茫,变化无端,匪常情之所测"(赵南星《离骚经订注·自序》)。之所以能达到这种境界,很大程度上,正取决于屈原比兴上的这种浪漫主义特点。

(原载于《学语文》1985 年第 1 期)

说意境

——从杜甫的《月夜》谈起

陈文忠

    意境是抒情文学形象的独特形态。优秀的抒情作品总是通过意境的创造，反映现实，感染读者。杜甫的《月夜》就是这样一首广为传颂的佳作：

> 今夜鄜州月，闺中只独看。
>
> 遥怜小儿女，未解忆长安。
>
> 香雾云鬟湿，清辉玉臂寒。
>
> 何时倚虚幌？双照泪痕乾！

    这首诗写于天宝十五年（756）秋天。当时正值安史之乱，杜甫携妻儿北上逃亡，经白水县，最后置家鄜州。七月，肃宗即位灵武，杜甫欲奔行在，不幸被安史叛军掳至长安。诗人身陷狱中，倍思妻儿，在一个明月之夜，写下了这首感人的诗篇。

    诗人望月感怀，但不直说自己举头望月，低眉思亲，却描写想象中妻子月下思己的情景："今夜鄜州月，闺中只独看。"一个"独"字，表明她孤身只影，凄然而立。家中儿女尚幼，既不解忆念其父，更不解体恤母亲心情，接着诗人进一步想象：妻子独自望月，伫立既久，露水该润湿了云雾般的鬟发，冷月怕浸寒了白玉般的臂膀。一个"湿"字、一个"寒"字，既是诗人的设想，也表现了他对妻子体贴思念的深情。诗人月下思亲，心神飞驰鄜州，却用曲笔从对面写来，这较直说更为婉切感人。现实分离的痛苦，迫使诗人作未来团圆的想象：什么时候才能夫妇团聚，双双倚着薄帷，同看团圆之月，让月光照干思念的眼泪呢？这里再用曲笔，表达盼望团聚的急切心情。

　　这首诗，有景有情，景物和情思融会一片，呈现出悲婉感人、内蕴深邃的艺术境界，即抒情诗的意境。从这首诗中，我们可以看到意境的三个审美特点：意境是由情与景构成的；意境必须达到情景交融、思与境偕；意境须有象外之象、言外之意。

　　抒情作品的创作离不开客观景物和主观情思，情和景是构成意境的两个基本要素。缺乏传神的景物描写，情感的抒发就可能变成空洞的直喊，而没有真挚动人的感情，作品中的景物就可能只是一幅毫无生气的木石图。当然，作为意境的构成要素，景和情不同于现实中的自然景物和日常情感，它具有自身的内涵和各自的意义。

　　"景"，作为意境的客观基础，是丰富多样的。它可能是形神兼备的自然景物，也可能是富于特征的生活场景；可能是现实中的生活片段，也可能是幻想中的神仙世界。《月夜》中的"景"，既有皓皓秋月，又有忧愁的望月人。实际上，它是由明暗虚实不同的三幅望月图组成的：诗人只身长安望月，这是侧面暗写；妻子独自鄜州望月，这是正面明写；将来团圆双双望月，这是想象中的虚写。这告诉我们，不能把"景"单纯地理解为自然景物。在意境创造中，"景"还具有重要意义：从创作激情的感发看，情以物兴，触景生情，景是产生情的基础。从艺术表现看，寓情于景，借景言情，景是传达情感的手段。在《月夜》中，诗人对妻儿的思念和对安定生活的向往就是通过三幅生动的望月图传达出来的，因此，情态历历在目，感人至深。从《月夜》还可以看到，优秀抒情作品对景物的描写总是精粹而又完整的。诗人的笔触集中于秋夜望月，而妻儿的艰难生活和自己的险恶处境则不去涉及；同时，在描写时有虚有实，有明有暗，构成一幅完整立体的望月图。由于景象的集中，思念的感情得到了明晰的表现，而景象的完整，则为欣赏者提供了广阔自由的想象余地。

　　如果说，"景"是意境的客观基础，那么，"情"则是意境的主脑和灵魂。在意境的构成中，情与景的位置是有主有宾的，情为主，景为宾。写景即是抒情，一切景语皆情语。要创造出动人的意境，作品的情感还必须是真挚和独特的。而情感真挚的关键，就是要传达出具体的特定环境中的真实感受。每个人所处的环境、面临的对象和各自的主观条件都和他人不同，因此，特定情境中的真情挚意就必然是独特的。情感愈真挚，就愈具有独特性。望月思家是古典诗歌的传统题材，在不同诗人的笔下，情就各不相同。古诗"明月何皎皎，照我罗床帏。忧愁不能寐，揽衣起徘徊"抒发了闺中女子思念丈夫的忧愁缠绵之情。李白的《静夜思》抒发了他乡游子思念故乡的寂寞怅惘之情。杜甫的《月夜》则抒发了对妻子儿女的眷念之情。这种发自内心深处的情感是强烈真切的，同时又是独特感人的。

创造意境不仅要有景有情，还必须情景交融，思与境偕。所谓情景交融，就是景中要含情，情须借景出。王夫之说："情景虽有在心在物之分，而景生情，情生景，哀乐之触，荣悴之迎，互藏其宅。"(《薑斋诗话》)"互藏其宅"对情景交融作了形象的说明。情景交融的境界大致可以分为三种类型：景中情、情中景和情与景的妙合无垠。后者是我国古代称许的最高境界。但较多的情况是景中情和情中景。

所谓景中情，即化景物为情思。作家根据特定的情感态度来选择景物，通过客观景物有选择的组合和描写，体现出作家某种思想感情。《月夜》中，杜甫想象出独立望月的妻子："香雾云鬟湿，清辉玉臂寒。"容颜美妙，形象动人。杜甫诗中提到妻子，惯用"老妻""瘦妻"等语。这里把她写得如此绰约动人，正寄寓了诗人的思念之情。因为越是把妻子写得貌美，就越显出妻子孤栖之苦，也越显出自己思念之切。这就是所谓景中藏情，化景物为情思的境界。

所谓情中景，全篇以直抒胸臆为主，景物属于虚写。读这类作品，人们可以在体验作者情感的同时，隐约意会到某种景象或形象。如陈子昂的《登幽州台歌》："前不见古人，后不见来者，念天地之悠悠，独怆然而涕下。"诗中只写了诗人登高望远的无限感慨，但我们的心目中，却可以呈现出诗人独自登台，对景怀古伤今，感叹唏嘘的画面。读陆游的《示儿》诗，从"死去原知万反事空，但悲不见九州同，王师北定中原日，家祭毋忘告乃翁"的诗句背后，我们不难发现一位热血热肠的爱国老人，向孩子们谆谆嘱咐的动人形象。

意境有情景交融的特点，但情景交融只是意境的基本要求，还不是最高要求。对意境更进一步要求，必须是深邃广阔、余味无穷。它是由艺术形象的比喻、象征、暗示作用的充分发挥，造成的一种比艺术形象本身更加广阔深远的艺术境界。在这里，有限的直接形象象征和暗示着无穷的情思韵味，读者通过自己的联想和想象，可以见到象外之象，领悟言外之意。如果说，情景交融是强调意境的感性鲜明性，那么，深邃广阔则是追求意境的内蕴丰富性。如前所述《月夜》是由三幅望月思亲图组成的，在这里，作者不仅以巧妙的构思和曲折的诗笔，抒发了对妻子儿女刻骨铭心的眷念之情，同时还暗示、蕴含着无穷的弦外音、味外味。"何时倚虚幌，双照泪痕干。""何时"二字，既表现了诗人对安宁团聚生活的向往，也包含了对安史叛乱的谴责；同时，也暗示了在那个战乱的年代，有多少家庭惨遭兵戈，家破人亡，妻离子散，天各一方。这一切都是作者得之于心而未形诸于言的，而读者根据形象的暗示又是能感受和领会的。如果说，《三吏》《三别》是诗人正面暴露了安史之乱给人民带来的灾难，那么，《月夜》则是从侧面表现了诗人对它的谴责和愤慨。可见，《月夜》不仅仅是一般的情景交融，同时还具有深邃广阔令人神往的内蕴。这种深邃广阔，余味无穷的意境，也就是具有典型性的意境。缺乏典型性，就不可能象外有象，言外有意。从《月夜》诗的全部分析可以看到，要创造高度典型性的意境，作品描绘的景物形象必须富于特征性，具有最充分的比喻性、象征性和暗示性，同时，作品寄寓的情思还要具有无限的深广性，既要深刻反映生活的内在本质，又要传达出人们的普遍心声。这样的作品才可能韵味无穷，引起人们心灵的共鸣。

（原载于《学语文》1985 年第 5 期）

中国古代美学中两种不同的"虚静"论

朱良志

　　"虚静"论是中国古代美学的重要命题之一，也是古代审美体验论的重要组成部分。它标志着一种审美心胸和审美态度的建立，是审美判断和现实判断的重要分水岭；它又是一种审美创造论，在静穆的观照和悉心的审美注意中捕捉艺术的灵运，在恰当的心理氛围中映照着对象的气足神完。然而中国整个美学总是习惯于把审美和人生结合在一起，审美的境界往往渗透着浓厚的人生情韵，"虚静"论也是这样，它既是一种审美态度，又是一种人生态度，一种具有鲜明倾向性的人格理想。因此，"虚静"论是一个交织着多种意义的理论系统。然而总其归途，大率可分为两类：

　　一类是超功利的"虚静"说。它把瞬间的审美态度扩大到整个人生，把在审美注意中完成的实际人生的距离看成是摆脱政治、伦理等束缚的思想武器，把这一片空灵灯碧的心灵看成是自由、理想的天国，艺术家在这一天国中既祈望艺术兴会骤然光临，又渴求抚慰在人生竞技场争斗所造成的疲惫压抑的灵魂，获得一种现实的心理平衡，从而实现自己的人生哲学理想。因此，这种"虚静"说与其说艺术的，毋宁说是哲学的。它的产生具有极为深刻的历史根源。中国古代艺术的功利色彩十分浓厚，艺术的根本目的是载道，如王国维所说："美术之无独立位置者久来"，艺术成了政治道德的附庸和奴婢，这种现实刺激了艺术家自觉的超越意识，并试图通过"虚静"的心态，挣脱这种束缚，返归性灵的自由。这种"虚静"论由道家脱胎而来。老子提出"涤除玄鉴"的重要主张，就是要涤荡灵府，拭去个体欲望世事纷扰给心灵蒙上的尘埃，从而返自观照"道"的神情。以"虚静"之心去观"道"是由"道"的本质特征所决定的，因为"道冲"，"冲"即虚空，所谓

"归根曰静"，"道"寂静无为渊然自处，因而人返归"虚静"之心也就是对真实自我的复归，正是站在自己生命的原点上，所以才能以静契静。实现了和宇宙精神的感而融通。庄子更加弘扬了老子这种思想，他说："唯道集虚，虚者，心斋也"，原天地之美，观天地之道，必由"心斋"做起，即要澡雪胸怀，使内在宇宙光明莹洁，一无挂碍，去契合"道"的本旨。从一般之心到"虚静"之心是一复杂的主体重建过程，庄子提供了多种方式，所谓"坐忘""丧我""无己""物化"等等，从而以内心的深刻体验去代替社会的无限多样的追求，以一种宁定的思绪去弥平痛苦的心灵历程，把一切理想和现实都放在一个无私无欲无尘无杂的心灵起点上。老庄的这种思想在魏晋酿成了一场动静有无之辩，在禅宗又被发现成"禅定"静修的心灵功课。以道家为主的这种"虚静"精神，正如徐复观所说的，是一种实实在在的艺术精神，因而这种精神被灿烂地发挥到审美的境界中，从而产生了古代"虚静"论的一个重要侧面——超功利的"虚静"论。南朝著名画家宗炳提出了"澄怀味象"的重要命题，在这里，"象"是，"道"的感性显现，所谓"山水以形媚道"，对这种宇宙生命之"道"的把握不能诉诸于抽象的概念推理，而应执着于心灵的参验，而这种参验又必须有一个良好的审美心胸，因而必须"澄怀"，从内在生理上"凝气怡身"，从外在观照中"应目会心"，这样"虚静"便成了审美观照的根本心灵基础，也成了艺术家契合宇宙之道的阶梯。同样的思想在司空图那儿得到了更富宇宙情调的表述，所谓"素处以默，妙机其微"，"返虚入浑，积健为雄"，"体素储洁，乘月返真"云云，在更广阔的背景上了"虚静"的审美心态，到宇宙和生命的精微处，倾听审美之弦的鸣响。

这种"虚静"论往往把对现实的不满化为飘逸的超越意识，一则为追艺术之美，一则为"一己陶胸次"（刘熙载评《二十四诗品》语），因此，它总是倾向于忘己忘物，正如张彦远所说："凝神遐想，妙悟自然，物我两忘，离形去智"，以对自我理智欲望等的多重抑制，达到浩然与溟涬同科、洒然与天地为一的境界。因此，这种"虚静"论带有纯审美、非社会化的色彩，在艺术风格上瓣香萧散飘逸一路，对塑造空谷幽兰式的中国艺术产生了重大影响。然而它过分彪炳了渺渺世外情，因而淡化了人间烟火味。

一类是重伦理的"虚静"说。这种"虚静"论并不把审美静观视为超脱世俗功利的手段，而是把它规范在审美活动中的一个特定的心理过程，这个过程不是为了超越，而被视为审美活动的一个必要的心理状态。这一短暂的心理过程也必须造成和实际人生的距离，即变现实态度为审美态度，但它与实际人生并无判隔，短暂的分离正是为了以冷静的目光去切近生活，更好的反映生活，通过"出乎其外"达到"入乎其内"，化激越的情感为宁定的心理场，正如卡西尔所说："一个艺术家如果不是专注于对各种形式的观照和创造，而是专注于他自己的'哀伤的乐趣'，那就成了一个感伤主义者。"（《人论》）鲁迅也说："我以为感性正浓的时候不宜作诗，否则会将诗美杀掉。"这种"虚静"说在古代艺术论中非常普遍，陆机说"其始也，则收视反听"，"馨澄心而凝思，渺众虑而为言。"刘勰说："是以陶钧文思，贵在虚静。"郭熙说："凡落笔之日，……必神闲意定。"王夫之说："想象空灵，故有实际。"如此等等可见，这种"虚静"说不慕远奇，不求飘逸，只是在与实际人生的距离中反观出生活的本质，它洋溢着浓厚的人生情调。这种心理状态并非随意而至，要求艺术家具有一定的生理基础和精神基础，身心调畅内溢怡顺之气，精神充盈外有宏肆之风，而这种先入的心理形式最终又都必须通过精神的养练方能产生，这样就把"虚静"的审美态度和人的品格情操结合了起来，与前一类侧重宇宙精神的"虚静"论不同的是，它十分强调通过道德伦理的修养达到心灵的纯然至静，这就必然会把儒家的风范作为它的心理范本。儒家以自己独特的体验高扬"虚静"精神，强调冷静理智地把握现实人生，强调心灵的省察和体验。孔子所谓"吾日三省吾身"，"默而识之"的经验，实际上是一种超乎感性的静观态度，把静观默识的人生态度和静而自律的道德修养融为一体，他心灵中的人伦雅范——仁人，就是这样的"静心人"，所谓"智者乐水，仁者乐山；智者动，仁者静"。孔门后学也全然心领了先师的这种精神，如颜回物我两忘的内心修炼，孟子的养气，荀子的"虚壹而静"，向往心灵的大清明，都表明高扬雄健立意用世的儒家也并不反对静观默识的人生态度，而宋明理学的"万物静观皆自得"（程颢），"不虚不静故不明，不明故不识"（朱熹），正是这种精神的延续。这精神铸造了"虚怀若谷"的人格理想，也促成了"淡泊以明志，宁静以致远"的民族思维性格，艺术领域中的"静虚"论正吸取了这种精神的精气元阳，创造了这种独特的侧重于人品的"虚静"说，正如书法家宗曹所说的

"黄帝之风熙熙然，君子之风穆穆然"，因而艺术之风也必静静然。

这是两种品貌迥异的"虚静"论，一要追求宇宙合一，一要达到与群体同归；一要挣脱荒荒人世，一要切近现实人生；一要飘逸而空灵，一要冷静而理智。然而二者在古代艺术家看来并不矛盾，它被神奇地统一于艺术家的审美心理结构之中，这不仅因为它们都强调一种审美心胸、审美态度和审美注意，还出于更加深刻的文化根源，这两种侧重实际上反映了士大夫思想的两极，一方面，现实的黑暗和智慧灵光的反差，使他们痛苦、沉吟，因而渴望超越和自由，希望得到一片精神家园来安顿自己受到的戏谑；另一方面，难以拂去的建功立业思想和群体观念，又使他们直面人生，冷静地打量着现实，并希望改造现实。这心理的两极随着时势的变化和不断摇摆，平衡不断被打破和再造。从这里我们不是可以看到两种"虚静"说共存而互补的民族文化心理的内在根源吗？

（原载于《学语文》1988年第2期）

谈"清空"

朱志荣

"清空"作为词的一种风格，最初由张炎在评价姜夔词时提出。清空，就是一种空旷深远，挺拔超逸，而又韵味深长的艺术境界。

可从姜夔的一首词来看：

> "空城晓角，吹入垂杨陌。马上单衣寒恻恻。看尽鹅黄嫩绿，都是江南旧相识。正岑寂，明朝又寒食。强携酒、小桥宅。怕梨花落尽成秋色。燕燕飞来，问春何在？唯有池塘自碧。"（《淡黄柳》）

号角晨鸣，在荒凉寂静的空城中回旋荡漾，随风吹入凄清的垂杨巷陌，作者竭力渲染环境空寂，并使之与寒恻单衣客的心境相契合。又在空寥中点染出"鹅黄嫩绿"的清新春色，并以此为江南旧识，自然暗含了对故人（即合肥城中的二姊妹）的思恋。以一"尽"字，烘托出清空而高远的背景。行文又尽力脱出男文缠绵的忧伤情怀，虽惧怕花落春去，却写得清澈淡雅，篇末设想燕子归来寻春，惟见池塘独自苍碧，而鹅黄嫩绿等旧相识，则荡然无存，呼应了前面忧伤的情怀。如此凄怆悲凉的心境，被作者用"燕燕飞来"三句，写得清淳飘逸，韵味无穷。"读之使人神观飞越"（张炎《词源》）。这便是一种淡雅清空的韵致。

这种"清空"的艺术境界，是艺术家师法造化，得诸心灵的结果。

先谈空。艺术境界的空，体现了造化的生命之道。空本"结体于虚"（陈锐《裒碧斋词话》），而虚又是"气体之超妙"的缘故。浩瀚悠远的天空。本是一种气积。清气上扬，气体超妙，便是天。艺术本体，也是一种生命之道的气积。它同浩渺的天空一样，渊深不尽，包含着无穷的生命力和创造力。袁枚认为空是万物的本然状态。他曾引用严冬友的话说，"钟不空则哑矣，耳不空则聋矣"。大凡诗文的妙处，全在于空，就像一间房子之中，人们能游乐、生息，都是因为空。如果把其中塞满，使之窒息，即使金玉满堂，没有安放人心灵之处，又怎么能见得出富贵之乐呢？（《随园诗话》卷十三）如姜夔《扬州院·淮左名都》写残破城市，仅以"芥麦青青"，"废池乔木"，"满角吹寒"，摄事物之神理，轻轻一点，便极显扬州古城之空。其感慨尽在虚处，无迹可寻。

　　艺术境界的空，也得之于主体的心灵。它首先得之于艺术家空明的心境。只有心境空明，才能不滞于物象，不拘于事理，从而充满灵气，富于生机，使得客体物象在与主体相互交融中获得性灵和情趣，显出潇洒的风神来。陈延焯《白雨斋词话》评姜夔《点绛唇·燕雁无心》篇末："今何许？凭栏怀古残柳参差舞"时说："感时伤事，只用'今何许'三字提唱，'凭栏怀古'，以下仅以'残柳'五字咏叹了之，无穷哀感，都在虚处。"毛泽东："我失骄杨君失柳，杨柳轻扬直上重霄九。"《蝶恋花·答李淑一》）对两位烈士深沉的情感得到了幻化、升华，使之超越现实的生死，英魂遂随柳絮飞上了九重天。诗人的自我情感也在滞重中得以超越。这些词句，都荡开具体实事，只写主体升腾的情感，从而显得空灵蕴藉。同时，这种境界的空灵，还得之于艺术家精神的淡泊。宁静淡泊，超然物外，自能脱出于尘世的嚣乱；神超形越，来去无碍，便会体现出博大的胸怀，最终达到忘我的境界。只有这样，创造艺术境界时，才能具有清丽的气象，达到明志致远的效果。如姜夔"燕雁无心，太湖西畔随云去"（《点绛唇》），在通篇写景中透露出洒脱自在的情怀，写得极其淡远飘逸。另外，由艺术家本性的空而获得审美的体悟能力，也是艺术家创造空灵境界的必要条件。如孙麟趾《词经》"天以空而高，水以空而能明，性以空而悟"。如同天空而能高，水空而能明一样，性灵的空，能够用来进行审美的体悟，这种体悟能力，是要在忘我忘物中唤起的，它超出于一般的体悟能力。即《庄子·人间世》所阐述的，要超越于心灵感应，用生命本体的气去体悟。"气"便是"空"。一旦气清，便空明而能容纳万物，从而能进行审美的体悟。

　　再谈清。清与浊相对，本指水的清澈透明，后常用来指自然之清气

171

（章学诚："清则气不杂也。"），禀自然之清气的万物的内在气质，以及高洁爽利的品格，具有"清"的气质的对象，通常禀天之气"清"，故《乐记》说："清明以象天。"如同万里无云的天空，悠远而高渺。具备"清"的特质的对象，自能高远透彻。声音以清而能远扬，酒以清而能醇美，节操也以清而能高洁。具有清丽气质的艺术，也当"清气盘空"，体自然之道。艺术家为了达到这种效果，在创作时常常选择那些能够体现出自然之清气的物态，如"绝涧孤峰，长松怪石，竹篱茅舍，老鹤疏梅"等，因为其中流荡、贯串着迥绝尘嚣的清气（见胡应麟《诗薮》外编卷四）。王维"松风吹解带，山月照弹琴"（《酬张少府》），其清风明月，正体现了自然之清气。姜夔《暗香》将月色、玉人，梅边吹笛、竹外疏花等景，写得清丽雅洁，且一气贯之，剔透玲珑。同时清景也能使浓郁的情感得以淡化、纯化。

艺术境界的"清"还取决于艺术家的气质和品格。孙鳞趾《词经》："天之气清，人之品格高者出笔必清。"艺术境界的清，首先体现了艺术家气质、禀赋的清。曹丕说"气之清浊有体"，指的是文之气，它既得之于自然之气，也同时禀于艺术家的主观之气，艺术家气清，便可把握自然万物之气清。这势必影响到艺术家主观心灵所交融的对象。禀清气者，多在作品中表现出清秀的山水，高洁的梅柳等。刘熙载说姜夔词拟诸形容，"在乐则琴，在花则梅"（《艺概·词曲概》），故能清。同时，清也是艺术家心灵高洁的体现，心灵的纯洁清明，便于把握万物的清明，从而构成艺术作品清明高远的境界。胡应麟说："清者，超凡绝俗之谓"（《诗薮》外编卷四），正是从这个意义上说的。王维《青溪》诗："我心素已淡，清川澹如此。"即在清淡的溪涧中体悟其与恬淡的心境契合之处，这样淡泊的心情与淡泊的青川即已融为一体，显得自然、隽永。词家称姜夔是白石老仙。刘熙载说如果考究他到底像哪个仙，应该说他最接近于"藐姑冰雪"。这是说他像姑射山上的仙人纯洁清灵，能遨游于四海之外。文如其人，这样的人创造出来的作品，怎不清淡、空灵！

在清空的境界中，空是清的条件，而清则指空境的内在气质，艺术若要清，必先空。方回认为天无云，水无泥，风凉月皎，一日之夜气，四时之秋气，空山大泽中的鹤唳龙吟，荒迥之野的笛声，以及寂静之室的琴声，都体现了清（《冯伯田诗集序》）。这些都在说明自然之道和万物空而后能清的道理。戈载认为清空是清气盘空（《宋七家词选》），很恰当地表现了清与空的关系。

清空的作品，往往明净疏淡、高远灵丽。因其空而能高能灵，又因其清而能远能净。一旦空灵，便"不期于高远，而自高远"（陈郁《藏一话腴》），从而摆脱了涩实的羁绊，如"野云孤飞，去留无迹"（张炎《词源》）。其清新峭拔，"如月之曙，如气之秋"（司空图《诗品·清奇》）读来令人回肠荡气。

（原载于《学语文》1989 年第 6 期）

意与象谐

汪裕雄

诗家所尚，思与境偕。然而，只有动人的意象，才能提供深永的意境，"思与境偕"，首先得意与象谐。

北宋词人晁补之（字无咎，1053—1110）写过一首《咏梅》词，头两句是：

> 开时似雪，谢时似雪，花中奇绝；
> 香非在蕊，香非在萼，骨中香彻。

词人力求把笔下的白梅写成一种"奇花"。他极写白梅的色和香，用"奇绝""香彻"一类夸饰性形容语，竭力提供"奇花"的意象。

然而，他并没有成功。清代词评家陈廷焯只用九个字便把它抹倒了："费尽气力，终是不好看"（《白雨斋词话》），说得不留半点面子。

陈评有没有道理？如有，道理又在哪里？我们不妨将晁词与林和靖（林逋，967—1028）《山园早梅》中的名句作一比照：

> 疏影横斜水清浅，暗香浮动月黄昏。

初一看来，这两句诗大笔勾勒，线条颇粗，梅花被写得影影绰绰，甚至没有提及梅花的色彩，比之晁词所写，笼统多了，含糊多了。然而，细一玩味，这看似淡淡写来，全不费力的两句，却突现了一种朦胧之美，细腻地传达出梅花独占的风情。你看，这梅花临水旁出，枝也疏疏，花也疏疏，但它临水自照，似乎在自窥幽姿，自赏疏影。这梅花在一片昏黄的月色中清芬暗溢，香也浮动，光也浮动，奏出了月光与花香的交响：花香弥漫在月色中，月色朦胧在香气里。若两句合看，那画面则越发诱人：疏影既由梅枝横斜、池水倒映而来，也因月色晦暗朦胧而来。月色之中，不独弥漫着梅的"暗香"，似乎还若明若暗地闪烁着梅那黝黑的疏枝与星星点点的疏花。疏影，暗香，和着朦胧的月色，融成了一片。它同时诉诸读者的视觉与嗅觉，构成静中有动，动中有静，逗人遐想的空灵意境，不怪要被后人尊为"深得梅花之魂"的绝唱了。

相比之下，晁词的弱点也就赫然在目。他既没有去捕捉梅花这一景物在生命运动中的每一精微变化，更没有关心自然景物之间丰富多彩的组合关系，而一抓住梅花的色与香这两种一般属性，就把它孤立起来，作超时空的描述。"开时似雪，谢时似雪，花中奇绝"，无非确定此花从开到谢，都洁白如雪。这只是对白梅生态属性最平常的介绍，作为说明文，犹有可说，作为诗句，从"花开"到"花谢"这一跳，便把白梅在具体时空中生动的感性特征尽行抖落，令人顿生抽象之感。更何况，把本不可惊的雪白之色一下抬到"奇绝"的吓人高度，更令人感到矫揉造作。至于"香非在蕊，香非在萼，骨中香彻"，梅的香气竟以论辩式语气出之，简直像冲着读者抬杠子。梅花之香不在此亦不在彼而独在骨，虽雄辩滔滔，却难唤起人们的真切印象。晁词借论辩手段来突现梅花的清香，无奈梅骨难摹，梅香只剩下概念的躯壳。

晁词"象"既平庸，"意"也不见丰盈深切。雪白言其"奇绝"，香味言其"彻骨"，虽也表示了作者的赞叹，毕竟失于浅露，了无余蕴。这两句诗，除了为读者提供一个笼统的"奇花"的观念之外，还能使人感受到领悟到别的什么呢？没有了。林逋则不同。那临水自照、暗送幽香的早梅，多么启人遐想！它寂寞，凄清，却孤芳自赏；它疏疏落落、影影绰绰，不邀众人青睐，却获得了诗人由衷激赏。它是梅，又确乎是人，是一个遗世独立、不流凡俗，精神上自我满足的高人雅士。此情此意，溶入"疏影"，溶入"暗香"，没有一笔写情，却字字流露真情和深意，熔铸成水乳交融新鲜隽永的意象。

梅花，作为"四君子"之一，在我们民族诗人眼里，历来有隐者的高标。"偏是三花两蕊，消万古才人骚笔。"（吴潜《暗香》）魏晋六朝以来，吟咏梅花之作绵延不绝。现存最早的诗作，是何逊的《咏早梅》"衔霜当路发，映雪拟寒开。枝横却月观，花绕凌风台"。梅花作为凌霜傲雪的强者，作为预报春光的使者，曾被移注进多么丰富的情思！林逋长年隐居西湖孤山，终身不娶，所居多植梅畜鹤，有"梅妻鹤子"之称。梅花对他，既亲如美眷，其每一瞬间的现象形态，生命活动的每一精微变化，它在自然界错综复杂、转瞬即逝的画面组合，都能引起他深切的认同之感。他极其敏锐地捕捉住早梅临水斜出，暗香月影的刹那间形象，寄寓自己的情怀与人生感慨，既为梅花传神，又为自身写怀，"疏影""暗香"后来竟成为梅的代名词，他的成功实非偶然。

意象是艺术的细胞，意境是意象有机组合的活的体系。意象做到意与象谐，意境才能求得"思与境谐"。林逋的成功，从正面说明了这个道理。反之，象失于拙陋，意失于枯槁或浅露，或意与象相乘相离，不是水乳交融而如油水相分，意象的经营便告失败，也就无意境之可言。晁无咎费尽气力，终于在艺术上未能讨好，道理也在这里。如此看来，陈廷焯对晁词的考语，也算不得苛评。

（原载于《学语文》1990 年第 5 期）

诗词鉴赏是一种"再创作"

欧明俊

一般认为"创作"只是作家本人的事情，读者只能被动、客观地欣赏和评论。实际上，鉴赏是一种积极的主观能动活动。作家写出作品如不经过读者的欣赏和接受，也是没有任何用处的。鉴赏可使作品产生新的价值，应该说它是一种"再创作"。这一种独特的文艺现象，易为研究者所忽略，这里作为问题提出来，并略抒浅见，谈谈古典诗词鉴赏的"再创作"问题。

诗词作品的价值本身有它的弹性和流动性特征，它是立体的东西，从不同的角度、不同的层面上看，价值都不一样。正如安徽小孤山的"四像"——南望一支笔，西望似悬钟，东望太师椅，北望啸天龙。同一对象，不同的人有不同的理解。"诗无达诂"说的就是这个意思。

西方人也承认，一千个读者就有一千个哈姆雷特。接受理论认为文学作品的最后完成要依赖创作过程和接受过程，即由作者到作品再到读者的完整实现。鉴赏者可据个人独特的感受和观点去想象补充和完善作品，这种鉴赏过程就是创造性劳动，创造出超越作品本身的新的价值。所以要充分估计读者在鉴赏过程中的主观能动性，相信他们的再创作能力。历代诗词创作多用比兴、象征手法，正是给读者阐释的灵活性提供了条件。平时所谈文艺的感染力和"共鸣"现象，其实包含有读者主观努力的成分，不能仅仅归致于作品本身。李清照的《永遇乐·落日镕金》，刘辰翁自述他读时曾感动得"为之涕下"，三年以后，"每闻此词"，还"辄不自堪"（《须漫词》卷二）。李词的感染力是大，但并不是每位读者都会如刘辰翁一样感动得落泪的。又如冯延巳的词，龚自珍的女儿阿辛非常偏爱，曾书写三阕，日日带泪吟诵。所谓"伤心人别有怀抱"，一般读者也许会无动于衷的。这里已加进读者个人的经验和感情，也是一种再创作。

诗词的内涵是异常丰富的，是挖掘不完的"宝藏"，从不同的角度欣赏，会得到不同的收获。面对同样的作品，每一次阅读都有新的感受，且这种感受越来越深。可见阅读这种再创作活动对作品价值的最终实现，的确起到很大的作用。

因主客观各方面条件的不同，鉴赏者对作品会有不同的理解。读者眼中的作品与作者眼中的作品其实已不是同一作品了，读者已加进自己的创作。历代对同一作品的理解和评价褒贬不一，众说纷纭，是很自然的事。

同是花间词，在宋初"承平"时代备受欢迎，晏殊、欧阳修诸词人的作品就明显的有"花间遗风"。南、北宋之交的动乱时代，人们需要的则是辛派词作的铜琶铁板、慷慨悲歌，花间词便被讥为"皂隶"，成为无用的东西，遭人唾弃。而明中叶以后，随着"情"的解放，文学作品"情"的价值的重视，花间词又重新受到人们的推崇和欣赏，汤显祖就特意评注了《花间集》。鉴赏者所处的时代不同，可据自己所处时代的需要，有选择、有倾向性地欣赏某些作品。

因审美情趣的差异，不同的读者对同一作品可做出不同的评价，如温起筠的《菩萨蛮》（小山重叠金明灭）一般人认为写的是"闺情"，含蓄深婉，是不可多得的佳作。胡仔评论是"极为绮靡"（《苕溪渔隐丛语》）则稍带贬义。张惠言乃谓"此感士不遇也。篇法仿佛《长门赋》'照花'四句，《离骚》初服之意"（《词选》卷一）未免有穿凿附会、故作高深之嫌。所以王国维批评他是"深文罗织"（《人间词语》）其实他们的评论都有一定的道理，我们也不能简单地说谁是谁非。

同一读者阅读同一作品，前后看法也会不同。如王国维早年不喜欢周邦彦的词，批评他"创调之才多，创意之才少"。（《人间词语》）后来又改变自己的观点，盛赞周词，誉之为"词中老杜，则非先生不可"。（《清真先生遗事》）陆游对花间词的看法前后也不相同。陆游有两篇《跋花间集》，其一批评花间词"方斯时，天下岌岌，生民救死不暇，士大夫乃流宕如此，可叹也哉！"（《渭南文集》）。词人忠诚爱国，以天下为己任，时刻关心国家的命运，所以他着重文学作品的实用价值，批评花间词人流连歌酒，毫不关心人民疾苦的态度，不满花间词的绮靡风格。陆游在另一篇跋文中，则一方面赞花间词"颇摆落故态""简古可爱"，另一方面又说"使诸人以其所长格力施于所短，则后世孰得而议？"（《渭南文集》）表明了他对花间词受人讥评的同情。这一跋文作于开禧元年（1205），其时陆游已八十一岁高龄，退居在故乡阴山（今浙江绍兴县），回顾自己走过的道路，对一些问题已有冷静客观的思考，所以承认花间词"简古可爱"，救晚唐诗风卑弱的价值，而纠正了以前一味指责，全盘否认的观点。

因鉴赏者的身份不同，也会得到迥然有别的结论，刘克庄《题黄孝迈长短句》说："为洛学者，皆崇性理而抑艺文，词尤艺文下者也。"理学家提倡"存天理，灭人欲"，所以鄙弃词这种言情的文艺，此外因性别、年龄、性格、气质、心境以及身体素质等因素的不同，也会得出不同的评价。

不同的人对同一作品有不同的感受，各取所需，从而使作品的价值从不同的侧面得以实现，这与鉴赏者的"再创作"是分不开的。不然作品的价值会永远处于"冬眠"状态。这里，鉴赏者的努力主要还是还原原作品，求与原作品"合"，这时鉴赏者的"再创作"是有限的，因每个人的心目中都横有争做作者"代言人"的观念，这就限制了自己主观想象的发挥。

还有一种更为积极的鉴赏活动，就是鉴赏者对原作品补充、发挥，加进自己新的创造，使作品具备新的生命。如李煜的词"问君能有几多愁？恰似一江春水向东流"，本来是表现词人由一国君主变为阶下囚的深愁巨哀，是没落贵族失去天堂时的感情。抗日战争时，电影《一江春水向东流》则是表现故国之思，这种"愁"是民族的愁，是面对异族入侵，不愿做"亡国奴"的愁，与李煜的"愁"自然是性质不同的。又如南宋辛派词人的爱国豪放之作；岳飞的《满江红》（怒发冲冠），都在抗日战争中被人民当作号角，当作一种精神武器，以之与日本侵略者做不屈的斗争。古人的作品在新的时代加进新的血液，获得新的生命。

鉴赏的"再创作"是客观存在的正常现象，没有这种再创作，作品就不能有效地发挥它的作用。但在具体的鉴赏过程中，应掌握好一个"度"字，这个"度"字其实就是标准问题，应该说并不存在一个固定不变的标准，但充分考虑作家的思想，作品产生的时代和背景以及与作品有关的其他各方面因素，还是不可忽视的，孟子强调"知人论世"讲的就是这个道理，作品内容和价值本身有它的客观性和确定性，并不能由读者不着边际地任意发挥，甚至穿凿附会，曲解原意。如《诗经》中的《关雎》本来是一首男求女的恋歌，《毛诗·序》却说是"后妃之德也"，所谓"乐得淑女以配君子"，以为是歌颂文王夫妇的诗。《三家诗说》则认为是"刺诗"，这都是"与史无据"的胡乱猜测和曲解，开启了后世论诗穿凿附会的先河，影响是不好的。清代常州词派为推尊词体，竭力在词作中寻"寄托"，找出微言大义。如欧阳修的《蝶恋花》（庭院深深几许），本是一首情词，借暮春黄昏景象，写楼头思妇的内心愁情。张惠言的《词选》却说成是："'庭院深深'，山中既已邃远也。'楼高不见'，哲王又不寤也。'章台''游冶'，小人之径。'雨横风狂'，政令急也。'乱红飞去'，斥逐者非一人而已，殆为韩、范作乎。"又如苏轼的《卜算子》（缺月挂疏桐），本是借孤鸿形象写词人贬谪黄州时的孤独苦闷心理。张惠言《词选》引宋人鮦阳居士的话说："'缺月'，刺明微也。'漏断'，暗时也。'幽人'，不得志也。'独往来'，无助也。'惊鸿'，贤人不安也。'回头'，爱君不志也。'无人省'，君不察也。'拣尽寒枝不肯栖'不偷安于高位也。'寂寞沙洲冷'，非所安也。"——比附，任意曲解，与原作相距很远，还硬说是作者的本意，恐怕起作者于地下，也不会同意张氏的观点的。这种无视作品本身的鉴赏则走向了极端，与我们所说的"再创作"是完全不同的，应注意克服。

还有，鉴赏诗词允许有自己的嗜好和偏爱，如王国维说他喜欢晚唐五代和北宋的词，而不喜欢南宋的词（辛弃疾除外），这是可以的，但不能凭一己之所好，仰此抑彼，盲目拔高或贬低。如胡云翼《宋词选》推崇"豪放词"，而把"婉约词"贬得一文不值。又如黄墨谷特别喜欢李清照，便不许别人说李清照一个"不"字。这些都不是正确的态度。

（原载于《学语文》1993年第2期）

略论抒情诗的兴旺与唐绝句的叙事艺术

赵其钧

我们的第一部诗歌集《诗经》，既有短小的抒情诗，也有篇幅较长的叙事诗。但是，在漫长的历史进程中，两者的发展并不平衡，从总体上看，抒情诗的数量及其艺术成就毕竟更为辉煌。这原因当然不只一端，其中的一点，恐怕是与古人对诗歌的看法颇有关系。比如"诗言志"（《尚书·舜典》）一说，在很长的一段历史中可以说是一个指导性、经典性的论点。孔子的"诗可以兴"，其意思也就是说诗人可以用"兴"的手法来寄托心志。孟子也有一段颇有影响的话："说诗者，不以文害辞，不以辞害志，以意逆志，是为得之。"（《孟子·万章上》）这话是教人如何读诗、解诗，但反过来也可以看出，孟子从"说诗"的角度也同样肯定了诗是"言志"的。而且在庄子那里也能听到类似的声音："庄子曰：诗以道志，书以道事……"（《庄子·天运篇》）。荀子也讲过"诗言是其志也"（《荀子·儒效篇》）。可见在那个百家争鸣的时代，"诗言志"的观点却奇怪地带有着普遍性，成了各家的共识，其影响之大自不可小视！

就上述的各家言论，还可以引申出两点：其一是"诗"与"道事"无关；其二，虽然各家言谈中都没有说出"情"字，但是"志"与"情"在理念上还是有其相通之处的。我们看《诗大序》就是二者并提的，一面说"诗者，志之所之也，在心为志，发言为诗"；一面又说："情动于中而形于言，言之不足故嗟叹之……"其实孔子的诗"可以怨"，也还是与"情"有关的。孔颖达在解释"六志"时就说过："在己为情，情动为志，情志一也。"（《左传·正义》）所以"诗言志"虽然是政教诗学的理论支柱，但也可以为主情派所用，比如后来《文心雕龙》的作者刘勰，他就明确提出应该"为

181

情而造文"（《情采篇》），这显然是主情的观点。但在他的理论中也纳入了"志"，《附会篇》中就说到"以情志为神明"。那么，我们是不是可以这样说，在先秦的诗论中没有提供一点"诗以叙事"的理论，倒多少为"诗以抒情"提供一点可以延伸、发展的余地。这，就为日后两者的"不平衡"造成了影响，埋下了伏笔。

到了汉代，儒家的政教诗学走到了极端，汉儒们纯以时事、政治、道德的需要去解诗，诗歌成了政教的附庸，言志、抒情的本意扼杀殆尽。物极必反，魏晋时期，随着儒学统治地位的崩溃，人们也一反政教诗学。陆机强调"诗缘情而绮靡"（《文赋》）；钟嵘更进一步提出诗歌应以"性情"写本、"兴趣"为重，对于说理、叙事之作则不取；刘勰也认为诗文当以情为本。总之，由汉而至六朝，经过这么一段曲折变化之后，诗歌的抒情特征终于得到了肯定，这当然是一个历史的进步，应该予以充分的评价，大写而特写，但是，就在中国诗歌理论取得如此划时代成就的时候，忽视叙事诗的理论倾向依然可见，这又不能不是一个莫大的遗憾！

唐代，人称中国诗歌的黄金时代。造就这个"黄金时代"的原因论者甚多，但有一点该是没有争议的，那就是唐代诗人继承、发扬了六朝以来的诗歌以情为本的理论，并以其大量的创作实践，丰硕的成果，使"为情造文"的理论得以充分地、完善地体现。所以杨慎说"唐人诗主情"（《升庵诗话》），是颇有见地地概括了这个时代诗歌的主要特色与成就。

同时，还应看到在诗歌形式上也有创新。唐代诗人在六朝声调术的基础上，进一步"稳顺声势"，完成了近体律、绝的定型化。而这几种诗体，尤其是即兴而作的绝句，主要是用以抒情的。那么这种体裁样式，一旦与"主情"的内涵相结合，一种感情真挚，体制规范，声韵和谐的抒情诗，便以其崭新的面貌登上诗坛，一发而不可收，成为唐诗繁荣的一个极其重要的标志和组成部分。当然，这也使得众多的诗人为之付出了无法估量的精力和心血。也正因为如此吧，有唐一代如《长恨歌》《琵琶行》等优美的叙事诗，相比之下，依然屈指可数。抒情诗加绝句的创作，则始终兴旺，佳作累累。无疑这个具有代表性的黄金时代，其诗歌繁荣的优势仍在抒情诗的一面。此后历代诗歌的走向亦无力改变这种局面。

综上所述，可以看出自魏晋至唐，人们的注意力都在为诗歌的抒情性从理论到实践，从内容到形式，作出了大量的、持续的探索和努力，并取得了辉煌的，不朽的成果，从而为抒情诗，一种以抒发诗人主观感情为特点的诗歌，在中国诗歌史上的主角地位奠定了牢固的基础。而叙事诗呢，相对而言，就不得不成为次要的角色了，这也是有所得必有所失吧。这种"一得一失"，"一强一弱"，成就与遗憾并存的现象，也可以说是中国诗歌史上的一大特色。

如果我们再把话题换一个角度，就具体的诗歌创作而言，特别是中国古典诗歌，叙事与抒情又不是那么泾渭分明，互不相关，像《长恨歌》、《琵琶行》、《泰娘歌》（刘禹锡）、《张好好诗》（杜牧）等长篇叙事诗，不仅有故事情节、人物形象，也有着极浓郁的抒情色彩，这是人所共知的，毋庸赘言，抒情诗呢？当然以情为本，但是"情"既不是抽象的，也不是凭空而来的，"情"与"事"总是相生相发的，而"事"与人、与时、与地，又是难以分割的。因此，抒情诗中往往就带有，或者说不可避免的要带有一定的叙事成分，这道理也是无须多说的，问题在于律诗、绝句的字，句有限量，而且那整齐、对仗、并列的诗行，虽然于抒情无大妨碍，却难于叙述变化、流动中的复杂的现实生活、故事情节，也就是说难于叙事。那么唐代诗人是如何克服这一艺术难题，在这种诗体中写事的呢？绝句是最短小的，也是抒情性最浓的近体诗，因此，看看它的叙事艺术，也许是比较有代表性的吧，这里我们先举其主要几点来谈。

一是用叙事手法写细节。比如："洛阳城里见秋风，欲作家书意万重。复恐匆匆说不尽，行人临发又开封。"（张籍《秋思》）

这首诗显然意在抒发思家之情，不过，它的最精彩之处却是叙事，叙述一个"行人临发又开封"的细节，人人读到这里一种未尽之言，难尽之情的感觉，不禁油然而生，这就是它的艺术魅力。所以刘拜山说："此种人情恒有之事，一经拈出，自能沁人心脾。"（《千首唐人绝句》）又如："残灯无焰影幢幢，此夕闻君谪九江。垂死病中惊坐起，暗风吹雨入寒窗。"（元稹《闻乐天授江州司马》）诗的第二句点题，且很明确，下面本可以正面抒写"闻"后之情。但是，诗没有这样做下去，第三句只刻画了一个动作——"坐起"，不过这是忘了病痛的艰难，"惊"而"坐起"的，其震惊与悲痛可想而知。接下去也看不到眼泪，听不到叹息，而以一景语结尾；这样就把这位身陷贬所、垂死病中，无言独坐的诗人，推入更为悲凉凄楚、令人窒息的境地。其无可奈何之苦，相濡以沫之情，尽在不言之中。

二是用叙事手法略示情节。比如："内宫传诏问戎机，载笔金銮夜始归。万户千门皆寂寂，月中清露点朝衣。"（李德裕《长安秋夜》）

李德裕在唐武宗时，由淮南节度使入朝为相，外攘边患，内平藩镇，颇得武宗信任。开头一句有"传"、有"问"，可以说是事情的开始，接下去自然还有一番具体的问对、议论、决策的过程，不过一来属于"戎机"要事，不便明言，二来篇幅有限，所以一概略去，直接写领旨草诏，事毕而归，归途所见、所感。情节虽是简略，但读者不难感受到一位虽是深受皇帝信赖，却是兢兢业业、夙兴夜寐、老成持重的谋国大臣的风貌与情怀。又如："夜战桑乾北，秦兵半不归。朝来有乡信，犹自寄寒衣。"（许浑《塞下曲》）夜战大败，损兵半数，已够悲恸、而生者不知，犹寄寒衣，生死两茫茫的悲哀，令人不堪卒读。诗人不加详说，不发议论，也不直抒情怀，只将两件事如实写出，其中多少泪水，多少伤情，多少悲剧，是千言万语也难道尽的。

三是用叙事手法作高度概括。比如："春种一粒粟，秋收万颗子。四海无闲田，农夫犹饿死。锄禾日当午，汗滴禾下土。谁知盘中餐，粒粒皆辛苦。"（李绅《悯农二首》）

这两首诗不以个别的人物（农夫）为对象，也不用抽象的抒情手法来写作者之"悯"，诗中除了"谁知"两句稍作议论、开拓，其余笔墨都是叙述农民的辛勤劳动，巨大创造，和悲惨的结局，具体而典型地概括了封建社会农民的辛勤劳动，"悯农"二字寓于其中。又如："永寿兵来夜不扃，金莲无复印中庭。梁台歌管三更罢，犹自风摇九子铃。"（李商隐《齐宫词》）这首诗通篇不着议论，只是叙事，既概述了南齐帝东昏侯因荒淫昏聩而亡国丧身，也描述了后继之梁，不鉴前车，则覆辙之日不言自明。这就形象地概括出历代兴亡的一条规律，叫做："与死人同病者，不可生也；与亡国同事者，不可存也。"（《韩非子·孤愤》）诗人以古鉴今的悲哀自在言外。

结　语

　　细节的包孕性，情节的剪接与暗示，概括而不流于抽象，可以说是唐人绝句主要的叙事技巧。不论是哪一种叙事技巧，其目的总在创造寓抒情于叙事的艺术效果。三者之间也不完全是孤立的，比如绝句中的所谓"情节"，自然不能如叙事文学、叙事诗那样娓娓道来，首尾完整，而只能选取一两个、两三个细节，虚虚实实地剪接构成。另外，简洁的叙事是可以对现实生活、思想感情作高度的概括，但由于是写诗，也不能过于抽象，而必须借助一定的具体而形象的细节或情节。由此可见，选择精彩的细节，又是绝句叙事艺术关键的关键。至于一首绝句有无叙事成分，叙事成分多少，那是因诗而异，须作具体分析，不可一概而论。

　　我们以唐代绝句为例来谈叙事艺术，丝毫不意味抒情诗中的叙事艺术始于此，其实早在《诗经》就能看到"采采卷耳，不盈顷筐。嗟我怀人，置彼周行"，（《卷耳》）之类的诗句。其生动而真实的情节描述，多么形象地抒写出女主人公急切不安的怀人之情！同时，我们虽然说叙事诗的成就比不上抒情诗，那只是就总体的比较而言，事实上叙事诗也是处在不断发展之中，如果说《诗经》中那些规模宏大、结构严谨，起伏有致的叙事诗，是一个良好的开端，那么到了汉代，那些富有戏剧性的情节，个性化的人物的乐府诗的出现，叙事诗的创作应该说已经相当成熟了。这些叙事诗中的叙事技巧、艺术经验，也不能不影响到抒情诗的创作和绝句的叙事艺术。例如崔颢的《长干曲》中的两首："君家何处住？妾住在横塘。停船暂借问，或恐是同乡？""家临九江水，来去九江侧。同是长干人，生小不相识。"又如韩偓的《偶见》："秋千打困解罗裙，指点醍醐索一尊。见客入来和笑走，手搓梅子映中门。"这些诗中的人物形象、心理活动、情感表露，都是通过一些富有戏剧性的情节、场面，个性化的语言、动作，写得惟妙惟肖，说它汲取、借鉴了乐府诗中的某些叙事技巧，大概不为言过。因此，我们说绝句的叙事艺术亦非无本之木，无源之水，唐绝作者的努力与才华就表现在能根据这种体裁特点，对前人的抒情诗，以及叙事诗中的叙事技巧，加以创造性地学习、运用，使寓情于事的艺术在绝句这种抒情小诗中，得以发扬，得以成为一种有力的表现手段。这，也可以说是唐人在诗艺发展上的一个贡献。

（原载于《学语文》1994 年第 5 期）

唐人记梦绝句的造境艺术

陈文忠

　　梦与文学，结下不解之缘；诗写梦境，更是自古而然。从梦境内容看，游仙梦、归乡梦、还家梦、重逢梦、幽会梦，结想不同，梦境各别。从造境艺术看，匠心所运更蹊径独辟：有的善于描写梦境的完整过程，如《古诗十九首》之《凛凛岁云暮》，全诗即由"结想成梦""入梦形容"和"出梦追想"三阶段构成，贺贻孙《诗筏》称之为"不独为少陵《梦太白》二诗之祖，且开汤临川《牡丹亭》无限妙想"；有的长于刻画梦中恍恍惚惚的真切心理，如蔡伯喈《饮马长城窟行》"梦见在我傍，忽觉在他乡"，真所谓"拟似空幻，恰是梦境"。唐人的记梦绝句与之不同，诗人造境不追求梦境的完整过程，而是专取富于孕育性的顷刻；以瞬间的梦境，传悠长的诗意，因而在"中国梦文学史"上独树一帜。

　　清代诗评家公认，金昌绪《春怨》为唐人记梦绝句之"诗胎"，别家记梦之作多自《春怨》脱胎而出。此说甚是。方南堂《辍锻录》曰："唐人最善于脱胎，变化无迹，读者惟觉其妙，莫测其源。金昌绪'打起黄莺儿'云云，岑嘉州脱而为'枕上片时春梦中，行尽江南数千里'。至家三拜先生（指唐方干），则又从岑诗翻出云：'昨日草枯今日生'云云。或触景生情，或当机别悟，唐人如此等类，不可枚举。"此外，贺裳《载酒园诗话》等多家诗话也有精辟论述，并举出金昌绪《春怨》以下记梦佳作十余首，如岑参《春梦》、张仲素《春闺思》《秋闺思》、张潮《江南行》、戎昱《寄湖南张郎中》、方干《思江南》、令狐楚《长相思》、顾况《听角思归》以及张泌《寄人》等等。

　　李东阳《麓堂诗话》曰："诗中写梦者极多，然说梦之妙者亦少。"但

187

上述诸作不仅是唐人记梦绝句之极妙者，也是万首唐人绝句中的上品，深得历代诗家好评。因如前所述，这些诗作虽只写梦中的顷刻情景，但不是一览无余的寻常顷刻，而是味之不尽的"最富于孕育性的顷刻"。

所谓"最富于孕育性的顷刻"，是莱辛在《拉奥孔》中为西方故事画提出的创作构思原则。他写道："绘画在它的同时并列的构图里，只能运用动作中的某一顷刻，所以就要选择最富于孕育性的顷刻，使得前前后后都可以从这一顷刻中得到最清楚的理解。"莱辛认为，"故事"有动作情节的发展过程，"画"只能描绘故事里的一场情景，因此，画家只有选择"最富于孕育性的顷刻"，才能寓时间于空间，通过静态的顷刻情景暗示故事的发展过程。据此，"富于孕育性的顷刻"即从事件的整个发展过程看，它是矛盾冲突发展到饱和状态、紧靠顶点而不到顶点的顷刻；所谓"紧靠顶点而不到顶点"，是指无论这一顷刻在顶点之前还是顶点之后，都既不到顶点也不远离顶点，所谓"不即不离"是也。一幅故事画若选取了这一顷刻，它就能包含以前种种又蕴蓄以后种种，在审美想象的作用下，使前前后后都可以从这一顷刻中得到最清楚的理解，具有"瞬间见过程，顷刻见全景"的审美功效。

莱辛的这一理论同样适用于抒情诗。因为抒情意境在取材上与绘画基本一致，它往往抓住瞬间的景象传达复杂的内心情感；同时，它又不满足于瞬间的效果，总是努力追求无限的审美意蕴和恒久的艺术生命。因此诗人总是着意挑选富于孕育性的顷刻，创造富于孕育性的诗境。唐人的记梦绝句无不以此取胜。虽然诗中梦境有梦前、梦中、梦后之别，由于诗人无不巧妙地选取了"矛盾冲突紧靠顶点而不到顶点"的顷刻，因此，无不具有借瞬间梦境，传悠长诗意的魅力：描绘梦前瞬间，能诱导审美想象预见梦后种种；描绘梦后瞬间，能激发审美想象回顾梦前种种；选择梦中瞬间，既可回顾梦前又可预见梦后。

先看表现梦前顷刻的《春怨》。诗中描绘的是一位闺中少妇春睡前"打莺求梦，梦中求见"的顷刻。显然，在这位少妇漫长而痛苦的相思历程中，这一刻可谓"情感冲突紧靠顶点而不到顶点的顷刻"：少妇"相思难忍，打莺求梦"，然而，"求梦未梦，欲见难见"。诗人把少妇"打莺"之前曲折复杂的情感历程和"求梦"之后隐秘难言的美好心愿，浓缩在这一瞬间画面之中，使之包含以前种种又蕴蓄以后种种；读者通过少妇梦前的这一瞬间，可以生发一段故事，通过意味深长的打莺动作，可以想象曲折的情感历程。清人马鲁《南苑一知集》对这一顷刻包孕的丰富内涵作了精微的阐发："望辽西，情也。欲到辽西，情紧矣。除是梦中可到辽西，又恐莺儿惊起，使梦不成，须于预先安排莫教他啼。夫梦中未必即到辽西，莺儿未必即来惊梦，无聊极思，故至若此，较思归望归者不深数层乎?"《春怨》选择了富于孕育性的梦前瞬间，确实较"思归望归"更深数层，亦更耐人寻味。

再看描写梦中瞬间的诗作。这是唐人记梦绝句的主体，梦境内容也最为繁复多样，仅上举诸作，就有"寻人梦""归乡梦""幽会梦"等等。弗洛伊德《释梦》认为："梦是（被压抑的）欲望（经过伪装）的满足。"确实，梦境在大多数情况下是做梦者的趣味、爱好和愿望在不随意状态之下的自然流露，然而，梦的心理状态并非任何时候都是"欲望的满足"，相反大多表现梦中人的无望、失望或希望的破灭。这正体现出唐人对审美心理规律的深刻理解。因为"欲望的满足"意味着激情达到了顶点，而"在一种激情的整个过程里，最不能显出这种好处的莫过于它的顶点，到了顶点就到了止境，想象就被捆住了翅膀"（莱辛语）；只有表现梦魂无路、徘徊失望，即紧靠顶点而不是顶点的孕育性顷刻，才能让想象自由活动，从而在瞬间中体会无穷。唐代写梦高手深谙这一艺术规律，而在不同的梦境描写中，其造境手法又是多种多样的。"思梦悠悠，寻而不遇"，是"寻人梦"造境的基本手法。如岑参《春梦》"枕上片时春梦中，行尽江南数千里"，这两句首先对迷离恍惚的梦境作了真切描写，同时又通过"行尽江南，千里未遇"的失望之梦构成孕育性诗境。关于梦中人"行尽江南数千里"是否寻到思念的"良人"，有两种不同的理解，有的认为终与离人相遇，有的则认为梦魂怏怏空返，如晏几道《蝶恋花》"梦入江南烟水路，行尽江南，不与离人遇"。其实，诗境的巧妙就在于"言而不尽，以不了了之"，从而激发想象获得象外有象的效果，把思人之苦、梦人之难的诗意表达得更深数层。张仲素《秋闺思》也属"寻人梦"，然以"梦止半程，寻觅无路"造境："梦里分明见关塞，不知何路向金微?"金微山，即今阿尔泰山，是当时边关要塞所在。梦寻良人，魂飞关塞，即见关塞，却不识金微何路。诗人抓住迷路的梦魂徘徊于十字路口的，顷刻构成诗境，魂向何处，茫然不知，以不了了之，却诗意悠然而长。正如黄叔灿《唐诗笺注》所说："言有梦尚不得到，用意更深一层。"张潮

《江南行》也写"寻而不遇",但与前者有别:"妾梦不离江上水,人传郎在凤凰山",所谓"梦守江上,郎去凤凰"。诗人抓住少妇闻此伤心消息后,惊魂未定,怅然若失的顷刻构成诗境,这比守而如约,寻而得见的"欲望满足"更富诗意,因其"妙得风闻恍惚,惊疑不定之意",是最能让想象自由活动的顷刻。"山远水阔,归梦难到",则是"归乡梦"创造孕育性诗境的特点。贺裳《载酒园诗话》认为方干的《思江南》"竿头进步,妙手夺胎",比之戎昱、武元衡的更胜一筹。因为后者写的是"梦魂归乡,如愿以偿",如戎昱《寄湖南张郎中》"归梦不知湖水阔,夜来还到洛阳城",武元衡《春兴》"东风一夜吹乡梦,又逐东风到洛城"等等,诗境寻常,不耐咀嚼。方干的《思江南》则不同:"夜来有梦登归路,不到桐庐已及明。"梦行半程,未及归乡,却已晓鸡鸣唱,天明梦破;远行客梦醒后的惆怅之情,虽未明言,却已孕育诗中,跃出诗外。方干之作与张仲素《秋闺思》、张潮《江南行》之造境,有异曲同工之妙。晚唐张泌的《寄人》可视为"幽会梦"的代表作,它以"梦里幽会,空庭无人"的失望之梦构成孕育性诗境。私情幽会,礼法不容,唯梦到谢家,以求相见。然而,"多情只有春庭月,犹为离人照落花",廊栏依旧,居处宛然,独不见幽会之人,只有多情明月,空照春庭落花,诗人描绘了"别梦依依,春庭徘徊"的情景,然而,这一对恋人以前的种种缠绵和以后的种种哀怨,虽不着一字,却已包孕诗中。

从审美想象的方向看,如果说选择梦前顷刻属诱导性诗境,表现梦中瞬间的属双向开放性诗境,那么,描写梦后情景的则是回顾性诗境。令狐楚《长相思》、顾况《听角思归》及《梦后吟》"醉中还有梦,身外已无心"都取梦后瞬间造境,但要以张仲素《春闺思》最为杰出。《春闺思》摄取的是采桑女梦后"提笼忘采叶"的一瞬间,但它却暗示着在这一瞬间之前的许多线索发展的事情。采桑女昨夜万般缠绵,今日无限深情,虽不着一字,却跃跃言下。正如李锳《诗法易简录》所说:"前二句皆说眼前景物,而末句忽掉转说到昨夜之梦,便令当日无限深情,不着一字而已跃跃言下。笔法之妙,最耐寻味。"《国风·卷耳》首章"采采卷耳,不盈顷筐。嗟我怀人,寘彼周行",亦写思妇怀人之情。张仲素之"提笼忘采叶"或由此翻出,但提炼为富于孕育性的诗境,更为凝炼传神,故此篇有五绝中最为传神的"忆远之诗"之美誉。令狐楚《长相思》与《春闺思》似同一机杼,但它缺乏传神的细节，又以"朦胧残梦里，犹是在辽西"点明梦后心思，故不如前者更富孕育性和想象性。

当我们以莱辛的"富于孕育性顷刻"的学说考察了唐人记梦绝句的造境艺术之后，似乎还能获得两点方法论的启示。首先，叶维廉论及莱辛的孕育性顷刻与中国古典诗歌艺术时写道："一首'lyric'（抒情诗），往往是把包孕着丰富内容的一瞬间抓住——这瞬间含孕着、暗示着在这瞬间之前的许多线发展的事件，和由这一瞬间可能发展出去的许多线事件。"（《中国诗学》）验之于唐人绝句和抒情短章，信然。由此可见，莱辛"富于孕育性顷刻"的学说，不仅可以窥见唐人记梦绝句成功的奥秘，也是研究古代诗歌造境艺术普遍适用的理论。再进一层，钱钟书先生在谈到自己的研究方法时曾声明："弟子方法并非'比较文学'，而是求'打通'，以中国文学与外国文学打通，以中国诗文词曲与小说打通"，以及用"西洋诗歌理论和技巧贯通于中国旧诗的研究。"（郑朝宗《〈管锥编〉作者的自白》）如前所述，莱辛的"富于孕育性顷刻"的学说原本是关于西方故事画的构思原则；由此可见，只要运用得当，不仅西方诗歌理论和技巧可以其通于中国旧诗的研究，而且，包括绘画以至音乐、戏剧等在内的艺术理论，同样可以贯通于中国旧诗的研究，它可以使我们从新角度在旧作品中发掘新价值、认识新意义；而作为一个古典文学的研究者，文学艺术的多方面理论修养自然也不是可有可无的了。

（原载于《学语文》1994年第6期）

"比、兴"与中国艺术精神

吴家荣

最早提出"比、兴"概念是《周礼·春官》："太师教六诗：曰风、曰赋、曰比、曰兴、曰雅、曰颂。"《诗大序》称"六诗"为"六义"："《诗》有六义焉：一曰风、二曰赋、三曰比、四曰兴、五曰雅、六曰颂。"自此，注家蜂起，对比、兴的诠释莫衷一是。然其中最具代表性并多为后人接受的观点是刘勰与朱熹。刘勰在《文心雕龙》中称："比者，附也；兴者，起也。……比则畜愤以斥言，兴则环譬以托讽。"朱熹则说："比者，以彼物比此物也。""兴者，先言他物以引起所咏之词也。"又曰："赋则直陈其事，比则取物为比，兴则托物兴词。"这就是说，比即为打比方，也就是形象的比喻；兴则为起兴，有一事物咏吟联想过渡到他事物。从而使诗具有一唱三叹，回环复沓、含蓄深婉之美。以后历代注家大体不出其要，都将比兴局限为一种艺术表现手法而加以界定。为什么中国诗歌特别注重比兴手法的运用？比兴手法与中国人的艺术精神、思维特点及对诗歌的理解究竟有什么联系？只有弄清楚这些问题，比兴的实质内涵才可迎刃而解。

长期以来，比兴一直被视为"诗学之正源，法度之准则"，并在诗、赋、词和绘画等艺术中广泛使用，深为读者喜闻乐见。这其中必然体现有中华民族特有的艺术精神。这种艺术精神以愚见主要表现在以下三点：

其一，天人合一思想的衍化。

与西方不同，大自然不是作为人的敌对力量外在于人，而是作为亲和力量与人息息相通。西方商业经济中，贸易是最重要的经济活动。贸易活动必得远涉重洋、翻山越岭。途中，多有巨蟒怪兽、鲸鳖礁石。人们随时可能遭到飞来横祸、灭顶之灾，满载的货船随时可能被掀入海底，被巨鲨吞没。……可怕的自然界，似乎处处都在与人作对。荷马史诗《奥德赛》，就真实地再现了自然对人的威胁。而中国的农业社会，人们长期固定生活在某块土地上，很少迁徙和流动，日出而作，日入而息。大自然是"一叶且或迎意，虫声有足引心"。这里没有海上的冒险、神怪的威吓，有的只是人间的天伦之乐，人与大自然的和谐交融。儒家如《周易·乾传》讲："与天地合其德。"《系辞》："天地之大德曰日生"，"是故天生万物，圣人则之；天地变化，圣人效之"。道家《老子》二十五章讲："人法地，地法天。天法道，道法自然。"《庄子·齐物论》："天地与我并生，万物与我为一。"天人合一的思想，就使中国文化黎明时期的哲人："仰则观象于天，俯则观法于地，观鸟兽之文，与地之宜，近取诸身，远取诸物，于是始作八卦。以通神明之德，以类万物之情。"从而创造出人文文化的典范。于是，天人合一的思想通过文化经典的教育，成为世世代代诗人的集体意识，启发着他们用比兴之法，作情景交融的诗。诗人"登山则情满于山，观游则意溢于海"，这不仅是由于"物色之动，心亦摇焉"。大自然对人心有直接感发作用；而且也是由于"诗人感物，联类不穷"，大自然的气象万千与人心的情态万方之间，有种种切合关系，诗人"情以物迁"，故"山林之皋壤，实文思之奥府"。事实上，"观古今胜语，多非补假，皆由直寻"。中国诗人在艺术上直造情景交融，与中国哲人在哲学上直证天人合一，不仅是相通的，而且是互补的。所以比兴至极处，便是以艺术途径直证天下本体不二。

其二，在思维特点上，中国人重知性的直感把握，不重理性的细致分析，也是造成比兴手法盛行的又一原因。

西方商业性社会在向外拓展中，必须探求如何征服自然界。这种尖锐的天人对立造成了西方外向性的心态，人们最关心的是外在世界的构成、时间与空间、物质的形式、事物的比例等外在东西。中国农业型社会的天人合一则造成了中国人内向型的心态，人们最关心的是自身内在的东西，外在的事物是作为人的感情的投射物或人的性格的象征物而存在。外向的西方人爱智，以探求大自然的奥秘为乐；内向的中国人尚贤，以"太上立德"为人生的最高目标。

中国重仁求德，因而对大自然的客观构成兴趣不大，而强调"吾日三省吾身"，向内思辨，寻求自我的良心善性。内向性的心态，反映在文艺上必然注重内在的气质、神韵，化为"充实之谓美"，认为美是内在的神气而不是外在的形体。所谓"气韵生动""传神阿堵""以意为主、以文传意""外枯而中膏""略形貌而取神骨"，都与这种内向心态密切相关。而西方人的外向型心态，反映在文艺上必然注重外在形象的模仿，认为美就是真实地、惟妙惟肖地摹仿自然，像镜子似的反映自然。注重外在形式的比例，对称、和谐，认为美在形式的和谐。这种外向性的"思物"，又形成了西方注重逻辑关系的分析性的思维方式。而中国注重内向性的"思我"，必然使中国古人忽略对客观世界构成规律、对事物的时间与空间、原因与结果、形式与内容等范畴的深思。这极大地窒息了中国古代的逻辑分析式思维，而关于"仁义"，"天理良心"的内在反省，则培养了中国直觉的感悟式的思维方式，它用不着分析的丝丝入扣，用不着时间和空间的精确限定、原因和结果的反复寻求，而只追求在直观中的感悟。这与比兴的特点之一在于审美体验的初级直觉，在于对外在事物的整体把握是合拍一致的。这也就造成了"比德"说的盛行。

其三，中国是诗的国度，诗歌讲究蕴藉含蓄、传神写意的特点，也促成比兴手法的广泛运用。

诗是一种偏重抒情言志的文学样式。中国的诗歌十分发达、繁荣，成了封建士大夫吟咏情性的主要工具。这种历来重表现文学而轻再现文学的风气，必然要求诗人重在抒发他对现实生活的感受、认识和理解。诗无须诗人细致入微地摹写客观事物、生活场景，而是倾吐现实生活在诗人内心激起的情绪波动，并将这种内心郁积的情感通过一定的艺术媒介物化为形象。它让读者感受的不是形象本身，而是形象所负载的情感内涵。在本质上，诗歌又是一种想象的艺术，它只能通过以外物写情志，以景语写情语的方式来塑造诗歌形象，舍此，诗人内心激越的情感波涛便无法引起真正的想象，因而也就不可能构成艺术形象。想象只有在形象的世界中才能展翅高飞，为了激发想象、借景抒怀，"比兴"自然必不可少。另一方面，中国诗贵含蓄而忌直说，它要通过客观物象所组成的形象画面来使人体味到诗人隐微的深情，使情与物有机统一，给人"含不尽之意于言外"的美感享受。这种不确定的、多义的、能调动读者的再创造，激起人的某种情感的艺术形象就是"意境"。意境正是中国历代诗人在诗歌创作中锲而不舍的追求目标，也是诗歌创作的最高极致。对意境的刻意追求，为使诗产生"含蓄蕴藉"的美学效果，也就必然形成文学创作中广泛运用比兴手法这一显著的民族特色。

由以上可知，"比兴"，不仅仅是文学创作的一种表现手法，更是一种具有民族特色的艺术精神。这种艺术精神植根于中国特有的文化土壤，显示了中国文人与西方迥异的思维模式、文化心态，造成了创作中很具特色的艺术追求，进而形成了中国传统的创作特点、审美情趣。"比兴"在世界艺术宝库中，自有其崇高的价值、不灭的光彩。

（原载于《学语文》1995 年第 1 期）

月是故乡明：审美化的现实

谭学纯

　　中国人深爱自己的故土，在传统观念中，甚至不认为故土之外可以发现更好的东西。不为外部世界相对优越的条件所感，把一生交给养育自己的家园，纵有这样那样不尽人意之处，只要不离乡别土，便是福、便是幸。对故土的眷念，使其间可能存在的不利于个人生存的因素，在人们的习惯性承受心理中，渐渐地淡化，而故土使人觉得美好亲切的一面，则被放大、突显。于是，中国人原本就对故土抱有的美好感情，因为滤尽了其间的部分不协和因素，变得更加主体化、审美化。这便是俗谚"月是故乡明"的文化蕴涵。

　　在"月是故乡明"的话语构成中，"故乡"的"月"已经不完全是纯自然的客观存在，而是一种审美化的存在，它存在于主体的心灵世界，主体以审美的眼光去接近客体，在主体对客体的审美观照中，一定程度地偏离客体的现实规定，重新调整客体的存在方式。

　　本乡本土的亲切感，作为一种审美化的现实存在，在中国人的生存体验中不断浓化乃至消解其负值，这种生存体验因超越了个人经验，而获得较为普通的认同：

　　　　少小离家老大回，
　　　　乡音无改鬓毛衰。

　　　　　　　　　　　　　　　　——贺知章《回乡偶书》

　　看上去平平淡淡的诗句，因成功地传达了一种乡土之爱，很容易唤起人们的情感共鸣。从"少小"到"老大"，意味着时间的持久；"鬓毛衰"暗示了岁月无情，然而，岁月无情人有情，那不改的"乡音"，不正是不衰的乡情的形象体现？

对于故土的审美情感，在王绩《在京思故园见乡人问》中表现得更为细致，旅居京华的诗人，一见乡人，便"剑眉俱握手，破涕共衔杯"，紧接着一气而下的"问故园"，把不因时空变换而淡化的乡土之爱抒发得感人至深：从朋旧孩童、宗族弟侄、旧园新树、柳行疏密、茅斋宽窄、瘦竹寒梅、渠水石苔，一直问到院果林花，诗人仍似意犹未尽，以至意欲"行当驱下泽，去剪故园菜"。悠悠故园情，经过绵绵乡土爱的审美过滤，显得益发动人。

由于审美情感的渗入，"月是故乡明"成为一种超越现实存在的生存体验；也正由于家乡之月是一种审美化的现实，所以当审美化的现实与行为主体产生空间的阻隔时，人们便很容易产生茫然失措的情绪感受，这也可以解释，为什么离乡者比在乡人更觉乡情珍贵。

由于"月是故乡明"的心理积淀，在中国人心目中，"他乡"往往意味着一个陌生化的世界；人们对"他乡"也常常有一种文化隔阂：

　　劝君更进一杯酒，

　　西出阳关无故人。

——王维《送元二使安西》

诗中的"阳关"，可以看作分割世界的象征性符码。关内，是审美化的故人故地；关外，是陌生化的异域他乡。对故土的审美情感，强化了对异域的隔膜心态，所谓"异乡投宿，祸福不知"，便是这种心态的生动体现。

也许，正因为这种心理感受过于强烈，所以中国人对本乡本土的眷念才特别深沉。在通常情况下，除了游牧民族和负有特殊使命的群体（如军队）之外，多数中国人一旦在某处扎下他的生命之根，便不太想变换生存环境。当人们说"我在这里住（干）了多年"的时候，语气中往往有一种自豪感；相反，如果遇到灾患战乱，不得不外出谋生时，人们则用"逃荒""跑反"之类的话语表示他们的无可奈何和悲哀。即使迫不得已流寓他乡，人们也不难找到补救方式，以缓解心中的失落感。例如旧时同乡会、会馆，作为一种民间团体和公共建筑，其实可以看作离开本土的人们在异域重现乡情的"情感替代物"——它以象征的形式，把"不在场"的"故地"转化为假定性的"在场"，从而在"故人"和"故地"之间，重建了一种假定性的心理现实。

从另一个角度说，在中国传统社会，人们离乡出走，常常是外因所致。离乡的直接原因，或是灾荒战祸，或是流贬徭役，或是在当地无法继续生存而流落他乡。告别熟悉的生存环境，随之而来的，是无根的漂泊，个人无法选择新的人生驿站，甚至也无法选择离乡别土的时间。像这类由外因所致的被动离乡，往往一开始就使离乡者产生心理上的不平衡，这种心理失衡，又会添加"西出阳关无故人"的失落感和前路茫然的惆怅。加上古代交通不便，山川阻隔，路途艰辛，这一切，都给离乡者带来"行路难"的困扰，从而进一步强化离乡者的茫然情绪。

当然，也有极少数的情况比较特殊，例如当出走与出仕联系在一起的时候，出仕的功名心理，或许会一时地化解出走的悲凉和伤感。当年奉召长安的李白，就曾"仰天大笑出门去"（《南陵别儿童入京》）。但是，出走时的春风得意，只是短暂的，求取功名虽然是士子文人自我实现的重要途径，但它终究斩不断中国人根深蒂固的乡土之爱。我们不难设想，即使李白后来不是遭受排挤，而是京都得志、飞黄腾达，他也还会因为"仍怜故乡水"（《渡荆门送别》），而不时地"低头思故乡"（《静夜思》）的。

（原载于《学语文》1996年第3期）

言志、缘情与体物

邓乔彬

我国的文学批评始于论诗，而论诗又与"政教"密切相关。在经由了相当长的历史阶段之后，于论"辞"之时，潜生出对"情"的认可，在"文的自觉"时代的魏晋，出现了与古老的"言志"说相抗衡的"缘情"说和"体物"说。恰恰是"缘情"与"体物"，丰富和发展了"言志"，使诗歌在关注政治同时，也扩展到感情领域和外部的物质世界，同时也丰富和发展了诗歌自己。

古人论诗的言论甚多，约之，诗当有三训，即：承、志、持。

先列训之为"承"者：

《礼记·内则》："诗负之。"郑玄注曰："诗之言承也。"

次列训之为"志"者：

《春秋详说·题辞》："在事为诗，未发为谋，恬淡为心，思虑为志，故诗之为言志也。"

再列训之为"持"者：

《诗纬含神雾》："诗者，持也，在于敦厚之教，自持其心；讽刺之道，可以扶持邦家者也。"

孔颖达《毛诗正义》综此三训，并申之曰：

> 作者承君政之善恶，述已志而作诗，所以持人之行，使不失坠，故
> 一名而三训也。

为深究"诗言志"这一"中国诗论的开山纲领"（朱自清先生语）的涵
义，不妨看看《今文尚书·尧典》的原文：

> 诗言志，歌永言，声依永，律和声；八音克谐，无相夺伦，神人
> 以和。

这里既包含着诗以言志、诗乐不分的意思，又贯穿着追求中和之美，
讲究和谐、平衡的美学思想。《诗大序》对此有更详尽的阐释：

> 诗者，志之所之也，在心为志，发言为诗。情动于中而形于言，言
> 之不足故嗟叹之，嗟叹之不足故永歌之，永歌之不足，不知手之舞之，
> 足之蹈之也。
> 情发于声，声成文谓之音。治世之音安以乐，其政和；乱世之音怨
> 以怒，其政乖；亡国之音哀以思，其民困。故正得失，动天地，感鬼
> 神，莫近于诗。先王以是经夫妇，成孝敬，厚人伦，美教化，移风俗。

这里，如将诗、乐、舞关系之论证暂置，则一者可见"诗者，志之所
之"，与"情动于中而形于言"的共同性，即"志"与"情"名二而实一；
二者，以声为用的诗与时代政治有密切的关系，即声、诗之喜怒系之于时政
之和与乖。可见，诗不仅是诗人"作诗言志"的表达自己的情志，亦可使他
人见志而观国，故又有统治者的"采诗观志"。至此，可见孔颖达所说的
"承君政之善恶，述己志而作诗，所以持人之行"的"三训"又确是诗的较
完整的意义。

然而，"诗"义之诂又非止于此。

钱钟书先生《管锥编》将诗之"持"解释为"止"，并以《荀子·劝

学》篇"诗者,中声之所止",《大略》篇论《国风》"盈其欲而不愆其止"来佐证。这"止",就不仅是"持人之行",而且"自持情性,使喜怒哀乐,合度中节,异乎探喉肆口,直吐快心"(《管锥编》)。这样,以"止"训"诗"就牵涉到另一问题:诗就其社会功能来说,是匡正弊政之恶而使之善,同时,作诗者本身的感情亦要接受理(礼)的制约,亦即"善"又体现为中和之美。孔子所说的"《关雎》乐而不淫,哀而不伤"(《论语·八佾》),就被孔安国释为:"乐不至淫,哀不至伤,言其和也。"(《论语集解》)其实,这一思想也同样见之于(乐记),如:"乐者敦和","乐极和,礼极顺,内和而外顺"。这一重视中和之美的思想,直接导致了"温柔敦厚"的"诗教"的建立。

综上述而言,可见周诗"承""志""持""止"的特点表现在:关心社会政治,在抒发内心情感以有裨于教化时,当受节于礼,以求中正和平。

但是,到孔子之时,雅乐败坏,诗、乐渐分,且人心不古,世道衰微,"献诗"之事已废。诗之讽颂,变而为史之褒贬,这是春秋后期的一大变化。

降至战国,北方正忙于战伐,战车和刀枪声代替了诗乐的弦诵,独处南方的楚国却产生了《楚辞》。战国末年屈原的出现,又导致了一大变化。班固说:

> 春秋之后,周道浸坏,聘问歌咏,不行于列国,学诗之士,逸在布衣,而贤人失志之赋作矣。大儒孙卿及楚臣屈原,离谗忧国,皆作赋以风,咸有恻隐古诗之义。　　　　　　　　　　(《汉书·艺文志》)

这段话颇有眼力,指出了荀赋、屈辞遥接古诗的讽刺之义。但是,文学事业又与具体的文学家联系在一起,屈原之后,宋玉仅是"贫士失志而不平",其他楚辞作者更等而下之。到汉代,则如班固在上文中所说:

> 汉兴,枚乘、司马相如,下及扬子云,竞为侈丽闳衍之词,没其风谕之义。

由《楚辞》中屈原的"失志""离谗忧国",到汉赋中的"竞为侈丽闳衍之词"，已可隐见"缘情"到"体物"之意。

儒家学者论诗主于教化，将情、志视之为"一"。然而，文学史所提供的事实却并非如此，情、志本非一物，主流为民歌的《诗经》有半数以上为"缘情"之作。从变风变雅的"吟咏情性，以风其上"，到屈原"以忠信见疑，忧愁幽思，而作《离骚》"，"缘情"色彩已更浓了。汉乐府诗在统治阶级虽是用以"观风俗，知得失"，不忘政治教化，但其"感于哀乐，缘事而发"的精神，则道出了"缘情"的本质。自"乐府"，经建安，直至正始，五言诗充分成熟了。与此同时，"言志"和"缘情"也就成了诗的两大职能。但是，"情"的概念在文人诗和民间诗中并不完全相同，国风、汉乐府都不乏爱情的篇什，而辞赋和多数文人五言诗（"古诗十九首"除外）中的"缘情"是同"言志"密切相关的。可以这样说：到此时为止，文人诗是"达"时"言志"，表现的是对政教大事的关心；但当"穷"时则转而"缘情"，表现的是对一己穷通的萦怀。不过，就实质来说，无论是"进"而"言志"或"退"而"缘情"，主"兼济"和主"独善"，都是与政教相关的。

写爱情的"缘情"五言诗，大约起于秦嘉《赠妇诗》。其后，则有宋子侯《董娇饶》、徐幹《室思》、繁钦《定情诗》、张华《情诗》、潘岳《顾内》《悼亡》等。于是，陆机总结前人创作，在《文赋》中第一次提出与古老的"诗言志"相区别的"诗缘情而绮靡"的新概念。这种"缘情而绮靡"的诗逐渐逸出夫妇之情的范围，到梁代"弥尚丽靡"（《梁书·庾肩吾传》），终于产生了反映病态感情的"宫体"，经陈、隋，直浸淫唐初，相沿百余年，直待"四杰"出没，才改变其风。

辞赋之出，在屈原是因"自怨生"而抒中情，但至汉代，"辞人之赋"已"没其讽谕之义"（班固《汉书·艺文志》），以"形似之言"成为"浏亮"的"体物"之作（见陆机《文赋》）。"体物"实为"描述"，成了六朝诗的另一源头。这类作品，尤以山水诗为代表。到谢灵运笔下，"体物"之味开始多于思想的意蕴。此后，"诗至于宋……便觉声色俱开"（陆时雍《诗镜总论》），鲍照有大家气派，但所长在于"善制形状写物之词"（钟嵘《诗品》中），谢朓虽渐启唐风，但"平调单词，亦必秀琢，按章使字，法密旨工"（陈祚明《采菽堂古诗选》卷二十），常变化运用谢灵运诗句，不免藻绘之风。何逊、阴铿是梁、陈山水诗代表，作品不乏清新气息，但何"实为精巧，多形似之言"（颜之推《颜氏家训·文章篇》），阴亦"专攻逐句"（见沈德潜《古诗源》卷十四），不以格胜。

总之，六朝诗固然也有"言志"之作，但更见"缘情"与"体物"的发展。文人诗和乐府民歌，上层的"宫体"和下层的吴歌、西曲，爱情与闲情占据了越来越多的地位，而山水诗则渐形工巧，体物精微。发展到唐代，诗歌从宫廷走向市井，继而走向山川边塞和广阔的现实生活，在呼唤"汉魏风骨"、重树"言志"传统同时，由于得六代"缘情""体物"的浸淫，使之走上质、文相称之路，焕发出前所未有的光芒，造就出"一代之文学"。

（原载于《学语文》1997年第5期）

◇

言志、缘情与体物

诗无达诂与诗有定旨

陈文忠

"诗无达诂"的观念，形成于春秋战国"断章赋诗"的传统；而此语最早见于西汉儒学大师董仲舒《春秋繁露·精华》篇："所闻《诗》无达诂，《易》无达占，《春秋》无达辞。"《诗》本指《诗经》，后泛指一切文学作品；"达"即明白、晓畅之意；"诂"指以今言释古语，引申为解释或理解。作为古代文学阐释学的重要命题，它与西方人的"说不尽的莎士比亚"实是一个意思，即一部杰作的意蕴是难以穷尽的，不同时代的读者因其性情浅深高下，见仁见智，各有会心。论及杜诗，清人薛雪慨叹道："解之者不下数百家，总无全璧。"如五绝《八阵图》："功盖三分国，名成八阵图。江流石不转，遗恨失吞吴。"首两句赞扬诸葛亮的政治谋略和军事才能；后两句借阵图遗石而写孔明的平生之恨，含情不尽，意味悠长。然而，千古"遗恨"，究竟何指？诗意朦胧，聚讼纷纭。仇北鳌《杜诗详注》曾把唐宋以降的种种阐释综为四说："以不能灭吴为恨，此旧说也；以先主之征吴为恨，此东坡说也；不能制主上东行，而自以为恨，此《杜臆》、朱注说也；以不能用阵法而致吞吴失师，此刘氏之说也。"然而，仇氏之后，聚讼未止，直至近人俞陛云《诗境浅说》和刘济《唐人绝句精华》，仍各抒己见，发挥诗意。短篇抒情诗章如此，长篇叙事作品尤甚。西方有"说不尽的莎士比亚"之叹，中国则有"说不完的《红楼梦》"之论。关于《红楼梦》的主题，在本世纪初的著名"红学"家中，犹有王国维的"解脱"说，蔡元培的"政治小说"说吴宓的"四层"意义说和胡适的"自叙传"说，等等。建国后的《红楼梦》讨论，尤其是新时期掀起的"红学热"中，更是喧议竞起，各呈己见，"阶级斗争"说、"封建制度崩溃"说、封建家庭"后继无人"说以及"市民"说，等等，言人人殊。

在文学作品的赏析阐释中，为什么会出现"诗无达诂"的现象？这主要是由审美活动中的对象、主体和两者之间的特殊关系决定的。首先，文学作品不是以逻辑化的"解释性语言"表现内容的，而是用多义性的"描写性语言"状物写情的。这种充满了比喻、典故、历史记忆的"描写性语言"，包含了许多的意义不确定性和意义空白，从而使整个作品成为一个"空筐"性的"召唤结构"，促使每一位读者在阅读过程中赋予作品本文以确定的含义，填补本文中的意义空白。这是"诗无达诂"的对象原因。李商隐的《锦瑟》一诗，令人有"独恨无人作郑笺"之叹，就与全篇充满了比喻、典故和暗示的描写性诗化语言密切相关。同时，每一个读者都有自己独特的审美眼光和理论眼光，即海德格尔所说的"理解的前结构"或"先入之见"。在阅读欣赏中，我们决不能脱离自己，超越自我。于是，在《红楼梦》的阐释中，王国维、蔡元培、吴宓和胡适各有自己的审美旨趣和理论见解，他们对《红楼梦》的阐释也就随性情而有浅深高下的不同；而且，真正的文学欣赏不只是为了读懂作品，往往是"借他人酒杯，浇胸中块垒"。欣赏过程，贯穿着特定情境下的主观再创造。于是，常常会出现"作者未必然，读者何必不然"的自由联想和引申发挥。王国维借用晏殊、欧阳修和辛弃疾三人的词句，发挥其著名的"三种境界"说，就是典型一例。再者，读者和作者存在于不同的时间空间里，他们之间的时空距离从本体论角度说来是不可克服的，作者当时的用语、词义乃至整个时代背景都已经可能发生变化，所以千人同解、尽合原意的阐释在本质上也就难以达到；相反，言人人殊、"诗无达诂"的现象倒会自然地产生。

那么，"诗无达诂"的现象，是否能得出"诗无定旨"的结论呢？清人劳孝舆《春秋诗话》说："盖当时只有诗，无诗人。古人所作，今人可援为己诗；彼人之诗，此人可赓为自作，期于言志而止。人无定诗，诗无定指。"显然，这里所说的"人无定诗，诗无定指"是时代的产物，特指春秋战国时期"断章取义，赋诗言志"这种"用诗"现象而言，决不适用于正常的文学欣赏和审美阐释。古老的"诗言志"之说，即指出每一"诗"都蕴含着诗人之"志"；而孟子的"以意逆志"之论则表明，揭示作品蕴涵的诗人之"志"，是赏析阐释的主要目标。由此可见，西方有学者把阅读欣赏形容为

"作者带来文字，读者则自带意义"的"精神野餐"，这种抹煞"诗有定旨"，认为读者可以无限制发挥的看法，显然是错误的。尽管《八阵图》的千古"遗恨"，聚讼纷纭，《锦瑟》的诗旨意趣，言人人殊，然而，杜甫和李商隐各寓其旨，历代阐释者也自认为各得正解。苏轼就借自己梦中听杜甫谈诗指出：世人多"误解杜诗"，力主"遗恨"之"恨"，为刘备吞吴"失策"之"恨"，如此解说，方"近"诗旨。

一方面，每篇作品"诗有定旨"，另一方面，读者阐释"诗无达诂"。那么，是否又可以因"诗有定旨"而否定"诗无达诂"的合理性呢？当然不能。上文在解释"诗无达诂"的原因时，已从对象、主体和两者之间的特殊关系三方面作了说明。判断"诗无达诂"的合理性的原则只有一条，那就是看其是从主观观念出发还是从客观作品出发。朱自清说得好：无论诗是否有无限可能的解释，"我们不能离开字句及全诗的连贯性去解释诗"（《诗的语言》）。凡是脱离作品的自由发挥，都是难以成立的；凡是立足作品的见仁见智，都应当承认其合理性。从这个意义上说，仇兆鳌所概括的对杜甫《八阵图》千古"遗恨"之谜的四种解释，都因能从"全诗的连贯性"自圆其说而应聊备一说，不能武断地归于一家。事实上，正是立足作品审美意象的见仁见智，才不断充实丰富着作品的"意义整体"；并在绵延不断的审美阐释中，延续其艺术生命，发挥其审美效应。

（原载于《学语文》1999年第2期）

以实出虚和化实为虚

张　晶

在中国古代诗歌艺术中，非常讲究虚实结合，虚和实构成了一对重要的诗学理论范畴。虚实在具体的诗论和创作中，有不同的含义，就其主要的方面来说，实，是指作品中直接可感的形象；虚，是指作品中由直接形象引发而由联想或想象所得的间接形象。二者是一种对立统一的关系。

我们从两个方面来看古代诗论中所说的虚实关系，一是"以实出虚"，二是"化实为虚"。所谓"以实出虚"，也就是通过部分的有形的实的描写，借助于艺术的比喻、象征、暗示等作用，引导人产生一种联想，从而传达出一种虚的境界，虚的部分与实的部分结合成完整的丰满的艺术形象。以实出虚的艺术表现特点之关键，是要使"实"的部分必须能引起人们的一种联想，以导使人们在自己脑海中出现与作者所要表达的情景一致的虚的境界。而且，诗中所描写的具体的"实"的部分必须具有一种比喻、象征、暗示作用，能够启发读者的联想。例如李白的名作《玉阶怨》，可以说是一首虚实结合恰到好处的范例，诗云：

> 玉阶生白露，夜久侵罗袜。却下水精帘，玲珑望秋月。

诗人在这里描写了一位女子深夜怀念远出未归的亲人的那种幽怨之情，然而，诗人并未具体描写这种怨情，而是通过夜中女子玉阶久立，放下水精帘，隔帘望明月这些实景，来暗示女子的幽怨之情。再如元稹的《行宫》：

> 寥落古行宫，宫花寂寞红。白头宫女在，闲坐说玄宗。

这首诗其实是抒写"安史之乱"所带来的巨大历史变迁感。但是诗人只是写了在破落的古行宫中，当年的红颜宫女，现在已是满头白发，正在闲坐说着唐玄宗的逸事。这是诗中的"实景"，而这"实景"却可以使我们联想到许多历史的沧桑变化。这些都是"以实出虚"例子。

二是化实为虚。所谓"化实为虚"，就是把自然界的实的景物，通过艺术描写，化为诗人虚的情思。诗人在描写客观景物时，不是客观地描摹刻画，而是用诗人的情感赋予景物一种新的生命，使之具有了不同于它的自然形态的面貌，构成了另外一种奇妙的境界。"化虚为实"的含义就是化景物为情思。这里所说的"景物"，是一种泛称，一般的客观事物都包括其中。景物本身的意义是较为固定的，有了诗人的情思寄托之后，它的意思就无比丰富了。如马致远的散曲《天净沙·秋思》：

> 枯藤老树昏鸦，小桥流水人家，古道西风瘦马。夕阳西下，断肠人在天涯。

这首散曲小令通过典型的秋日风物来写诗人那种衰飒凄凉的羁旅情怀，前三句都是景物名称，经过后两句点出主题，这九种景物遂变为沦落天涯的断肠人的愁思。字面上写的都是实景，实际上都成了愁思的表现。这种化景物为情思的艺术表现，使诗歌产生了许多"言有尽而意无穷"的余韵。

虚与实，是一对不能偏废的艺术范畴，它们是互相结合、互为补充的。诗歌意境，正是虚实相生的产物。

（原载于《学语文》1999 年第 2 期）

豪放词的生成因素

彭国忠

豪放词是主体内在的豪雄、旷放之气与外在非凡之物猝然相遇所产生的"火花"。它的生成，不可避免地受到各种因素的制约，概括起来不外主客二端；而此二者又是同时作用，难以分别彼此；今为论说计，试强分述之。

就主体的人格品质看，豪放词的作者们，一方面奉行儒家思想，对社会、国家、民族，抱有一种崇高的责任感、使命感，希望通过自己的不懈奋斗，去实现其人生价值；另一方面，他们内心深处，也存在着对自由生活的向往，希望退隐山林，高蹈远扬。他们"不以物喜，不以己悲"，一己的穷通，并不能改变这种品质。如苏轼在贬谪黄州期间，既有《念奴娇》（大江东去）这样的豪雄悲慨之作，也有《定风波》（莫听穿林打叶声）之类的超迈简远之词；明代杨爵身陷囹圄，仍存"先天下之忧而忧"之心，不悔其"气吞天际长江势，手障人间东逝波"（《踏莎行》）的夙志。可以说，在几乎是与生俱来的长期熏陶中，他们渐渐养成雄健闳放的"浩然"正气，和洒脱旷放的"闲逸"之气。这二种"气"充塞胸中，平时以道德操守自律，盈而不溢，每遇外物的激荡，前者则发而为金声玉振，吐而为天地奇观；后者则唱而为云间回响，化而为渔父神仙。而在特定时候，有时是前者占主导地位，有时是后者占主导地位，这样，所呈现出来的豪放词的面貌，也就有着雄放与清旷的不同。

从主体的性格看，豪放词的作者多属慷慨恣肆、洒脱无拘之士，他们讲究气节，看重大功、大事，讲义气，有侠义之风，而不拘拘于小节细事，不喜受世俗礼仪的约束。如北宋词人贺铸"仪冠甚伟，如羽人剑客"，为人精悍，"少时侠气盖一座，驰马走狗，饮酒如长鲸"，颇让人联想起他的《六州歌头》词中所写的豪侠："少年侠气，结交五都雄。肝胆洞，毛发耸。立谈中，死生同。一诺千金重。推翘勇，矜豪纵……"又如辛弃疾，平生以气节自许，他曾自述："说剑论诗余事，醉舞狂歌欲倒，老子颇堪哀。"（《水调歌头》）朱敦儒则偏于放达自适，正如他自己辞朝廷征召时所说，"麋鹿之性，自乐闲旷，爵禄非所愿也"（《宋史》本传），这就难怪他的《鹧鸪天·西都作》词显得那么清旷潇洒，"有神仙风致"（宋黄升评语）。清田同之《西圃词说》云："填词亦各见其性情。性情豪放者，强作婉约语，毕竟豪气未除；性情婉约者，强作豪放语，不觉婉态自露。"可见，作家性格对豪放词的生成有着重要影响。

再从创作个性看。苏轼尝言："某平生无快意事，惟作文章，意之所到，则笔力曲折，无不尽意。"（《春渚纪闻》卷六）又说他的文章如"万斛泉涌，不择地而出，……滔滔汩汩"，指的就是摆脱各种约束，放笔直书、挥洒如意的创作个性。人们论述东坡豪放词，也每每从这方面着眼，如晁补之说他的词"横放杰出，自是曲子中束不住者"（《能改斋漫录》卷十六），陆游 说他的词"但豪放，不喜剪裁以就声律"（《老学庵笔记》卷五）。多数豪放词人都有与之相同或相近的艺术个性。如南宋初期词人张孝祥，"每于诗、于文、于四六，未尝属稿，如铅舒纸，一笔写就，心手相得，势若风雨"（《张孝伯《张于湖先生文集序》），"平昔为词，未尝著稿，笔酣兴健，顷刻即成"（汤衡《张紫微雅词序》）。这不单是艺术构思的快慢问题，而直接关涉到豪放词的生成：一是这种创作个性极宜于豪放情感的表达，二是放笔直抒本身即易于造成淋漓尽致、奔涌腾绰的情感气势。一挥而就，一气呵成，在"目击""直寻"的一刹那，情感的波澜便汩汩流出，胸中的万顷浪涛便泻落在纸上，这样创作出来的，不是豪放词，又能是什么！

以上是就主体方面言。就客体言，足以引发主体豪、旷之气者，多是非凡之物。它们或具有不同寻常的意义、价值，激励主体去为之奋斗、追求，甚至以生命相许；或有着无与伦比的数量、重量、力量，与主体的人格异质同构，使之产生仰慕、钦羡等情感。试述如下。

重大时事的感发。国家利益高于一切，民族的荣辱、兴衰，关系到每个个体，这应是豪放词创作的主要契机。南宋绍兴三十一年（1161），宋将虞允文指挥大军，与渡江南侵的金人在采石激战，取得巨大胜利，史称采石大捷。消息传到抚州，词人张孝祥激情澎湃，写下《水调歌头》（雪洗虏臣静）一词，表达其感奋情怀，在词的结尾处，词人禁不住发出"我欲乘风去，击楫誓中流"的豪壮之语。北宋末年，金兵掳走徽、钦二帝，北宋灭亡，赵鼎奉命渡江，为高宗的定都江南作先行，他泊舟仪真（今仪征）江边，远望前方，一片茫茫，回首乡关，水云浩荡，不禁悲从中来，为国家的前途担忧，为民族的未来焦虑，遂创作《满江红》（惨结愁阴）词，"通首无一字涉南渡事迹，只摹写眼前景物，而一片忠爱之诚，幽愤之气，溢于言表"（清陈廷焯《词则·放歌集》）。清代张景祁感于马尾海战的惨败和基隆之失，作有《曲江秋·马江秋感》《秋霁·基隆秋感》等作品。南宋和明末的大批抗战词，晚清时的一些感愤外敌入侵词，都可以说是时代精神感召的结果。这些词充分体现出豪放词"敢拈大题目"的题材特点，也是它有别于传统婉约词的关键所在。

　　壮丽山河的激发。得江山之助是文学创作中的常见现象，壮丽江山的激发，更成就了许多不朽的豪放词作。一泻千里、气势磅礴的古老黄河，奔腾咆哮、滚滚东流的长江，高耸入云的蜀道，铺天盖地的钱塘江大潮，还有那些泻落九天的瀑布，突兀奇险的关隘，……这些极具力度感的自然物象，激起词人心灵深处豪迈雄放之气的共鸣，"我情之多少，与风云而并驱"，并使物象著染上强烈的感情色彩；或者唤起他们对悠悠宇宙、漫漫人生，以及社会历史的深入思考，从而使崇高的物象留下人文烙印。那些登临、怀古，咏史、抒怀的豪放词作，往往就是这样产生的。还有一些物象，如月，娟娟妩媚；如雪，晶莹洁白，它们本属柔美范畴，但月色光耀九州山川，雪片覆盖大地原野，混一霄壤，莽莽苍苍，它们既有美学上的崇高，又具备吞涵万物的气势，故亦能震动词人的豪情逸兴，使之发出，"江山多娇"的由衷赞叹，或者生发整顿乾坤的宏伟志愿，或者生出天外揽月的清旷之思。这也是豪放词区别于婉约词的一个主要因素。"江山之助"也包括主体的一些特殊遭际。清代以清新婉约的小令擅名的词人纳兰性德，扈从康熙帝巡行时，一窥塞外风光，壮怀激烈，感而作《长相思》"夜深千丈灯"、《如梦令》"万帐穹庐人醉"等豪放词，被王国维《人间词话》评价为堪与唐人"明月照积雪""大江流日夜""中天悬明月""黄河落日圆"等诗句所创造的"千古壮观"之境界"差近"。特殊情境下的经历或遭遇，有时能影响主体的心境甚或性格，而改变其平素的创作风格。

豪放事件的引发。苏轼在山东密州任上时，与同官打猎，驰骤奔腾的场面，浩大壮阔的声势，引发了词人心中的"少年狂"气，和"会挽雕弓如满月，西北望，射天狼"的报国激情，遂写下《江城子·密州出猎》这一豪放词史上的不朽篇章。金代王渥的《水龙吟》（短衣匹马清秋），元好问同调"少年射虎名豪"词等等，也是在打猎事件的激发下创作出来的。南宋词人叶梦得见人拉强弓射箭而自己染病不能，感慨而作《水调歌头》（霜降碧天静）词；辛弃疾因"有客慨然谈功名"，而引起他对少年时事的追念，写出《鹧鸪天》（壮岁旌旗拥万夫）的豪放名作；明代曹元方也因检阅军队而作《凤凰台上忆吹箫》（日耀雕戈）。在豪放词史上，还有大量送远赠别、读书题画、酬和他人的词作，以及题写自己画像的词作，表面看，这些事件，既不关涉作者的功名出处，也不关系国家民族的成败荣辱，它们与婉约词通常所写并无区别，但是，实际上，对悲歌慷慨之士来说，送别最能见出"丈夫"与"儿女"两种人气度的不同，也最具"豪放"色彩；感动他们的书籍，自是关于历史的兴衰、古时豪迈之人的快意与坎坷；所题之画，多是苍松雄鹰之类；所和之作，本身就是豪放词；题写小照，首先感慨的是岁月的流逝和壮志的未酬，……可以说，这些生活事件所具有或包含的某些内容，更为直接地唤起了词人心中的功业意识，刺激了他胸中积郁的磊落不平之气，引起了他对超旷洒脱的精神境界的向往，从而与他的心灵共振，同他的情怀相谐拍，引发出豪放词的创作。

总之，豪放词的生成具有多种因素，各因素之间，特别是主客体之间，又不可分割地联系在一起，共同产生作用。而在具体的构思、创作过程中，主体未必有怎样明确的风格意识或"豪放词意识"，更多的则是将内心强烈的感触、激烈的情绪倾泻出来的"表达欲"。豪放词是主体内心的豪气、逸气、不平之气，在一种或多种外物的牵发下，喷薄而出所化成的壮丽的人生诗篇。

（原载于《学语文》2000年第1期）

诗林漫步

词林初步话求书

宛敏灏

当拟定本文题目时，曾经过一番斟酌：①不能用"漫步"，怕不着边际地扯得远，②宜于用"求书"，表明不是一般地"寻寻觅觅"。求书和求爱很相似，"求之不得"，也免不了要"辗转反侧"的。

一

在浩瀚的书海里，词籍原来不多。明、清以来，词集和研究词学的著作虽继续不断刊行，但发行量较少，不但晚清有人自称尚未见到《历代诗余》和《钦定词谱》，夏敬观在民国年间撰《词调溯源》列举柳永《乐章集》等对词调注有所属宫调，独缺张孝祥，疑《景宋于湖先生长短句》亦未曾寓目。于此可见求书之不易。

近些年来，词籍出版日益增多，于是怎样选择最适合于自己阅读的词籍就成为初学者所经常考虑的问题。而少数图书馆珍藏的善本或久未重印的一般词籍，仍有待于读者之着意寻求。

求书的途径，一般不外如下三者：曰购、曰借、曰抄。有时亦可得之意外，如亲友或著者的赠送；动乱中的乘浑水摸鱼；等等，这些都可遇而不可求，尤其后者卑鄙可耻。

现在我们先谈购买。常用的词籍应当时在手边，靠短期借用是不行的。有人觉得买书容易，上书店门市部请营业员取出几本，"银货两讫"就行了。其实并不那么简单，首先是书店无法随时提供所有的出版物，可能你需要的早已脱销，而无意购买的却有现货。其次是同性质的书有时备有多种，多买少买，要由你自己去决定。三是斟酌个人经济条件，哪些先买，哪些迟买或不买，也得有所考虑。

为此，我提出两条意见供参考：一是选择条件不必太苛。以词的选本为例，较早出版的有《唐宋名家词选》《唐宋词选》《宋词选》《宋词三百首笺注》，近年又续出《唐宋词选释》《唐五代两宋词简析》《宋词赏析》《唐宋词简释》等等。有人说：这类书都大同小异，选来选去总离不开名家、名作，随便买一本来看看不行吗？又有一些人却非常慎重，听说这本书有不足之处，那本书也有问题，于是挑来挑去，总不放心。我想，如书店有售就不妨多买几种。每一种书要求它尽善尽美是不可能的，只要各自有其特点就值得一读。有的选本"是提供古典文学研究工作者作为参考用的"（《唐宋词选释》）；有的"选录从思想内容艺术形式的角度来看……能代表古典文学优良传统的作品"以供青年阅读（《唐宋词选》）；有的"是以苏轼、辛弃疾为首的豪放派作为骨干，重点选录南宋爱国词人的优秀作品"，"同时也照顾到其他风格流派的代表作"（《宋词选》）；有的认为宋词有滑稽一派，特提出与柔丽派、豪放派并列（《唐五代两宋词简析》）；有的是应学习者的要求，侧重于婉约派作品的艺术技巧分析（《宋词赏析》）；有的系就"词之组织结构"，"据拙、重、大之旨简释"，"意在于辅助近日选本及加深对清人论词之理解"（《唐宋词简释》）。至于各选本待商榷之处，例如："持节云中，何日遣冯唐"（苏轼《江城子·密州出猎》），一般认为苏轼"以冯唐自比"，但有人却说："以守卫边疆的魏尚自期许"；"八百里分麾下炙"（辛弃疾《破阵子·为陈同父赋壮词以寄》），多数引《世说新语》或《晋书》；王有牛名八百里驳，苏轼《约（李）公择饮是日大风》"要当啖公八百里"诗句，以为八百里指"牛"。但也有人谓此为"又一说"而注作"八百里范围内的部队分到熟牛肉吃"（仅凭"炙"字恐尚难断定为"牛"肉）。"若为情"（张孝祥《六州歌头》），有的简注"何以为情，难为情"，有的更译以口语"犹今普通话'怎么好意思'，苏州话'阿要难为情'"。有人却说："'若为情'三字犹言煞似有情"。"渐黄昏、清角吹寒，都在空城"（姜夔《扬州慢》），"隔水毡乡，落日牛羊下，区脱纵横"（张孝祥《六州歌头》），这两句一般都从文义标点如上，有人则主张断成："渐黄昏清角，吹寒都在空城"，"隔水毡乡落日，牛羊下区脱纵横"。像这样的例子很多，就全书来说，错了，也不过是美中不足。但对读者却起了意想不到的作用，它能促使人们通过比较深思，获得正确的理解。以上只是举词选一种为例，购买其他词籍也应如此。

　　第二条参考意见是在买书时要根据自己的水平并考虑将来深入研究的需要，逐渐扩大购书的范围和途径。此话怎讲呢？我们说的是"词林初步"，关于词书也许是要从无到有。因此，对于购得着的不妨多买些，但也要从实际出发，分别缓急次第。如果自己的理解水平基本上尚须参阅注释，此时案头即使有多部无注的词总集或别集，使用它的机会也不会多。有关词的赏析，作者往往通过不同词家的特有风格以至某首词的具体组织结构，论述其高度艺术技巧。倘读者对于一词的起结、过片、层次、转折、意脉等有关章法的基本知识还不甚了解，就难免有部分赏析尚难领会得透彻。而这些基础知识的获得是由于博览词籍，伴随着个人研究的逐步深入而累积起来的。所以像词谱、词韵、词话（四库总目提要将《碧鸡漫志》《词源》等都列入词话）等各类词书，迟早都须读到。至于近人研究的成果，有的泛论某一时代的词风，有的评述某一作家或其专集，有的欣赏某些名作的写作技巧，有的研讨关于词学的问题。这些文章尽管先后在报刊上发表过，现在汇编成为专集，仍宜拿来重读一下，以便在这一基础上作进一步研究。总之：学习循序渐进，购书的次第也须与学习密切配合，购书途径并应扩大及于各出版社和古籍或古旧书店等。有关古籍整理及出版计划的消息（如《彊村丛书》的标点排印，《词话丛编》将重排出版）能随时留意，对于求书也是有好处的。

<h1 style="text-align:center">二</h1>

　　求书的第二条途径曰"借"，借的来源包括个人和图书馆，其中图书馆是最主要的来源。词山曲海，个人收藏究竟有限，只有依靠规模较大的图书馆才能读到大量的词籍。

　　在收藏丰富的图书馆里，尽管借阅方便，我们也不可漫无目的地随意阅览。这样只会浪费时间，收效不大。这里想略谈怎样运用有利条件，有计划地去学习、研究。

通常我们对待向图书馆借来的书（包括借出和限在馆内阅览的），不外采取如下两种态度：一曰"读"，二曰"翻"。哪些应读，哪些该翻，这要看当时需要而定。所谓"读"，指的是将全书逐章逐节或逐卷逐篇阅览；所谓"翻"，是涉猎一过，带着目的去查阅书中某部分，不要求通览。现仍以词的选本为例谈谈。上面举出若干种词选，都是当代所编（或笺注），五代两宋以来，是否也有类似的选集呢？我想下述数书都是一般常读的：①敦煌曲子词，系敦煌石室旧藏唐代的民间词，有《云谣集杂曲子》、王重民《敦煌曲子词集》、任二北《敦煌曲校录》（其《敦煌歌辞》搜罗最富，早年尚著有《敦煌曲初探》）等。初期的民间词，在内容上包括有"边客游子之呻吟，忠臣义士之壮语，隐君子之颐情悦志，少年学子之热望与失望，以及佛子之赞颂，医生之歌诀"（王重民《敦煌曲子词集》自序》等等，在形式上同调的句法往往不一致，时有衬字。读此可使我们对于词的产生和发展有所了解。除上举几种书外，学人关于这方面的辑校论述尚多。倘若我们感觉兴趣，都可借来泛览一下，这就由"读"进入"翻"了。翻，可以扩大知识面，也可以比较各家意见解决某一专题。就敦煌词本身的校释来说，还是一个没有做完的专题。校改偶误者如《敦煌曲校录》《菩萨蛮》"朱明时节樱桃熟"句，改"朱明"为"清明"，据云从前一首"清明节近千山绿"改。不知校者何以不参照另一首"路逢寒食节，处处樱花发"考虑，按《尔雅·释天》"夏日朱明"，原文不误。校者在日常生活中，似未注意樱桃花开与果熟时间。甚待商榷者，如《鹊踏枝》"谁知锁我在金笼里"句，《唐宋词选释》以"在"为衬字；而《唐五代两宋词简析》谓"我"字为衬，万树作《词律》，曾谓词不得有衬，后人已驳其非，但加衬有无一些约定俗成的规则，如结合词曲的实例加以考察，则又必须"翻"阅大量的有关书籍。②《花间集》刘克庄《满江红》词云："生怕客谈榆塞事，且教儿诵《花间集》。"即此可见《花间集》在宋代流传情况，就其与"榆塞"对举，亦可略窥其内容如何，书为后蜀赵崇祚编，前有孟昶广政三年夏欧阳炯序云："有唐以降率土之滨，家家之香径春风，宁寻越艳；处处之红楼夜月，自锁嫦娥。……因集近来诗客曲子词五百首……乃命之为《花间集》。庶使西园英哲，用资羽盖之欢；南国婵娟，休唱莲舟之引。"所谓"诗客曲子词"，显然指的是文人创作，其特点都是些剪红刻翠的艳词。这种婉约词风直到北宋初年的词坛仍受其影响，这说明《花间集》在词籍中所处的重要地位。传本甚多，最早的有南宋绍兴十八年（1148）的晁谦之本，此外有四印斋影刻宋淳熙本、明毛晋《词苑英华》刊本（自宋开禧刻本出）等。校注本在抗日战争前已有华连国的《花间集注》、李冰若的《花间集评注》。解放后人民文学出版社又曾出《花间集校》（其中仍偶有误处，如：皇甫松《采莲子》"菡萏香连十顷陂"句，此书与四部备要本均误作"香莲"）。有机会都可买或借来互相参阅，翻书既多，往往可发现一些新问题，或在解释某些现象获得新例证。就"民间"和"诗客"两种词集去比较，既有不同，亦多类似之处。如《敦煌曲校录》在《虞美人》"东风吹绽海棠开"后注云："……因叶韵不同，调有单体，兹分作两首，而订为联章……"按《花间集》卷六顾夐《虞美人》"触帘风送景阳钟"一首体式与此全同：其一，上下片首二句用平韵；其次，上下片也各叶一韵。看来这是《虞美人》调初期的形式。民间这样，"诗客"也没有多改（《花间集》里别人写的首句无平叶者，但两片结句一律用七字及三字句各一，到李煜便作"恰似一江春水向东流"的九字句了）。两相对照，应否将敦煌曲子调分作两首，似还值得考虑。③历代其他较著的选本。宋人选词今存者，尚有曾慥的《乐府雅词》，黄昇的《花庵词选》；周密的《绝妙好词》，何士信的《类编草堂诗余》等。明陈耀文编有《花草粹编》。清代除官修《历代诗余》外，并有浙派朱彝尊编的《词综》，常州派张惠言编的《词选》等，这些都是究心词学者必读的书。在学习过程中发现很多问题又要进一步翻阅有关参考。研究必须充分地占有材料，这只有依靠大量借阅。

至于有关词的工具书如词谱、词韵之属，个人收藏的总不会如图书馆搜罗之富。即清末以来汇刻的词集：王鹏运的《四印斋所刻词》，江标的《宋元名家词》，吴昌绶、陶湘的《景刊宋金元本词》，陶湘的《景汲古阁钞宋金词七种》，朱孝臧的《彊村丛书》等等（不像排印本唐圭璋的《全宋词》《全金元词》尚易购得），私人持有的屡经动乱，也不能如图书馆保存之久。所以说，借书以图书馆为主要来源。

三

求书的第三条途径是"抄",这本是个最古老的方法。自从印刷术日益发达,图书供应量逐渐增多,雕版与排版、影印等相比已成为落后形式,更不要说抄写了。但这一形式,还不能完全废掉不用。例如在从事辑佚、校勘、考订的工作过程中,由于中文打字机使用不方便,就不得不依赖手写,为了摘录一部分的评论,能不抄吗?今后像图书馆藏的多卷册抄本当然少了,但字数无多,需用较急,在不具备印刷或静电复印条件的情况下,抄置手边以备随时查阅,有何不可呢?

当购书不得,或其中只有很少部分需要,值不得一买时,我们必然走借阅这条路。倘阅后有意引用,或恐记忆有误须录存备查时,也免不了要抄入个人的备忘录。从这类事实看,"抄"实际是"借"的继续。所以抄书手要勤,懒不得!

总之:"购""借""抄"三者相辅相成,便成为我们常用的"求书"手段。本文写作目的只在浅谈求书的方法多端,鼓励初学勿为条件所局限,偶然涉及词学研究问题中的一鳞半爪,用意只在把问题说得更具体、更透彻一些。至于词学方面还有哪些问题等待研究解决;有哪些问题就研究深广度说尚系薄弱环节,哪些名家的词集要先学,依次宜及于哪些作家;校勘笺注的词集,有哪些较胜;在词学评论方面,哪些书有独到见解,论点较为公允正确;词的工具书有哪些亟宜整理,有哪些尚待新编?"求书"为学习,学以致用,我们应如何正确对待词学这一遗产,在前人已经获得成绩的基础上,把词学研究推向前进,做出应有的贡献,类似这些问题都不是三言两句所能谈清,也超越了本题的范围。

也许有人说:这里提出的全是些普通"求书"做法,可以说施无不宜,拿来专谈寻找词籍,不嫌空泛吗?我想,对于一切事物的处理,就其大者观之,方法总是相似的。但运用这些方法去解决具体问题,却又有千差万别。"购、借、抄"三者如把"抄"去掉,只就"购、借"来说,适用的范围就更广了。一般在解决具体问题时,是要考虑到时、地、人的不同因素的,千差万别就由此而生。前面提到买书要参照个人学习水平和计划，这就因人而异。现在再就时、地举例略作说明：记得我幼年在私塾里曾经抄过一部《白香词谱》，这是其时、其地能得到这部书的唯一办法；四年前有位朋友问我有无办法搞到词韵，我的答复是"抄"；"嫌烦就只抄认得的字，最简单抄个韵目来"。这个问题倘今日提出，我一定会告诉他上海古籍出版社已将《词林正韵》影印，常用的书，最好买一本放在手边。回想我抄《白香词谱》时，只是把它当作词选来读；觅词韵而建议抄个韵目来，当然还要配合其他韵书去使用。谈到这些是由"求书"而又涉及"用书"的问题。越谈越远，恕不再添蛇足了。

最后，让我们回到"初学""求书"这个小范围的问题上来，把它概括为三句话：购书的选择条件不必太苛；借书的范围宜有目地逐渐扩大；抄书的手要勤。

（原载于《学语文》1983年第2期）

黎锦熙先生的《二十年纪事诗存》

张涤华

　　1975 年 11 月，黎劭西先生（锦熙）从北京寄来他的《廿年纪事诗存》（油印稿。以下简称《诗存》），嘱我提提意见。当时，我曾把自己的读后感写出寄去。由于未留底稿，内容说了些什么，现在已经记不清楚了。今年 3 月，是黎先生逝世六周年，《学语文》决定辟一专栏，发几篇文章，编者要我也写一篇来纪念他。恰巧黎先生的女公子泽渝同志来信要我为先生的诗集作序，但全稿尚未寄到，而《学语文》马上就要付印，来不及等待，因就手边的这本《诗存》重加研习，先草此文，略抒所见。

　　《诗存》是 1931—1949 年所作，共五卷，诗 190 多首。词较少，分附诗后，不另编集。卷末附《今稿》，收诗词25首，是 1953—1964 年所作，不列卷。关于诗集的命名，黎先生在《自序》里有解释，他说："这是我自己删存的诗稿。从 1931 年起，到今天（华按：指 1962 年 2 月 5 日春节）已三十年。为什么只说是'廿年'呢？因为我只有这二十年间的诗比较多。为什么又叫做'纪事诗'呢？因为这些诗除纪事外，别无可取，就不足存。"这最后一句，是先生的谦词，其实集内好诗很多，提供的史料极为丰富，预料正式出版之后，是一定会广泛流传和长期保存下去的。

　　黎先生四岁读《诗经》，十岁就学作诗，参加"罗山诗社"，有一本存稿留在他的家乡湘潭旧居，可惜 1944 年毁于兵火。1937 年卢沟桥事变前后，华北告警，先生随北京师范大学迁移，辗转各地，生活多在舟车旅舍间，有时就以韵语代替日记（华按：先生从十二岁起就记日记，直至逝世前夕，从未间断），或用来回忆往事。他所记的并不限于个人的活动，实广泛涉及国内外的大事，所以"纪事诗"是名副其实的。

黎先生自己曾把廿年间写的诗分为五集，各有专名，代表五个时期：

① 《国难集》——1931年九·一八事变以后的六年间，是群众反日运动时期。

② 《半年流浪集》——1937年卢沟桥事变后。

③ 《乐城集》——1937年冬，北师大西迁长安，再迁陕南城固（华按，城固，汉末名乐城）。这以后是全国抗日民族统一战线实现时期。

④ 《关陇蜀游集》——1941年起，北师大又分期迁设兰州，直到1945年日本投降时。

⑤ 《回乡集》——1946年后，先生曾两度回湘、回平（北京），到1949年北京解放时。这是第三次国内革命战争时期。

合计不过十八九年，廿年是举成数。建国以后，先生忙于各项工作，加上年事已高，身体也不如前，用脑有了限制，因之不常写诗，偶有所作，都收入《今稿》。先生曾计划把《诗存》和《今稿》作为上册，另将其他的诗编入下册。可惜后来竟未及着手，就于1978年8月溘然长逝了。

通读《诗存》（包括《今稿》）所收诸作，我觉得有三个很明显的特色：

其一，如实地反映了二十年间的历史轮廓，保存了大量的宝贵史料，堪称地地道道的"诗史"。

1931年九·一八事变以后的许多历史大事，诸如1932年沪战，1935年一二·九运动，1936年西安事变，1937年卢沟桥事变，以及第二次世界大战、日本投降、重庆谈判等等，《诗存》中都有真实而又爱憎分明的反映。这方面的篇什很多，姑举开卷的《从九·一八到一·二八沪战》为例：

"安内"残民众，和戎弃版图。乃云无抵抗，直是递降书！北房吞龙、锦，南锋指沪、苏；国联犹束手，烽燧迫中枢。

"攘外"原虚语，孤军委海隅。仓皇辞寝庙，迤逦赴行都。幸拒金牌召，终输铁锁图。坐令万家市，灯火杂号呼。

短短的八十字，包含了许许多多的内容：它揭露了蒋帮叫嚷"攘外必先安内"，而实际上是对外不抵抗，葬送大片河山，对内则顽固地进行内战和残酷地镇压人民；又揭露了当时的南京反动政府不支援十九路军淞沪孤军抗战，而只是自欺欺人地倚仗所谓"诉诸国联"，终于导致军事失败，仓皇迁都洛阳，被迫与日人签订停战协定，暂保东南苟安之局，以便调兵进攻解放区。这里面，有谴责，有讽刺，有悲愤，作者的政治态度是鲜明的，感慨是深沉的。就诗而论，字烹句炼，音节悲壮，确是杜陵遗响。前人曾说杜甫的诗是"诗史"，但杜诗涉及历史的并不太多，不像《诗存》里的诗十之八九都有本事，都是实录。展卷一读，解放前二十年间的政治、军事、社会各方面的情状就历历在目。特别是我们从旧社会过来的人，诗中所写都是当时耳闻目见的，读来尤其感到亲切。说它是诗史，的确是当之无愧的。

其二，生动而形象地记录了一个进步的知识分子的生活经历和思想变化，也留下了作者为开通民智、普及文化教育而奋斗终身的巨大业绩。

黎先生的一生是追求进步的一生。他在十七岁时就到长沙参加民主革命运动，组织"德育会"，以"牺牲个人，努力救国"为帜志，受到官厅的通缉。次年（1907），为了接受新思潮，他远赴北京求学。后来又回湘考入湖南优级师范史地部。他曾参加孙中山领导的同盟会，优师毕业后就投身新闻界，任《长沙日报》主编，又与人合作创办《湖南公报》《湖南大公报》，宣传民主、法治，反对专制，批评时政，笔锋犀利。1914年，任湖南省立第一师范历史教员，与当时的进步人士杨昌济、徐特立等组织"宏文图书编译社"，编辑中小学各科教材，又附办刊物《公言》，遇事敢言，在当时颇有斗争性。1915年应聘到北京，任教育部特约编纂员（后改编审员），力主改"国文科"为"国语科"，提倡白话文，反对小学"读经"；并发起组织国语研究会，宣传国语统一（即推广普通话）、言文一致（即普及白话文），真正开始了我国的国语运动（1892年以来的文字改革只可说是汉字切音的启蒙运动）。1919年，参加五四新文化运动，任国语统一会的常任干事，制订《国语研究调查之进行计画书》，开办国语讲习所。此后，在普及文化教育、进行文字改革、开展国语运动，以及编写《国音字典》《中国大辞典》等方面，先生都做出了艰苦不懈的努力，取得了很大成绩。所有这些，在《诗存》里都有反映，这里不能详说，只举有关扫盲和文字改革的几处为例：

漫道正名千载业，且开识字万家盲！（《撰〈巴苴蘘荷辨〉成，将之郑州出席国语罗马字第一次全国代表大会，酬夏宇众》。自注："1934年写成此篇后，即将工作方针专向着文字改革和扫盲运动。"）

为便语文商榷苦，岂同听雨作清谈？（《六月十五又同一庵自北京赴南京议简体字》）

廿载论交久。相期作沮仓；宏图不籍武，远略在吞洋。（《挽钱玄同五律四首》之一。自注："我与他论交共计有二十三年，互相期许的中心事业，就在这新时代的沮诵、仓颉工作。……文字改革的长远策略，就是要利用世界通行的字母，来给本国的语言和教育服务，同时也有利于中外文化的交流，这是'吞洋'而不是为洋所吞也。"）

这些都说明他既有宏伟的抱负，又有为之奋斗的勇气。在旧社会里，像黎先生这样，有着为人民大众的文化教育事业而献身的顽强精神，是非常难能可贵的。

从1920年起，黎先生先后在北京的一些高等学校任教。在培育人才的同时，仍孜孜不倦地进行语文方面的调查研究和宣传工作，还毫不妥协地与各种旧势力作斗争。例如1925年支持北京女师大学生驱赶反动校长杨荫榆和反对北洋政府的"尊孔读经"，黎先生就站在进步的一边，态度十分坚决。

1937年，黎先生应河南大学之约赴汴讲学，有《开封赠答友人》诗，里面说：

相反相成理，西方黑格儿；费君阐唯物，马氏判劳资。薪尽灯传矣，金声玉振之。嗟余徒附会，何足语真知？

讲题是《中国文字历史的演讲》，运用"正反合"的辩证式作为提纲，嵇文甫教授在座，极为称赏。先生虽然谦称是"附会"，但也说明这时他已初步接触了马列主义，思想上有了更大的提高了。

黎先生很早就对中国共产党同情和支持。1936年，他在《归湘潭，纪念第六个九·一八国难日作》诗里，一方面斥责国民党政府在"国难历五载"之后，犹在作"阋墙"之争，一方面颂扬红军的东征，"一朝士气伸，决战在北方"。1947年《春兴八首和杜》之八："仙骈两降春相顾"，热情称赞毛主席1945年飞渝进行谈判，及次年春周恩来同志等又来参加政治协商会议，签订停战协定。建国以后，黎先生更是心情欢畅，精神振奋，他觉得自己还很年青，仍有当年的豪气："多病却无迟暮感"（《天安门参加庆典》）；还想贾其余勇，再为人民做一番事业："愿及良时作奋飞"（《九三学社主席七十岁，我与王之相同志皆为同年，步王韵互祝》），"欣看开新局，能无革旧思"（《张平子自大连寄来〈怀京友〉诗，和以代柬》）。他的政治热情和自强不息的精神，在这些诗里是充分地表露出来了！

　　黎先生在《自序》里曾说，他的诗作里没有彷徨颓废的情绪，也不涉及个人身世之感。读《诗存》，我正是常常有这种感觉。

　　其三，《诗存》每首诗后，有"附注"，有"今按"，有"附记"体例上有很大的创新。

　　《自序》对《诗存》的体例作了如下的说明：

> "诗中的'原注'都照附于每首之后，一律不删（酌标圆点于字旁为识）。诗句中，还有当时未能直陈的（原注也未便详注的），或者内容本事和国内外形势有关背景的，都加'今按'。有些'按'得太多，越出应补注的范围也就算它是'附注'。为的是年老记忆力衰，近几十年正在'换人间'的历史大事，以及自己工作、生活中该记得的末节，往往忘其年月先后，借此可以随时参检。"

　　《诗存》的"原注"有一些本来就很详，如《吊〈湖南大公报〉记者李抱一》《归湘潭，纪念九·一八第六个国难日作》《挽钱玄同五律四首》等篇，往往洋洋数百言，乃至千余言。"今按"一般又作了较详的补充，如《从北碚泛舟嘉陵江至渝，答友人核桃树见访和元韵》《再归湘潭，舟归昭山作》《蜀中杂咏》等篇。三者之外，又有篇中加注的，如《具区行》（七古，与汪怡联句），几乎句句有注。合此几项，遂创诗家前所未有的新例。这种体例，可以帮助读者了解写诗的背景、作者的用意，以及词语的来历等等，设想可谓极为周到。1976年，我有《呈黎劭西前辈》七律一首，其中有两句是："语坛自昔推元老，诗国于今起异军。"上句指黎先生在我国语言学界的地位，下句就是指《诗存》的体例说的了。黎先生在《禊集杜家漕西京图书分馆，依少陵〈上巳日徐司禄林园宴集〉五律一章，分韵得风字》诗中说："我辈丁斯时，作风贵启蒙。"他的作风正是最富于创造精神的，在他所从事的许多方面，往往能匠心独运，开拓新的领域。诸如编写《新著国语文法》、铸造注音汉字、创制国语罗马字（与赵元任合作）等就是如此，在诗的体例的制定上也是如此。

除了以上三项之外，《诗存》的艺术性也很值得一谈。但说来话长，这里限于篇幅，不能多及，只好留待以后另文讨论了。

（原载于《学语文》1984年第2期）

《红楼梦》的诗意美

严云受

诗中有画，画中有诗，这是人们称赞那些创造了优美、动人的意境的诗、画作品时常说的两句话。它启示我们：不同的艺术种类不仅各有特征，而且还往往相互渗透，相互吸收。小说与诗之间也是如此。优秀的抒情篇章里，有时会存在着精彩的叙事性片段；杰出的叙事作品中，又常常由于包容有抒情的素质而倍增其感人之力。有一些特别杰出的小说，其中总是或强或弱、或显或隐地蕴含有诗的意趣。在这方面，《红楼梦》是值得我们特别注意的。简直可以把它称为"无韵的诗"。

我国是诗国。各种艺术种类、样式的形成与发展，无不受到诗歌的影响，无不从诗歌中汲取了许多有益的养分。小说与戏剧的诗化，也许是中国古典文学发展史的最富于特征性的规律之一吧！《红楼梦》作为一部广泛地继承了前代的艺术经验的作品，当然会具有明显的诗化的倾向。而且，它的作者曹雪芹又是一个"工诗善画"的大师，因此，十分自然地，《红楼梦》里诗的情趣特别浓郁。

在讨论中国古典小说的诗化时，人们立即会想到古典白话小说里的诗词。应当肯定，这种诗词如果运用得当的话，是有助于增强作品的诗意的。但是，如果以为，古典小说的诗化主要就表现在诗词韵语的穿插运用上，那就把诗化的内容大大地缩小了、阉割了。诗化的表现并不仅仅在于语言样式，而主要是以内在的某种特征为根本标志。在《金瓶梅》里就有不少诗词，但是，人们从《金瓶梅》里是很难感受到诗的意味的。小说的诗化，首先要求内容有诗意。一个没有诗意的事件，即使全部用韵文描述出来，仍不能给人以诗意的感染；而本身包含有诗的素质的材料，不论作者用韵文还是用散文去表现，都能在人们的心灵里拨动诗的情弦。凡是诗化的小说，总是由于它的题材或多或少地蕴藏有诗的因素，作品画面里表现出意境美。

《红楼梦》之所以使人从中领略到浓烈的诗情、诗味，正因为曹雪芹在小说里创造了一系列的优美动人的意境。曹雪芹十分善于创造出情景交融的渗透着诗的情思的艺术氛围，让人物在其中展示自己的心灵，把生活中的美反映出来。人所共知，"少女能够歌唱失去的爱情，但守财奴不能歌唱失去的金钱"。诗化，意境美，总是同美好的事物、美好的情思这样或那样地联系着。在揭露、鞭挞腐朽、污浊的封建社会时，努力发现并表现生活中的正面事物，展示被迫害者的心灵的美，他们的相互体贴、相互爱抚，是曹雪芹认识生活、塑造形象的一个十分突出的特征，也是《红楼梦》具有浓郁的诗情的主要原因。《红楼梦》产生在封建社会末期，在那个时代，封建制度的衰败已经在一切社会生活领域反映出来。曹雪芹对于这个社会的污浊是有着十分深刻的观察与认识的，但是，他的双眼并没有被黑暗所遮蔽；他看到了当时社会的种种丑恶，又注意到生活里总是会有美的。哪怕这种美在当时还很幼弱，还受着旧事物的禁锢，然而，它的存在则是不可忽视的。因此，尽管他在揭露旧事物的必然灭亡的命运时，流露了某种程度的哀挽情绪，可是，他却以敏锐的感受力与观察力，满怀着深厚的赞美之情，表现了生活中进步的美好的事物，在当时还不能广泛地被人理解的新生的东西。在他的笔下，封建阶级的叛逆者贾宝玉、林黛玉，反抗性鲜明得像"爆炭"的晴雯，富有同情心的善良的紫鹃等，都各以自己独特的言行，表现了正面人物的某些美的品质、情思。虽然这些人物本身并不是十全十美的（那也是不可能的），但他们身上那些美好的东西，却使人有一种在黑暗的夜空里看到了几颗闪亮的星星的感受，却使人觉得有一股促使自己趋向美的力量在冲击心灵。所以，《红楼梦》的整个画面都为诗的光辉映照着。

"宝玉被打"，是《红楼梦》情节发展的一个大波澜。贵族家庭的后代贾宝玉违背了封建阶级的要求，走上了一条与贾政的期望正好相反的人生道路。封建阶级竭力宣扬的许多东西，他大胆地蔑视、亵渎；贵族男女百口嘲谤的一些事物，他却热诚尊崇。于是，贾政妄图用板子来打断宝玉心中的叛逆的嫩苗。宝玉被打后，许多人出于不同的动机前来探望。其中，最令人难忘的是黛玉探望宝玉的一段：

宝玉从梦中惊醒，睁眼一看，不是别人，却是林黛玉。宝玉……叹了一声说道："你又做什么跑来！虽说太阳落下去，那地上的余热未散，走两趟又要受了暑。我虽然捱了打，并不觉疼痛。我这个样儿，只装出来哄他们，好在外头布散与老爷听，其实是假的，你不可认真。"此时林黛玉虽不是嚎啕大哭，然越是这等无声之泣，气噎喉堵，更觉得利害。听了宝玉这番话，心中虽然有万句言词，只是不能说得。半日方抽抽噎噎的说道："你从此可都改了罢!？"宝玉听说便长叹一声道："你放心，别说这样话。我便为这些人死了，也是情愿的。"

精神与肉体都受到严酷摧残的宝玉，这时最希望看到的人当然是从来不说"混帐话"的黛玉。可是，当满面泪光的黛玉坐在他身边时，他却嗔怪她"做什么跑来"。几句似乎反常的语言，流露了人物内心的美好情感：细致入微地关心、体贴人。为了减轻黛玉的精神痛苦，他又竭力掩盖自己的肉体的伤痛。宁可自己暗中忍受折磨，也要让别人得到安抚与慰藉。这种心理状态，闪耀着一种温暖的美的光辉。眼看到宝玉的伤疼，耳听着他的爱抚的语言，黛玉更觉得有无数的话语要倾诉，要披露，可是，她仅仅以无声的哭泣来回答宝玉。她觉得，任何一句言词都不能恰当地表达自己的心曲，任何一句言词也许都是不必要的。因为他们能够以心来相互感知、相互温慰。几行简洁的白描，就深入骨髓地写出了一对叛逆者之间的情感的交流，心灵的絮语，就弹出了诗的音调。接着，作家把笔触进一步探向主人公的灵魂的另一角落：顽强的不可制服的反抗精神，对理想的坚持不渝的追求。宝玉对黛玉说："我便为这些人死了，也是情愿的。"他的这句话是伴和着长叹说出来的。这种在长叹中迸出的誓言格外显得字字沉重，格外富于感情。它使人感到，宝玉心田里的那棵叛逆的幼苗，已经很难除掉了。就这样，一个平凡的家庭日常生活场景，在曹雪芹的笔下，却成为一曲涤人俗虑的忠于进步理想的颂歌，一首赞赏正面人物美好品格的诗。

在曹雪芹的笔下，诗意就像一股源源不绝的泉水流淌着。"静日玉生香"、"病补雀金裘"、宝玉探晴雯、痛撰芙蓉诔、紫鹃试忙玉，鸳鸯抗贾赦等等，或描绘了叛逆者之间的纯真爱情的温馨，或从被压迫的奴隶身上发掘出了闪光的事物，或赞美了被损害者之间的相互关心各有特色，但都能给人以诗意的熏染。

为了展示生活中的美，曹雪芹特别善于从诗所特有的角度，摄取一幅幅情景交融的生活场景；创造出物我交融的艺术境界。如"西厢记妙词通戏语"中的一段：

> ……宝玉携了一套《会真记》，走到沁芳闸桥边桃花底下一块石上坐着，展开《会真记》，从头细玩。正看到"落红成阵"，只见一阵风过，把树头上桃花吹下一大半来，落的满身满书满地皆是。宝玉要抖将下来，恐怕脚步践踏了，只得兜了那花瓣，来至池边，抖在池内。那花瓣浮在水面，飘飘荡荡，竟流出沁芳闸去了。
> ……黛玉道："什么书？"宝玉见问，慌的藏之不迭，便说道："不过是《中庸》《大学》。"黛玉笑道："你又在我跟前弄鬼。趁早儿给我瞧，好多着呢！"宝玉道："好妹妹，若论你，我是不怕的。你看了，好歹别告诉别人去。真真这是好文章！你要看了，连饭也不想吃呢。"一面说，一面递了过去。林黛玉把花具且都放下，接书来瞧，从头看去，越看越爱看。

这是描写宝黛爱情生活的一个令人难忘的片段。它之所以吸引人并不是由于作家在这里展开了多么严重的冲突，而是因为表现了鲜明的意境美。整个画面单纯而又丰富。作者并没有多费笔墨去细致地全面地描写三月的景致，他只是以简炼的语言表现了一些富于特征性的暮春景物：乱落如红雨的桃花，流动着的池水。自然景物与青年男女主人公在空间里组合得十分和谐：桃花的艳丽的色彩，流水的喧闹的跃动的韵律，都围绕着迷醉在优秀古典作品，同时也是沉浸在爱情中的宝玉与黛玉，达到了相互浑融，形成了一个有声有色、情趣隽永的艺术境界。

再如，肩扛花锄、手携花囊的黛玉，一边把落花埋入净土，一边吟诵着"一年三百六十日，风刀霜剑严相逼"；在"姹紫嫣红开遍"的春光里，黛玉耳听着梨香院墙内飘过来的《牡丹亭》曲文，不觉"心动神摇"，"眼中落泪"；中秋之夜里，黛玉与湘云面对着明月清波，耳听着悠扬、凄清的笛韵，诗兴风发。这里，不论是春花，还是秋月，曹雪芹注意的都不仅仅是它们的自然形态；他总是从人与物的联系中，从人物的情思的基调出发来描绘景物的形象。情与景始终是相互渗透的。而且，场景的构图完整、优美，动静结合，意境感突出。黛玉葬花的场面并不是由作者直接介绍出来，而是让宝玉去寻黛玉，听见"山坡那边有呜咽之声"，从而在读者面前慢慢推出一幅葬花图。他也没有让黛玉静坐在那里读《牡丹亭》，而是化静为动，让从墙那边飘过来的唱曲声吸引黛玉，激起她的情思。凹晶溪馆的中秋夜色与黛玉、湘云的诗情始终是结合在一起来点染的。从这许多地方，我们可以看到曹雪芹的艺术构思确是不同凡响，他笔下的不少场景的选取与安排都借鉴了绘画艺术的经验，渗透着浓郁的画意诗情。

从《红楼梦》看，曹雪芹具有突出的诗人的气质与才华。两个世纪来，《红楼梦》引起了广大读者的共鸣，作品画卷中渗透着诗意，显然是一个不应忽视的原因。

（原载于《学语文》1984 年第 2 期）

苏轼画论的启迪

吴家荣

苏东坡集诗人、画家于一身，长期的艺术实践，使他领悟到：诗、画这两种不同的艺术种类，在创作与鉴赏上实有不少相通之处。他在《东坡志林》中说："味摩诘之诗，诗中有画；观摩诘之画，画中有诗。"其实，"诗画本一律"，诗画这两种艺术式样，不但可以相互结合，相映生辉。这两种创作理论更可以互为补充、相互启迪。在这方面，苏东坡无疑是有卓越建树的一人。他的不少论画的诗文，在一定程度上丰富了文学创作理论的内涵，并给人以深刻的启迪。

首先，苏东坡明确提出"画以适吾意"的观点。作画要表现作者自己的内心感受。这样，"意之所到，则笔力曲折无不尽意"。画出的画，方能"充满郁勃而见于外"。文学创作不也同此理吗？有感而发的文章与无病呻吟的文章，其艺术感染力大相径庭，根由正在于此。

其次，他论画重神似，轻视徒有形似而不能传神的作品。

苏东坡有一首很有名的诗，前四句是："论画与形似，见与儿童邻；赋诗即此诗，定知非诗人。"他指出，士人与画工作画的区别在于：前者重神似，而后者重形似。"观士人画，如阅天下马，取其意气所到。乃若画工，往往只取鞭策、皮毛、槽枥、刍秣，无一点俊发。"并很有见地说："画马不独画马皮，画出三马腹中事。"这就说到了文学创作上现实主义与自然主义两种创作方法的区别。鲁迅也曾说过：画人物"倘若画了全副的头发，即使细致逼真，也毫无意思"。鲁迅提倡"画眼睛""勾灵魂"的创作方法，正与苏东坡的"取其意气所到"如出一辙。自然主义地临摹生活，不运用典型化的手法揭示生活的本质，作品无疑是缺乏生命力的。

233

而具有神似的艺术形象，由于是典型化的产物，其传神之形，往往蕴含着作者的情思，寄托着作者的理想。因此，形象不仅气韵生动、光彩照人。而且，取类也小，称物也大。突破了形象本身的局限，传达出远为丰富深远的思想情致，在文学创作上就能造成"言近旨远""言有尽而意无穷"的艺术效果。

神似说，还进一步涉及到生活真实与艺术真实的问题。亚里士多德说得好："诗人的职责不在于描述已发生的事，而在于描述可能发生的事，即按可然律或必然律可能发生的事。"因为，事实有时也可能是不真实的。它缺乏必然性，不能反映出事物的本质。苏东坡在创作实践中，深刻认识到这点。他十分赞赏顾恺之画裴楷像时，在裴楷颊上加三毫的做法，尽管裴楷原本颊上无毛。苏东坡认为，这加上去的三毫竟能使人觉得"精采殊胜"。因为他把握住了人物的神情风采，生动地传达出人物的内心世界。而这，决非仅仅着力于外貌的酷肖所能得来。苏东坡独具慧眼地看出，艺术真实就在于作者如何用神来之笔，写出事物的神髓实质，而不必拘泥于枝枝叶叶的描摹。

苏东坡重视神似，并不是不要细节的真实，一味凭着作家的主观臆想，随心所欲地乱涂乱抹。其实他重视的是在形似基础上的神似，这样的神似完全离不开细节的真实。所以他大力提倡"师法自然"，正是他重视细节真实的佐证。他在《次韵子由书李伯时所藏韩干马》一诗中，肯定韩干画马以内厩之马为师的学习态度："君不见韩生自信无所学，厩马万匹皆吾师。"苏东坡认为，若缺乏起码的细节真实，把常形画错或画成了四不像，就将完全丧失艺术效果。他批评黄荃画飞鸟画成颈足皆展，戴嵩画斗牛画成掉尾而斗，简直是一大笑话。他在《石氏画苑记》中，更是明确地说到："所贵于画者，为其似也，似犹可贵，况其真乎！"所以苏东坡要求的绝不是失去形似的神似，而是在重常形的基础上更强调重常理，即画人要"得其人之天"，"得其意思所在"。正如巴尔扎克所说：一方面"小说在细节上不是真实的话，它就毫无足取了"，另一方面，一位大画家应该"多给我们它的神，少给我们它的形"。苏东坡不是要作家离开实际的观察，凭空刻画，而是在实际观察的基础上，抓住事物的本质，更概括、更集中地表现它，力求反映出生活的真髓而不是呆板地记录生活。

再次，苏东坡对创作过程的论述，也不乏真知灼见。谈到创作准备，他十分重视画家的深入生活。认为画家只有"神与万物交"，熟悉自己的描写对象，并在生活中获得生活感受，形成创作冲动，这样作的画才会有极强的艺术生命力。他深刻地指出：文与可画竹，之所以"无穷出清新"，完全在于"其身与竹化"。

苏东坡还十分重视创作技巧的掌握。他说："有道有艺。有道而不艺，则物虽形于心，不形于手。"没有高超的绘画技艺，尽管客观景象烂熟于心，也无法得心应手地将它传神地再现于纸上。因此，苏东坡十分强调画家必得勤学苦练绘画技艺。他说："心识其所以然，而不能然者，内外不一。心手不相应，不学之过也。"他指出石仓舒的书法之所以能"兴来一挥百纸尽，骏马倏忽踏九州"，乃是经历了"堆墙败笔如山丘"的艰苦磨练。吴道子绘画之所以"觉来落笔不经意，神妙独到秋毫颠"，也在于他具有"游刃余地、运斤成风"的高超技艺。

值得注意的是，苏东坡不仅认识到灵感在创作中的意义，而且唯物地阐释了这一现象，他指出灵感来时，"如兔起鹘落，少纵则逝矣"。他描述孙知微作画："营度终年，终不肯下笔。一日仓皇入寺，索笔甚急。奋袂如风，须臾而成。作输泻驰骤之势，汹汹欲崩屋也。"指出灵感是作者在实践生活中"营度经年"，反复思虑的结果。作者于"执笔熟视"中，由于生活中某一点的触发，突然打开了作家素材储备的闸门，顷刻间便使作家获得极有价值的启示，于是索笔甚急，一挥而就。这无疑是对灵感这一近乎怪诞而不可理喻的现象作了较为科学、极有意义的阐释。

在继承与创新的问题上，苏东坡持论也较为进步。他反对画家因循守旧、模仿剽窃，而要求"不古不今，自出新意"。

苏东坡并不反对师法古人，也不反对讲究法度。他曾说过："知者创物，能者述焉，非一人而成也。"他也不赞成"略其分齐、舍其度数"，而"一以意造"的创作态度。但他更强调创新的可贵。他得意于自己的书法，正在于"吾书虽不甚佳，然自出新意，不践古人，是一快也"。他高度评价吴道子的画："出新意于法度之中，寄妙理于豪放之外"，更是集中地反映了他对继承与创新问题的看法。即一方面画家要掌握一定的技巧、遵循一定的法度，另一方面又要不拘泥于规律的束缚，而能有所创造，得出新意。所谓

235

"法度之中，能有新意；豪放之外，能有妙理"，即是提倡既法古而又能变古。

文学创作所贵者也正在于创新。刘勰倡"通变"，认为"变则其久，通则不乏"。肖子显在《南齐书》中疾呼："若无新变，不能代雄。"陆机要"谢朝华于已披，启夕秀于未振"。这些，都与苏东坡画论之言异辞而同理。

苏东坡在词创作上，锐意革新，力排旧习，终开豪放派词风，自成一家。正是他在画论中强调"不古不今，自出新意"这一理论的伟大实践。

苏东坡的画论涉及到文艺创作的各个方面，有一定的理论深度，有较高的学术价值。同时，他的画论本身也是字字珠玑的美文，读来别有意趣而毫不令人生厌。苏东坡从不作脱离实际的空洞说教，决不写枯燥乏味的长篇大论。他的画论往往从一画、一事的点滴感受谈起，在轻松自如的趣笔妙语中阐述了深刻的道理。篇幅大多不长，然耐人回味，发人深省。

（原载于《学语文》1986 年第 6 期）

从《九歌》到《离骚》看文学与哲学的关联

市村金次郎

在中国，"文学和哲学是同一源流"的说法似乎已成当然的定论。不过，我认为用"文学不是哲学，它终究具有作为文学的自律性"的思考方法来驱使对《楚辞》的解说，历史地看待双方相交错、反拨及发展，尝试《楚辞》及屈原文学的展望是完全必要的。本文打算以中国文学和哲学这一文化范畴位于一种自觉的事实上的分歧的最初时期为前提，以《楚辞》中的《九歌》《离骚》为主，试图观察文学和哲学二者之于屈原的情形。

一般的倾向认为，最初产生于民间的极朴素的东西，经过一段时间而流行于上流社会，渐渐失去其平民性而具有贵族性，浮靡至极以至终结寿命，这一点从《诗经》已可明白。根据考察中国韵文变迁的一般倾向，从《九歌》和《离骚》二者的联系上看，我认为发表于《楚辞》的首篇的《离骚》这一长篇，绝不是最早的作品，其雏形应该是《九歌》而不是其他。

《九歌》共有《东皇太一》《云中君》《湘君》《湘夫人》《大司命》《少司命》《东君》《河伯》《山鬼》《国殇》《礼魂》十一篇。在当时，南方的文明国家是楚，尽管《楚辞》和《诗经》相隔不过二百多年，但由于山川阻隔的南北地域差别，用现今的眼光来看，不啻于相隔两千年。不过，从《楚辞》中仍可以看出"新乐"相似于《诗经》中的"女乐"的倾向，而巫在神前且歌且舞的神乐，则是《诗经》的女乐（歌舞伎）的连续。只要翻开《湘君》《湘夫人》，就可以看到帝子和女神相媾相游、希望平安长寿的女神乐。《东皇太一》中也同样可见神乐舞的投影：

吉日兮辰良，穆将愉兮上皇。……

瑶席兮玉瑱，盍将把兮琼芳。

蕙肴蒸兮兰藉，奠桂酒兮椒浆。

扬抱兮拊鼓……

疏缓节兮安歌，陈竽瑟兮浩倡。……

灵偃蹇兮姣服，芳菲菲兮满堂……

　　如上所言，在表现极其丰富舒适的浪漫性的同时，也最直接地描写了宫廷生活的殷盛奢侈。不过，我认为屈原的真实意图并不在于叙写挑选吉日良辰大设筵宴，饰花蒸鱼、交杯对酌、击鼓弹弦这些方面，而是在于表现贯穿于《九歌》各篇的作为同神交涉的场合的神乐和"灵"，即"屈原对于'灵'的思维"。当时的楚国，盛行偶像崇拜主义，常常以咒术表示对于神灵的信仰，由此达成神灵和现实的中介，屈原的心怀和愿望也得以在这个舞台上充分而形象化地表现出来。从《汉书·地理志》记载的"楚地……信巫鬼重淫祀"和《国语·楚语》中记述的"如是则神明降之，在男曰觋，在女曰巫。……而敬慕明神者，以之为祝"等等，是很容易理解屈原文学跟神灵交涉的情形的。而且，巫的活跃，在《九歌》中是作为"灵"来显示的。在上面的《东皇太一》中，"灵"是随着纷纷的五音，在芳菲的花香中轻柔地显示的。在《云中君》中，"灵连蜷兮既留，灵皇皇兮既降"，"灵"具有如此令人炫目的婀娜舞姿。《湘君》也同样，湘君为了要跟湘水之神相见，横渡过扬子江的滚滚波涛时发扬灵气，"望涔阳兮极浦，横大江兮扬灵"，句中的"扬灵"，解释为执着地追求湘夫人而想将自己的精气灌输于神灵为好。在《湘夫人》中，"灵之来兮如云"也表现了这一点。以下的《大司命》、《少司命》（二者是作为星的神化）、《东君》（太阳神）、《河伯》（黄河的水神）、《山鬼》（山中的怪神=女性）、《国殇》（殉国的英灵），各篇中都具备"灵"，"灵"的登场就是《九歌》构成上的特征。不过，如果仅仅以"灵"的是否出现这一表面的看法作为屈原文学的基调也是不能谅解的。这一点关于《山鬼》的《朱熹集注》可以起参考作用："……今既章解而句释之矣，又以其话意君臣之间者而言之，则言其被服之芳者，自明其志行之洁也，言其容色之美者，自见其才能之高也。子慕予之善窈窕者，言怀王之始珍已也。折芳馨而遗所思者，言持善道而效之君也。处幽篁而不见天，路险艰又昼晦者，言见弃远而遭障蔽也。欲留灵修而卒不至者，言未有以致君之寤而俗之改也。知公子之思我而然疑作者，又知君之初未忘我，而卒困于谗也。至于思公子而徒离忧，则穷极愁怨，而终不能忘君臣之义也。……"仅从《山鬼》这一篇也可以看出，如果不能领悟由于"灵"的介入而完成的寓意，那么大多会以无意义的结果告终。又如《东皇太一》是由三段神乐构成的。在形式上，第一段从祭段的配置到登上寿宫，第二段到帝子追求湘君而彷徨，第三段到二者携手在天界飞翔，回到西方。这不过是凭借神乐中善男信女的脸谱，而将其"灵"掩蔽于后，正是从这种隐藏在作品背后的寓意，我们可以窥见屈原自觉创作的意识的形成。

构成《九歌》的表现形式——诗形和修辞，在探索《离骚》的完成的种种尝试中担负着重要的作用。（一）传统的古典诗形是四言，《天问》也是四字句。（二）既以四言为原则，相对的第二句的末尾又不很固定的《招魂》。（三）上下各为三言，当中夹"兮"的《九歌》。（四）上三言下二言中间夹"兮"的《九歌》。（五）上下各二言中间夹"兮"的《九歌》。如此，楚辞的诗形是复杂的，如果将《九歌》的这种情况同《诗经》的安定流畅的韵律相比较，可以理解为《九歌》采用的是相当流动的节拍。属于传统的四言形式的《天问》，是有着固定的形式、有趣的内容的，而《楚辞》则是破格诗形的叙事诗。我们可以考察一下以上的（三）（四）（五）。（三）在《国殇》中的表现是显著的。例如：天时坠兮威灵怒 〇〇〇兮〇〇〇 严杀尽兮弃原野 〇〇〇兮〇〇〇 如此诗形，构成了不可动摇地统一于全篇的庄重严肃性。（四）（五）从《湘夫人》中可以看到。例如：帝子降兮北渚 〇〇〇兮〇〇/目眇眇兮愁予 〇〇〇兮〇〇/袅袅兮秋风 〇〇兮〇〇/洞庭波兮木叶下 〇〇〇兮〇〇〇。再根据（三）（四）（五）这些诗形，可以看出在频度上（三）和（五）有稍稍特殊的表现形式，因而，（四）的〇〇〇兮〇〇型可以说是构成《九歌》的基本诗形。而且这种基本形式中，因为正中间的"兮"可以看作既连接上下的三言和二言，又最终起着调整句调的作用，所以我认为它既带有向后来的五言句展开的痕迹，同时也可以说是向七言句展开的两个相连的三拍子的形式。那么，《离骚》在这方面如何呢？"帝高阳之苗裔兮　朕皇考曰伯庸　摄提贞于孟陬兮　惟庚寅吾以降"这就形成〇〇〇 △〇〇兮 〇〇〇△〇〇的形式，《九歌》的基本形式中起着连结上下作用的"兮"，在这里被接续词"之、而、以"等取代了，而在第一句和第二句的连结部位用了"兮"，如此看来，比之于《九歌》的简单，《离骚》的诗形已相当复杂了，在兮助词的用法和诗形上都分明表现出显著的进展。不过，如果仔细观察《离骚》的诗形，很容易推察出也许屈原是有意地将《九歌》扩大，成倍地展开，如果这样的解释成立，从基本形式的一致这方面，可以简单地处理成双方的关联。也就是说，保留了作为基本形式的简单拍子的《九歌》，发展到后来的《离骚》是理所当然的。

再者，从《九歌》这一篇名本身还自然地看出与音乐的深切关系。伴随巫舞的节奏形成的音乐曲调，其作为让人歌唱的结果是不抵触的。（而《离骚》是完全独白的，不具有伴随音乐的性质）伸张《九歌》的韵律，可以看作是作者试图讲述自己的生活，诉说自己的觉悟，表现自我反省，因此，即使将《九歌》说成是把神世的音乐移植于人间世界的文学的纪念碑也言不为过，这种对于神的向往，就屈原来说正好体现出文学和哲学的相关。

当时处于指导者地位的屈原，有着丰富的古典教养，并且不懈于对客观世界的省察。在自我解放的过程中，围绕对合理与非合理的对抗的思考而创作了《天问》（如篇名所示，都是由向天诘问的话语连缀而成。例如天地在何时交融，十二星辰是谁区别，日月悬挂于何处，星星存身于何方，太阳的运行轨道有多长，月亮有何德能而使死者复苏，又是怎样将玉兔纳于腹中，如此等等，诚然是奇想天外的质问，但在天地的创造、宇宙的探索中寓意于人类的本性、男女之道、君臣之别等，都随着作者的省察而带有哲学的意义。汉代的玉逸把这看作屈原在彷徨时期责问庙里的壁画的意志所产生。确实在其思维的坚实性上是出色的，在形象的方法上也是最意味深长的一篇），出于对人道与王道的思考而写作了《九章》，经过《九歌》《天问》《九章》，蓄积了丰厚的人类意识的屈原将其升华为"综合楚辞的一切要素的一大史剧诗——《离骚》"。而且，再回溯到上一节，在其构成方面，说以《九歌》为其基调，也绝不是偶然的，而是完全有意识的事实。不过本文的主旨不在于罗列《九歌》和《离骚》的一般相同相异之处，而是着重比较二者在构成形式上，《九歌》由于巫的介入而形成的间接表现和《离骚》以"我"作为主角而贯穿于全篇的区别。由于已经明确了《离骚》的个人中心的观念，因而避开对当时的思维方法形成的根底的探究，而侧重于捕捉以《九歌》的发想为基调的《离骚》中哲学的陈述和文学的表现二者之间的关联。

　　《离骚》全篇三百七十三句，二千四百九十字，依宋代钱杲之的《集传》可分成十五段。按照这种分段，第一段到第三段是从"吾"的诞生，到受怀王的排斥，接下来的段落是独白，例如在第八、第十段中，围绕到神仙灵魂世界的游历，一边显示出对《九歌》的强烈回响，一边表现出遁游于空想世界的意向，但丝毫也不能让人感受到《九歌》中那种昭然的爱的希望和欢乐，惟有因关怀楚国的命运、努力进谏却遭放逐的悲泣，由于得不到知己而祈求天帝决定正邪、善恶，希望慰抚孤独的灵魂。第九段"发自苍梧"以下的几行，叙写自己无拘束地在灵魂幽仙世界里旅行，终究未能遇到意料中的青鸟，未能醒悟心灵的解放。第十一段以下，叙述迷茫于进退的结局，把它依存于神仙的占卦，希望借助神灵的力量前往自己要去的远方。这种希望自由、追求解放的精神活动，由于介入了神灵（灵氛、巫咸）而表现为追求一种理想境界，即远方的乐山乐水，但事实上又无时不留恋故乡的山水，对故国党人的弊风也不甘沉默，这种行和留的矛盾，正是一种悲剧性的形象反映。这种情怀，在第十四段中表现为"蜷局顾而不行""忽临睨夫旧乡"——我边操纵着垂头无力的爱马的缰绳，边眺望遥远的故乡山水，心神迷乱，终于形成虽完全自在的精神却不能登临煌煌天宫的悲剧。这种心神交瘁的悲怆，又是第十三段中"固时俗之流从兮，又孰能无变化；览椒兰其若兹兮，又况揭车与江离"的忧愤疾呼所不及的。

　　不一一具体列举了，从对于王和王道、高洁和低俗、善和恶、生和死的分析中可以看到作者自我反省的结晶，确实是完美的，其思维方法对目前的现象从个人的自觉出发，自觉脱胎于自负，这种自负又呼唤反省，再进一步，这种反省产生确信，而且为了使得这种确信更普遍，更具高度，在表面上不得不将它们委托于强有力的化身——神和巫。由此，我们在研究中，把作为神和信奉、祭祀神的人的对话场所的神乐看作一个舞台是必要的，把研究延伸到《九歌》也是有利的。屈原思考在这个舞台上神和人（自我）的对峙，展开内心独白，企图完成人和人、王和民、国家和世界的结合，在这里，基于深刻而坚实的自我反省的哲学陈述，与假托神乐的舞姿的文学表现形成双重描写，这种思维的特殊性质正好体现了古代人的哲学思维和文学表现既显示出极端分歧又并同共存的情形。

（原载于《学语文》1988 年第 6 期）

唐诗词语拾零

潘竞翰

唐诗词语，丰富而多姿。或许因为过于丰富，以致"美不胜收"了吧，有些词竟连一些大型词书，包括《大汉和辞典》与《中文大辞典》等都未收录。典故词语则失收者更多，有的甚至在近三百万字的专门性的《唐诗典故辞典》中都查找不着。也有词虽然收了，但义项不全，或释义未安。这些，都给读唐诗乃至注唐诗的人带来了不便。此词语，平时曾随手作些零星记录，现举例性地选释一二。虽说是九牛一毛，无济于大事，但用为引玉之砖，或不无裨益。

周菘　庾薤

《全唐诗》卷六七二有唐彦谦《秋莎》诗云："试才卑庾薤，求味笑周菘。"

周菘、庾薤，均为典故词目，而《唐诗典故辞典》失收。这两个典故都出于《南齐书》，一为周颙事，一为庾杲之事。

周颙南朝宋明帝时曾为剡县令，入齐历任长沙王参军、文惠太子录事参军、国子博士等职。史称其言辞辩丽，听者忘倦，又长于佛理，长年蔬食。《南齐书·周颙传》云："文惠太子问颙：'菜食何味最胜？'颙曰："春初早韭，秋末晚菘。'"这就是白菜。周颙认为晚秋的白菜，其"味最胜"。"周菘"一典的出处。菘，就是唐彦谦《移莎》诗所谓"求味笑周菘"，就是借用此典以自夸其莎草。意谓：堪笑周颙但以秋菘之味为最胜，岂知我所移之莎远胜秋菘！莎，即莎草，根有块，可入药。

庾之，字杲景行，齐武帝时曾为尚书驾部郎。后曾任侍中、太子右卫率。《南齐书》卷三四本传云："（庾）清贫自业，食唯有韭菹、瀹韭、生韭杂菜。或戏之曰：'谁谓庾郎贫。食鲑常有二十七种。'言三九也。"按"菹"，查无其字，疑为"薤"之讹字，或为"葅"字。"韭葅"，即腌韭菜"三九"之"九"，谐韭音。薤与韭，古常连称。如《山海经·北山经》："丹薰之山，其上多松柏，其草多韭薤。"王念孙《广雅疏证》卷十"韭薤荞其华谓之菁"条下曰："薤，今之小蒜。……叶极似韭，华亦白色。荞，盖亦韭之属。"庾杲之食唯三韭（腌、煮、生韭），以是出名，诗文中遂用为典。以颂"清贫自业"之美德。彦谦诗"试才卑庾薤"，用意与"求味笑周菘"句同。犹云：若试其莎草之才用，直可卑视庾景行之韭薤。

与"周菘"同一出处之典还有"周围韭"。李商隐《题李上暮壁》诗云："嫩割周颙韭。肥烹鲍照葵。"周颙韭，亦出自上引《南齐书》中周颙回答文惠太子"菜食何物最胜"的问话："春初早韭，秋末晚菘。"

周　遮

周遮一词，见于《全唐诗》有三例：一是卷四〇八元稹《感石榴二十韵》："暗虹徒缴绕，濯锦莫周遮。"二是卷四一九元稹《乐府古题·胡旋女》诗："倾天侧地用君力，抑塞周遮恐君见。"三是卷四四九白居易《老戒》诗："矍铄夸身健，周遮说话长。"其中白居易例，《汉语大词典》释义为"啰嗦，唠叨"，甚是。元稹二例，《大词典》与《辞源》统解释为"掩盖"，"遮掩"，虽大体正确，但尚有不足。

查周遮一词除上述二义项外，《大词典》还收有"阻拦、遮拦"一义，而这正是"遮"字之本义。《说文·辵部》："遮，遏也。"又云："遏，微止也。"故其本义即"阻止"。《玉篇》释"遮"义为"断也，要也，拦也"，均是中途拦截义。而"遮"之常用义"蔽"或"掩蔽"，正是由阻止—遮拦—遮蔽引申而来。《胡旋女》"抑塞周遮恐君见"句，意在揭露安禄山进胡女于君侧之阴谋，即：令胡女用"是非好恶随君口"之手段，以掩饰其"倾天侧地"之居心。故《大词典》此处释周遮为"遮掩，掩盖"，大体不错。只是"周遮"之构词为偏正式，"周"为偏，"遮"为正。周，《说文·口部》释云："密也。引申训为周致也。"又引申有全、周遍等义。则周遮之本义当为密蔽，即周密遮蔽。《辞源》的解释取"正"而漏"偏"，终是小疵，如释为"周密遮掩"或"百般遮掩"，似更准确，完整。

"濯锦莫周遮"之"周遮"，《辞源》亦解释为"掩盖"，似欠斟酌。读者如用代入法一试："濯锦莫掩盖"，恐仍不解何意。为了确切了解词义，且将原诗节引一段："何年安石国，万里贡榴花。……宿露低莲脸，朝光借绮霞。暗虹徒缴绕，濯锦莫周遮。俗态能嫌旧，芳姿尚可嘉。"观诗意，"暗虹"两句似赞美榴花之芳姿鲜妍，虽暗虹之多彩，只徒然纷繁，濯锦之明艳，亦莫能遮掩。濯锦，可能出自左思《蜀都赋》"贝锦文成，濯色江波"句。试想，濯锦于江，其鲜艳之色彩，得万点江波之回映，自然是更加明丽夺目。故元稹以濯锦烘托榴花，读者如将此诗与《胡旋女》比较，一定会感到：两诗之周遮虽都有"掩盖"义，但如果说两者词义全同，恐难接受。前诗之周遮，有"掩饰，掩瞒"义；此诗之周遮则词义稍有引申，偏重于指"盖"即"盖世"之"盖"。"濯锦莫周遮"，即"濯锦亦莫能盖过"之意。句中之"濯锦"，如所前述，"系濯色江波之锦"，亦属偏正结构，而非动宾结构。故《辞源》此条之释义，如能在释为"掩盖"并引《胡旋女》为书证后，再补释曰："引申指盖过"，并引《感石榴》例，则更为妥帖。

顺便说一下，《宋元语言词典》亦收有周遮一词，共两个义项：一、多方回护。书证为《二程语录》十一："只是圣人说得要，故包含无尽；释氏空周遮说尔，只是许多。"二、周遭，周围。书证为吕渭老《选冠子》词："诉一番心事，燕子周遮来了。"这两个义项都值得商榷。"回护"义与"周遮"之本义看不出引申关系。无根之义，每有可疑。观程氏原文，以"释氏周遮说尔"与"圣人说得要"对举，则此处周遮，当与白居易《老戒》诗"周遮说话长"之周遮同义，即指"啰唆"。这与"说得要"之"要"（即"简要"），正属反义对举。吕渭老词例中之周遮，其"周"字为"周遍"义，"周遍遮蔽"，是夸张燕子来得多，谓到处都有燕子蔽天而来。此项之"周遭、周围"释文，似以改释"到处，处处"为妥。试代入原句中，"燕子到处来了"，似亦较"燕子周围来了"稳妥。

索　郎

《全唐诗》卷五八四有段成式《怯酒赠周繇》诗云："大白东西飞正狂，新刍石冻杂梅香。诗中反语常回避，尤怯花前唤索郎。"

索郎一词，《辞源》已收。释云"桑落酒"。并引《水经注·河水四》说明其出处："民有姓刘名堕者，宿擅工酿，採挹河流。醒成芳酎，悬食同枯枝之年，排于桑落之辰，故酒得其名矣。……自王公庶友牵拂相招者，每云索郎有顾。思同旅语，索郎反语为桑落也。"所释甚是。然索郎如何"反语成桑落"，却语焉不详。

反语之"反"，音同"翻"，一般指反切。反切是起源于汉末的一种古代注音方法。其法以第一字（反切上字）声母与第二字（反切下字）之韵母拼切得音。如："斤，居觐反"，即以居之声母与觐之韵母切得"斤"音。但是还有一种反切属于隐语，其法与上述反切稍异：先以第一字声母与二字之韵母切得一音，再以第二字之声母与第一字之韵母切得一音。如《南史·刘悛传》云："悛本名忱，宋明帝多忌，反语'刘忱'为'临雠'，改名悛。"即以"刘"字之声母与"忱"字之韵母相切得"临"字，再以"忱"之声母与"刘"之韵母相切得"雠"字，故"刘忱"之反语即为"临雠"。索郎之反语即属此类：以"索"之声母与"郎"之韵母切得"桑"，再反过来，用"郎"之声母与"索"之韵母切得"落"。故索郎之反语即桑落。桑落为名酒，唐诗常用以泛指酒。如杜甫《九日杨奉先会崔明府》诗即云："坐开桑落酒，来把菊花枝。"段成式诗云"尤怯花前唤索郎"，即怕人花前呼酒，与其诗题"怯酒"，意正相合。

另一《水经注》云桑落酒为刘堕所造，而北魏杨衒之《洛阳伽蓝记》四云"河东人刘白堕善能酿酒"。刘白堕，疑即刘堕。附志此。

（原载于《学语文》1990年第3期）

说方道圆

朱良志

方圆这两个字可以列入汉语中使用频率最高的字之列。大千世界物态纷杂，体有大小，势有方圆。置之人偏伦，亦复如此，人们常常用方圆两字来形容人的性格特征。如说某人老成练达，就说圆熟、圆成；说某人性格刚直，就说它方方正正，棱角分明。然而，方圆两字使用最多、最耐人咀嚼的，恐怕要数艺术领域。艺术中方圆成了一对重要的美学范畴，它大致包括两方面的内容：一是表现形式上（如书画用笔）的方圆，一是作为审美界境中的方圆。这篇短文将重点谈谈审美境界中的方圆。

离 方 遁 圆

在习惯用法中，方圆本是两种工具的性能，方是矩，圆是规，方矩圆规，进而方圆被引申为一种规矩法则。俗话说：没有规矩不成方圆。艺术也是这样，不懂得具体的艺术规律，没有基本的艺术技巧，是无法问津艺道的。这是成法。但如果过分拘守成法，不脱方圆规矩，最终将成为它的奴隶，一己的灵性也将会在它面前消磨殆尽。中国艺术家鄙弃那些只懂得规矩、只知道屋下架屋的人，常斥之为"匠气""作气"和"俗气"。故此，艺术家在方圆规矩的成法之外，提出了一种活法，宋人吕本中说："所谓活法者，规矩备具，而能出乎规矩之外；变化不测，而亦不背乎规矩也。是道也，盖有定法而无定法，无定法而有定法。"（《夏均父集序》）它也就是古代美学中的重要命题："离方遁圆"说。古今论者屡有道及，陆机说："虽离方而遁圆，期穷形而尽相。"宋黄休复说："拙规矩于方圆。"恽南田说："虽离方遁圆，亦穷妍尽态。"

正是在这个意义上，离方遁圆这个命题实际上可以表述为："离方遁圆，臻于大圆。"超越于规矩之上，纵心于法度之外，悠游恣肆，达到圆融浑成的境界。艺术家常以圆成、圆熟、圆浑、圆融、圆润、圆转、圆备、圆全等来形容它。在这种情况下，方圆的意义发生了内在转换，不是以方圆指规矩法则，而是以方指代规矩法则，以圆为一种圆浑的审美境界。李廷机《举业琐言》："行文者总不越规矩二字，规取其方圆，取矩其方。故文艺中有著实精发核事切理者，此处害也。今操觚家负奇者，大率矩多而规少，故文义方而不圆。"这里就明显以圆为意境浑成，以方为死守成法，扬圆抑方之势至为明显。

神 哉 斯 圆

圆成了中国艺术的最高境界。谢灵运说："好诗圆美流转如弹丸。"这句话几乎成了中国诗论的纲领。曾国藩云："古今文人下笔造句，总以珠圆玉润为主。"（《家书》）这话一点也不假，宋周密《浩然斋雅谈》引述张建的话说："作诗不论长篇短韵，须要词理具足，不欠不余，如荷上洒水，散为露珠，大者如豆，小者如粟，细者如尘，一一看之，无不圆成。"这比喻非常生动。正是以圆作为最高艺术境界，刘勰论文，才会强调："思转自圆"，反对"骨采未圆"；司空图《诗品》才会以"流动"作其结，极力推崇"如纳水輨，如转丸珠"的圆浑流动之美。在绘画中也是如此，黄宾虹以"圆润华滋"为画道之极境。清黄钺《二十四画品》专列"圆浑"一品："盘以喻地，笠以写天，万象远视，遇方成圆。画亦造化，理无二焉。圆斯气裕，浑则神全。和光熙折，物华娟妍。欲造苍润，斯途其先。"而音乐则更讲究圆转、圆润。明徐上瀛《溪山琴况》："宛转动荡，无滞无碍，不少不多，以至恰好，谓之圆。……神哉圆乎！"

神哉斯圆！圆为什么成为中国艺术的最高境界？圆中蕴含着难以穷尽的深情妙理。圆者，转也。中国人认为天地本来就是圆，正是这圆才能使它流转不居，毫无滞碍。《文子·自然》："天道默默，轮转无端。……惟道无胜，轮转无穷。"艺术中以圆为极境，就是强调艺术的内在生命力，以充盈的生命去参与大化流行的节奏，妙用无方，生生不已，使艺术作品富于内在的动感和外在的美感。圆者全也。圆则充满圆融，流衍变化无稍欠缺。朱熹认为，孔子"吾与点也"的境界，就是圆融无碍的至美境界。艺术中以圆为至上之境，就是强调其充裕圆满，气足神完。圆者，神也。中国人认为方是有形之体，圆是无形之道，方形可求，圆以心致。《易·系辞上》："著之德圆而神，卦之德方以知。"又说："神无方而易无体。"可见圆可通神，圆中蕴含着妙理。中国哲学常以圆为道，为太极。朱熹《太极图说解》："〇者，无极而太极也。"禅宗认为："圆同太虚，无欠无余。"（《五灯会元》卷一）故而在艺术中，圆之境乃神境，至矣，极矣，出神入化矣，如同佛家所谓大圆智境。

以 方 入 圆

中国艺术在极力推崇圆的同时，并非一味反对方。中国美学强调熟而后生，工而后拙，绚烂至极，归于平淡。因而艺术至圆则又要以方矫之。清末词人况周颐说："词不嫌方，能圆，见学力；能方，见天分。但须一落笔圆，通首皆圆；一落笔方，通首皆方。圆中不见方，易；方中不见圆，难。"（《蕙风词话》）因此为艺要注意圆，更要注意方。正如《淮南子·主术》上说为人应："智欲圆而行欲方。"艺术也应如此。圆是整体的艺术境界，方是达到这种境界的途径。因此，艺术不能满足外在的圆熟，而应以方入圆，方中见圆，才有可能创作出美的艺术作品。否则圆只是圆熟、圆滑、烂熟。陆游曾说："区区圆美非绝伦，弹丸之说方误人。"（《答郑虞任》）弹丸出手之艺术极境必从体验中悟得，从骨髓处掘出，仅仅从形迹入手去求弹丸出手之美，只会流于轻滑。

以方入圆的观点伴着生与熟、工与拙关系的探讨而展开。明董其昌说："画不可不熟，……画须熟外熟。""生而后熟，熟而后生。"由生到熟贵在勤炼；由熟到生即熟外熟，贵在妙悟。郑板桥有诗云："四十年来画竹技，白日画竹夜间思；删尽繁冗留青瘦，画到熟时是生时。"渐老渐熟，渐熟渐生，正是绚烂至极，归于平淡。由技巧的生到境界的生，是一审美的飞跃，其中体现了以方入圆的功夫。而在巧拙关系上，中国人认为，巧则甜媚，拙则古莽；巧则陈腐，拙则新奇；巧而俚俗，拙而雅致；以巧求巧，终不入巧；以拙求巧，方得大巧。巧为圆，拙为方，以拙破巧尤以方破圆。明傅山说："宁拙毋巧宁丑毋媚，宁支离毋轻滑，宁真率毋安排。"正可代表了这方面的观点。

（原载于《学语文》1990 年第 5 期）

古代元宵诗的艺术原型

——苏味道上元诗与宋人元夕词

陈文忠

　　如果一首诗对某种生活情境和风俗画面，加以真正的独创性的艺术再现，摄下"光辉的第一印象"，那么，后人在相类似的背景下表现同一对象，它就会成为同类作品的艺术原型，启发人们的诗思，提供典型的意象，反复被后人借取袭用。唐代苏味道的上元诗（又作《正月十五日》）就是生动的一例。其诗云："火树银花合，星桥铁锁开。暗尘随马去。明月逐人来，游妓皆秾李，行歌尽落梅。金吾不禁夜，玉漏莫相催。"此诗自唐至清，均为诗家重视。《大唐新语》把苏味道、郭利贞、崔液三人的上元诗并称绝唱，苏诗则置之首位；《搜玉小集》把它作为同类诗的压卷之作选入其中；《唐诗别裁集》唯一入选的上元诗，也只苏味道这一首。

　　作为古代元宵诗的艺术原型，苏诗的光辉可谓普照来者。《瀛奎律髓》称其为五言元宵诗之宗："古今元宵诗少，五言好者殆无出此篇矣。"确实如此，开元初王谌的《十五夜观灯》，从词句到画面几乎全袭苏诗："暂得金吾夜，通看火树春。停车傍明月，走马入红尘。妓杂歌偏胜，场移舞更新。应须尽记取，说向不来人。"其实，不仅五言，七言也如此，而它对宋人元夕词的影响最为深刻。遍览《全宋词》，专取"元夕词"，得90余家、近200篇，其中，半数以上明显受苏诗的影响。"火树银花""暗尘随马""明月逐人""秾李落梅"，作为元宵之夜典型情境的意象，反复出现在宋人元夕词中。张先描绘汴京上元盛况的《玉树后庭花》即有"华灯火树红相斗，落梅秾李还依旧"之句；南宋初李持正以"明月逐人来"为名自制一曲，其中"暗尘香拂面，皓月随人近远"，也明显化用苏诗。南宋末词人思忆当年繁华，亦借苏诗表达感伤之情，如郭应祥《好事近》："不比旧家繁盛，有红莲千朵。……休羡暗尘随马，与银花铁锁。"蒋捷《女冠子》："而今灯漫挂。不是暗尘明月，那时元夜。"其余，或意象、或造语、或意境场面、或章法结构，对苏诗的借用在两宋大家中也比比皆是。

填词化唐诗，已成两宋风气。在大量唐人上元诗中，苏诗特别为人注目，其中自有缘故。斯达尔夫人在解释"希腊诗歌事实上是一切诗歌的先行者"这一艺术之谜时，对艺术作品原型性的形成作了精辟的论述：在诗歌创作中，"它可以在最初的一次诗情迸发中达到以后无法超过的某种美""它最初产生的印象总比后来即使是最成功的回忆要辉煌得多"，因此，"在众人之前掌握住原始色彩的那个人保持着创造的功绩，他给他描绘的图景以后人所无法企及的光辉"（《论文学》）。最初的诗情迸发，对上元节"原始色彩"的"光辉的第一印象"，正是苏味道的上元诗成为古代元宵诗的艺术原型的根源。

应当指出，"第一印象"不等于"第一作者"。元宵灯节始于唐，诗赋上也兴于唐。卢照邻或许是唐代上元诗的第一个作者，其《十五夜观灯》描写"锦里"即成都的上元节景象，但艺术成就不突出，影响不大，所谓"光辉的第一印象"是指第一个以生动的审美直观，把握住上元节的光辉色彩和典型景观，并以鲜明的意象、诗情的语言作独创性的艺术再现，从而具有后人无法企及的光辉以启示来者。苏味道的上元诗，作为唐代盛世长安上元节"光辉印象"的产物，具有多方面无法超越的特点，因而影响了宋代近三百年元夕词的创作。

首先，它以新颖独创的意象，再现了元宵之夜最富特征性的典型景观和典型场面。上元之夜，俗以张灯为戏，故又称灯节；观灯游人，更是结伴遨游，车马喧沸。因此，再现华灯盛景和游观盛况，成为上元诗题中首义。当时有的上元诗或首联不写景，或轻描淡写，点到而已。苏诗则发端巧喻作比，满目盛景："火树银花合，星桥铁锁开。"千株火树，万朵银花，缀夜空，挂长街，令人眼花缭乱，目不暇接，"盛饰灯影之会"，一语写足。从节候看，元宵与立春常同为一日，春风催春花，春花开满树，以"花"比灯，一语双得。尤为巧妙的是苏氏全诗是循着观灯人的游踪视角来展示长安元宵夜景的。帝都禁城，守卫森严，唯元夜观灯，"铁关金锁彻明开"，随人进出。按常规是先入城后见灯，如沈佺期《夜游》："今夕重门启，游春得夜芳。月华连昼色，灯影杂星光。"苏诗为凸现灿烂的灯景，颠倒次序，先"见"灯后"开"门，强化了审美效果。"火树银花"，由于比喻新奇醒目，组句别具匠心，即在当时传诵，也为宋人借用。如王庭珪《江城子》"灯火银花，何处是星桥"，王之望《小重山》"银花千万朵，烂韶光"，辛弃疾《青玉案》"东风夜放花千树"，魏了翁《鹧鸪天》："银花火树集成林"，刘辰翁《踏莎行》"东风目放银花树"等等，都同出一源。如果说，首联展示了元宵灯节的典型景观，那么，颔联"暗尘随马去，明月逐人来"则再现了观灯人潮的喧嚣场面。纪昀极推此联："三、四自然有味，确是元夜真景，不可移之他处。夜游得神处尤在出句，出句得神处尤在'暗'字。"层层剖析，拈准"暗"字，确具慧眼。比之"火树银花"，宋人对"暗尘随马""明月逐人"的化用，更为频繁。如苏东坡《蝶恋花》"更无一点尘随马"，周邦彦《解语花》"钿车罗帕，相逢处，自有暗尘随马"。王庭珪《点绛唇》"铁关金锁星桥夜，暗尘随马，明月应无价"。张孝祥《忆秦娥》"香尘随步，柳梢微月"。丘崟《满江红》"玉相辉，花并艳，明月随人，归去也"等等。以上举两宋各家，已足见苏诗原型性的魅力。

在创造新颖意象的同时，对元夜景象和游人心理作多角度多层次的全面描写，从而在极有限的篇幅中包容最丰富的内容，这是第二个特点。苏、郭、崔三人上元诗并为绝唱，苏诗高出一筹，其语言的凝炼和诗篇的密度确是重要因素。郭诗颔联"倾城出宝骑，匝路转香车"，对宋人影响甚大，欧阳修《蓦山溪》"驾香轮，停宝马，只待金乌晚"，李清照的《永遇乐》"来相召，香车宝马，谢他酒朋诗侣"，辛弃疾《青玉案》"宝马雕车香满路"等句均出于此；然苏诗"暗尘随马去"五字而意足，且更具神韵。崔液《上元夜》七绝六首，首章写佳节动人，倾城欲出，二、三章写华灯佛火，灿烂元景，四章写车马喧阗，游人杂遝，五章写公子王孙，恣意玩乐，末章以彻夜欢娱，意犹未尽作结。苏诗五言八句，包含六章内容：首联写佳节美景、星桥气象，颔联写观灯人潮、明月良宵，颈联写浓艳歌女、悦耳歌声，尾联以兴犹未尽的游人祈望玉漏莫催、春夜长驻的心愿作结。从彩灯到明月，从入夜到侵晓，从游人的活动写到游人的心理，在贵戚工贾中突出佳人美女，元夜的万千气象，确为苏诗所包罗。苏诗元夜场景描写的丰富性、全面性和完整性，对宋人元夕词的艺术内容和艺术构思产生了深刻的影响。宋人元夕词的典范之作，在布局造语上不乏创意，但对元夜景象的描写、艺术画面的构成，基本没有越出苏诗的范围。借用影响，可粗分三类：有袭用诗意的，如张先《玉树后庭花》"华灯火树红相斗"一阕，俨然苏诗意境的词化；有境界相合的，这最为常见，如柳永《迎新春》、欧阳修《御街行》、周邦彦《解语花》诸作，上片与苏诗前二联相近，常以华灯明月、车马游人为主，下片与苏诗后二联相近，不出佳人欢歌、玉漏莫催之意。柳词结句："堪对此景，争忍独醒归去"，欧词结句"当年少狂心未已，不醉怎归得"，只是说得更为直白而已。辛弃疾《青玉案》为宋人元夕词中独创胜境、别具怀抱的上乘，然除结句外，全篇的意象画面，仍与苏诗貌合神似：有取其一端，张扬铺叙的，如毛滂《浣溪沙》"花市东风卷笑声"、曹组《醉花阴》："九陌寒轻春尚早"、史浩《粉蝶儿》"一箭和风，秾熏许多春意"诸阕，就专赋元夜游人中"玉容似花，全胜桃李"的佳人歌女。

苏诗被宋人反复借用，除作品本身的艺术成就，当然有一定的社会原因。如同民族之间文学艺术的相互影响一样，不同时代文学创作的借鉴化用，同样是以社会条件的相近似为基础的。两宋词人与苏味道虽不同代，但某些时期的生活环境和社会面貌却有一定的类似，正是这种社会现实的类似性形成的共同的审美趣味，使词人在表现同一对象时，有意无意地承前人遗响，创近似境界。明人冯舒把苏诗称为"真正盛唐"之作。所谓"真正盛唐"不仅具有高俊典雅、华而不绌的盛唐风貌，更主要的是透过元夜盛景的描写，反映了唐代盛世繁荣的社会景象和充满青春朝气的时代精神，没有这一切就不可能有"火树银花"的佳节美景、乐而忘返的游赏兴致。两宋前期，虽外患内乱不断，但随着生产力的提高和商品经济的发展，都市的繁荣远胜唐初。《东京梦华录》大量记载了北宋汴京的繁荣景象。《梦粱录》则展现了南宋"杭城元宵"的热闹场面：此夜正是"家家灯火，处处管弦"，"珠帘低下，笙歌并作，游人玩赏不忍舍去。公子王孙，五陵年少，更以纱笼喝道，将带佳人美女，遍地游赏。人都道玉漏频催，金鸡屡唱，兴犹未已"。宋人史笔，似为苏诗作注。既然二者社会面貌以至元宵景象如此相似，而在艺术创作上又如斯达尔夫人所说："物质世界根本是不可能无限完美的。对春天、雷雨、夜景、美貌、战斗的描写可以在细节上有所变化；可是最强烈印象是由描绘这些东西的第一个诗人产生出来的。"（《论文学》）那么词家咏元宵、赋灯节，难免不向佳作名篇寻诗思、觅佳句。宋亡后，元宵灯节再不见旧日繁华，或"随分低灯三四盏"，或"欢情未足，早已收灯"，或"无灯更愁风雨"，甚至一度"十载废元宵"，苏诗的原型意义也就逐渐消失。惟明代谢榛的五律："长空月正满，游骑隘京华。夜火分千树，春星落万家。"苏诗的影子尚依稀可辨。

由于人类生活方式和生命历程的基本相同，艺术表现内容和描写对象的大致相近，文学史上大量存在具有原型意义的作品。不仅诗歌，小说、戏剧中也有；不仅中国，外国文学同样如此。不妨可以说，每一种题材类型，都有作为"光辉的第一印象"的原型性作品。当然，艺术原型和借用之作不能简单等同，在新的艺术结构中，原型因素必然生殖新的意义。"暗尘随马去"，在苏诗中是实写夜游景象，苏轼的"更无一点尘随马"，则反其意而用之，到周邦彦的"钿车罗帕，相逢处，自有暗尘随马"，便大有"晚逐香车入凤城"的味道了。在艺术欣赏中，倘能参比原型，品其异同，引发联想，深化理解，不亦乐乎？

（原载于《学语文》1992年第4期）

"即色游玄"的艺术结构

——山水诗札记一则

陶礼天

清绮与气质，这对美学范畴是唐初史家对南北朝时期南北文学的一个总体品评，也是一个共同的体认。魏征《隋书·文学传序》所谓"江左宫商发越，贵于清绮；河朔词义贞刚，重乎气质"云云，就诗歌而言，清绮主要是对南方的山水诗与宫体诗之风貌的一种抽象概括。在此，我们撇开宫体诗不谈，就六朝时代山水诗的演进来看，"清绮"之格，可谓是南方山水诗创作之思想形式的一种独特表现，而这样一种独特表现，首先最为直感地率露于山水诗的"即色游玄"式的艺术结构之上。描述这样一种创作特征，或亦并非难事，关键还在于我们如何对之作出一种合理的诠释。笔者以为南方的地域文化风尚、学术思想，无疑是形成南朝山水诗之"清绮"的地域风格、之"即色游玄"的艺术结构的一个重要原因。正如陈寅恪先生所说："盖汉代学校制度废弛，博士传授之风气止息以后，学术中心移于家族，而家族复限于地域，故魏晋、南北朝之学术、宗教皆与家族、地域两点不可分离。"（《隋唐制度渊源略论稿》）而南朝的文化风尚、学术思想又以玄学与佛学为其核心，本于此种实际，笔者拟在这篇短札中，仅对山水诗的"即色游玄"的结构形式略作描述，并对其成因从玄风、佛学之角度略作拈究。

以地域的与历史的眼光看，《隋书·文苑传序》以清绮与气质的不同，来对南北朝文学进行总结，其论述虽力求客观，但仍有偏狭之嫌。清绮与气质这对美学范畴的提出，实是源自曹丕《典论·论文》以来许多文学论著的观点，可以追溯到曹丕、陆机、沈约、刘勰、邢邵、颜之推、肖子显及钟嵘等文论家的思想中去，其美学内涵较广，不能囿于《隋书·文苑传序》中的数言之所论。陶渊明《巳酉岁九月九日》有诗句云："清气澄余滓，杳然天界高。"这样一种清拔脱俗的情志，从魏晋至南朝，一直是文人士大夫的理想旨归和重要的精神层面。元代著名文学家方回，在《桐江集》卷一《冯伯田诗集序》中，对"清"的精神境界，作了最为精湛的论述："天无云谓之清，水无泥谓之清，风凉谓之清，月皎谓之清。一日之气夜清，四时之气秋清。空山大泽，鹤唳龙吟为清；长松茂竹，雪积霜凝为清。荒迥之野笛清，寂静之室琴清。而诗人亦有所谓清焉。……才力之使然者为俊逸，意味之自然者为清新。"这段话很好地解释了杜甫所谓"清新庾开府，俊逸鲍参军"（《春日忆李白》）这两句诗评，并且进一步点明了自然境界之清与人生境界之清、诗之韵味之清的相互关系。自然境界之清与人生境界之清相互融会相互感发，体现在文学创作之中，就构成了诗歌尤其是山水、田园诗的清灵境界。而这种"清"之艺术精神的产生，是与魏晋时期把山水自然作为审美本体的美学观念分不开的。魏晋时期，在玄学以无为本，以自然为本的思想激荡下，饱怀巨大政治、人生之忧患意识的文学艺术家，开始走向山林自然，去寻求理想的栖所与审美的归宿，以便安顿诗意的人生。宗炳《画山水序》中"山水以形媚道"与玄言诗人孙绰《庾亮碑文》"以玄对山水"的观念，倾倒于山水自然美背后的玄道义旨，追求的就是一种清拔脱俗的精神境界，这种观念落实到诗歌创作上，就导致了玄言诗的产生。玄言诗的首要意义，就在于它是后代诗人妙悟自然、寻觅本体意义的山水诗的先声。就学术思想的地域性看，正始玄学主要以洛阳为中心，晋室南渡之后，南方的经济文化得以开发，形成庐山、建业与会稽这样三个学术思想的中心，这三大中心在东晋、南朝时期又以佛学为主，流行的就是支道林的即色宗与支愍度的心无宗，而道安的本无宗、于法开的识含宗，虽然亦有影响，但远不及二支思想之大。即色宗强调"即色游玄"之旨，心无宗追求"无心于万物"之境，均直接吸收了老庄心斋、坐忘之说，尤其是承继了向秀、郭象的"新庄学"的理论，从而把南方学术思想的义理玄风，鼓荡起一个新的浪潮。二支等人不仅与当时著名玄言诗人孙绰、许询一流，交往密切、共同谈玄论道，还直接参与玄言诗的创作，当时族大位重的谢家，与支道林等人也属同一圈中的密友。山水诗人的成长、山水诗的创作，就是在这样一块共同地域上、在这样一种佛学玄风盛行下，逐渐成熟起来的，其"即色游玄"的思想形式与艺术结构，也自然便成为山水诗的一种独特表征了。

陶渊明、谢灵运的田园山水诗，都具有一定程度上的玄言风味，尤其是谢灵运的山水诗，结尾多是典型的玄言诗句，这种运思结构显然是直接受到玄风、佛学思想影响而产生的。如谢灵运的名作《登池上楼》云："……初景革绪风，新阳改故阴。池塘生春草，园柳变鸣禽。祁祁伤豳歌，萋萋感楚吟。索居易永久，离群难处心。持操岂独古，无闷征在今。"诗人从前面描写病后登楼、清景满目的自然美，转而抒发自己"遁世无闷"，决意隐居的情怀，其结尾四句无疑更具有玄言韵味。把"池塘生春草，园柳变鸣禽"的眼前之景，与"索居易永久，离群难处心"的离世玄思结合在一起，就形成了谢诗"即色——游玄"的艺术结构。这种从自然美的描写（即色）到人生玄理的阐发（游玄）的艺术形式，不仅是谢灵运大多数诗篇的形式结构，如其《登江中孤屿》《石壁精舍还湖中作》《从斤竹涧越岭溪行》诸作，都是其代表，也是刘宋以至陈朝许多诗人的山水诗作的形式结构，如谢朓的《之宣城郡出新林浦向板桥》《晚登三山还望京邑》等代表作品，何逊的《慈姥矶》、阴铿的《和傅郎岁暮还湘州》、江淹的《游黄蘗山》诸作的结尾几句，或四或二不等，都有说理的意味。不过，自谢朓始，这种说"理"已经不同于谢灵运了，主要表现在两点上，一是谢灵运的山水诗不仅篇末说理，而且篇中亦常谈玄，其"即色——游玄"的思想形式，表现出时或写景时或说理的结构特征，《登池上楼》一诗就是如此，而谢朓等人的诗作主要将说理放在最后；二是谢灵运以后的山水诗，其玄言意味逐步被洗涤，结尾说理的诗句，与前面描绘景色的诗句，已经能够构成和谐的统一整体。如何逊的《慈姥矶》一诗："暮烟起遥岸，斜日照安流。一同心赏夕，暂解去乡忧。野岸平沙合，连山远雾浮。客悲不自已，江上望归舟。"其结构可以视为谢灵运"即色——游玄"式的发展，并且更为整齐划一了，形成了一种"写景——说理"的双重套式。就结尾二句而言，作者把自己与友人客居他乡、悲不自胜的情思，凝聚在"江上望归舟"的眼前景之中，从而很好地表现出自己的故园之思与人生感慨。这种结构形式，对后代山水诗影响很大，成为山水诗结构的一种典范模式，我们可以在唐诗中信手拈出许多范例，限于篇幅，不再多谈了。

我们知道，艺术结构不纯是一个简单的形式问题、简单的表现问题，而更是一个运思方式、审美原则的问题。综上所论，六朝山水诗所表现出的"即色而游玄""写景加说理"的结构形式，不仅仅是一个形式化的问题，乃是与玄学之风、般若言"空"的思想相互契合的，是山水诗人"清"的素朴心灵与"清"的人格精神的一种辐射、一种表现，这就是笔者本文所要谈的一点体会，敬祈读者正之。

（原载于《学语文》1994年第4期）

古代思乡诗的造境模式

——读《管锥编》一得

陈文忠

《诗经·魏风》之《陟岵》，诗评家称为"羁旅行役诗之祖"。首章曰：

原文	译文
陟彼岵兮，	登上青山岗，
瞻望父兮。	远远把爹望。
父曰：	好像听见爹嘱咐：
"嗟予子，	"孩子啊，
行役夙夜无已！	早晚不停服役忙！
上慎旃哉，	可要小心保安康，
犹来无止！"	回来吧，莫留在他乡！"

　　全诗三章，重章而易词申意，语略异而情相类。《毛诗传》曰："孝子行役，思其父之戒。"即谓儿子思乡追忆临别父亲的告诫。嗣后，历代诗评家皆准此而谈。针对此说，钱钟书写道："谓是征人望乡而追忆临别时亲戚之丁宁，说自可通。然窃意面语当曰：'嗟女行役'；今乃曰：'嗟予子（季、弟）行役'，词气不类临歧分手之嘱，而似远役者思亲，因想亲亦方思己之口吻尔。……又按词章中写心行之往而返、远而复者，或在此地想异地之思此地，若《陟岵》诸篇；或在今日想他日之忆今日，如温庭筠《题怀贞池旧游》：'谁能不逐当年乐，还恐添为异日愁'，朱服《渔家傲》：'拼一醉，而今乐事他年泪'，吕本中《减字木兰花》：'来岁花前，又是今年忆昔年'。一施于空间，一施于时间，机杼不二也。"（《管锥编》）这段论述，

不仅于《陟岵》诗意独发其妙，而且对古代思乡诗的造境模式作了精辟概括。

辽阔的华夏大地，古老的交通工具，使羁旅行役宦游之人，有家难归，乡情沉郁。"乡思"成为古诗中最基本的精神母题之一。思家之作在抒情方式上，或直写相思之情，或从对方落笔造境，均不乏缠绵动人之作。岑参《逢入京使》属前者，而"马上相逢无纸笔，凭君传语报平安"二语，自然入妙，遂使戎马倥偬，思家切情，跃然纸上，成为客中绝唱。然而，对面着笔，替人思量，相思飞翔而造诗境，婉转缠绵更饶情致。因此，钱钟书指出《陟岵》"分身以自省，推己以忖他；写心行则我思人乃想人必思我"的特色，不只显示出诗家发现的慧心，更揭示了《陟岵》作者刻意的匠心。

钱钟书的论述既有鉴赏价值，更有理论意义。这就是，他对古代思乡诗的造境模式作了极富启示的点拨。从思绪展开的不同时间方向看，对面着笔而造诗境的作品，似可分出三种类型。试分述之。

其一，"征人望乡而追忆临别亲戚丁宁"的过去回忆式。《诗传》之后的诗评，对《陟岵》诗意大多作这种理解。如孔颖达《毛诗正义》曰："我本欲行之时，父教我曰"云云，即认为是追忆临别"丁宁"。正如钱锺书所说，这种理解"说自可通"。役夫离家，生死之别，那种"爷娘妻子走相送，尘埃不见咸阳桥。牵衣顿足拦道哭，哭声直上干云霄"的场面甚且有之，那么，临别频频"丁宁"，但愿平安归家的嘱咐，自不可免。这也是古代思乡诗中，大量存在"征人望乡而追忆临别亲戚丁宁"之作的生活基础。但在不同的作品中，诗人在表达"追忆临别亲戚丁宁"的方式上，则有虚实显隐之别。如果说，按《诗经》的理解，《陟岵》的表达是具体明确的，并显示出了不同人物的口吻心态；那么，在唐人绝句中，由于篇幅短小，崇尚神韵，对"追忆"内容的表达，大都蕴藉婉转，微逗其旨。如李益《夜上受降城闻笛》：

> 回乐烽前沙似雪，受降城外月如霜。
> 不知何处吹芦管，一夜征人尽望乡。

此篇亦称"闻笛诗"，造境同李白《春夜洛城闻笛》"此夜曲中闻折柳，何人不起故园情"相仿佛。但太白散逸潇洒，李益蕴藉宛转。正如李锳《诗法易简录》所说："征人望乡，只加一'尽'字，而征戍之苦，离乡之久，胥包孕在内矣"，同时，望乡征人对当年临别亲人"丁宁"的思念追忆，自然亦包孕其中。李益曾为幽州节度使刘济从事，又佐邠宁戎幕，久历征戍，横槊赋诗，多悲歌慷慨之作，对征人乡情体验最深，表现最切。胡应麟《诗薮》曰："七言绝，开元以下，便当以李益为第一。如《夜上西城》《从军北征》《受降》《春夜闻笛》诸篇，皆可与太白、龙标竞爽。"所列诸篇的诗境创造，多可归入追忆临别"丁宁"的过去回忆式，且无不微逗诗旨，有盛唐之韵，读者自可比勘。

其二，"在今日想他日之忆今日"的未来展望式。钱钟书举出温庭筠、朱服和吕本中三人诗词为例，但认为李商隐的《夜雨寄北》最为典型：

> 君问归期未有期，巴山夜雨涨秋池。
> 何当共剪西窗烛，却话巴山夜雨时。

诗人滞迹巴山，又当夜雨，但不直写当下愁思，却思日后剪烛西窗，将此夜之愁细诉，缠绵愁绪，倍为沉挚。义山此种诗心，也极为前人称道。姚培谦《李义山诗集》曰："'料得家中夜深坐，还应说着远行人'（白居易句），是魂飞到家里去，此诗则又预飞到归家后也。奇绝。"桂馥《札朴》亦云："眼前景反作日后怀想，此意更深。"羁客夜雨独处，思乡念亲种种苦况，唯自知之；要让对方知道，也确实只有他日相会，对面细诉。今人赞为诗家苦心，当时不妨据实道来。俞陛云评此诗"清空如话"，是"对话"之话，抑或"白话"之话，颇可寻味。吕本中的《减字木兰花》比之《夜雨寄北》，在造境上则同中有异：

> 去年今夜，同醉月明花树下。此夜江边，月暗长堤柳暗船。　故人何处，带我离愁江外去。来岁花前，又是今年忆去年。

前半阕当为"在今夜忆去年之今夜"的过去回忆式，后半阕方为"在今日想他日之忆今日"的未来展望式。回旋反复，似有宋人以诗为词之嫌；

但合二而一，无疑丰富了思乡诗的表现内容。杜甫的《月夜》在造境上也是合二而一，但又不同吕词，用明人王嗣奭的话说，结联"何时倚虚幌，双照泪痕干？"是杜甫"想到聚首时对月舒愁之状"，属未来展望式；而前三联，则是"公本思家，偏想家人思己"，当属并时设想式，这也就是思乡诗的第三种造境模式。

其三，"在此地想异地之思此地"的并时设想式。思念之人，必为至亲至爱之人，你在思念他，他也难忘怀；而心有灵犀一点通，相思不妨两相同，这或许正是并时设想式作品大量出现的现实心理根源。钱钟书举此类作品最多，细心辨析，又能见出着眼点的彼此差异。一种是"以吾心之思足下，知足下悬悬于吾也"（韩愈语）的推己及人。如高适《除夜作》"旅馆寒灯独不眠，客心何事转凄然？故乡今夜思千里，霜鬓明朝又一年"。白居易《冬至夜思亲》"邯郸驿里逢冬至，抱膝灯前影伴身。想得家中夜深坐，还应说着远行人"。这两首处境相似，也都是与家人之间；刘得仁《对月寄同志》："霜满中庭月在床，塞鸿频过又更深。支颐不语相思坐，料得君心似我心。"这是与挚友之间；韦庄《浣溪沙》上阕："夜夜相思更漏残，伤心明月凭阑干，想君思我锦衾寒。"这便是情人之间的心心相通了。《栩庄漫记》评韦词曰："由己推人，代人念己，语弥淡而情弥深矣。"可移评上述诸作。另一种是"想家人思吾而吾亦正思家人"的自我表白。如王建《行见月》："百年欢乐能几何，在家见少行见多。……家人见月望我归，正是道上思家时。"白居易《望驿台》与之同一机杼："靖安宅里当窗柳，望驿台前扑地花。两处春光同日尽，居人思客客思家。"简言之，这两类之间的差别在于，前者是"我思家"在先，而后者是"家思我"在前；心同貌异，虽微可察。王昌龄《从军行·其一》，亦属并时设想式，思亲之情则更深一层：

> 烽火城西百尺楼，黄昏独上海风秋。
> 更吹羌笛关山月，无那金闺万里愁！

"无那"者，"无奈"也。吾心思君，亦正君心思吾；着一"无那"，更进一层，即知君愁心万里，然难以相慰而徒生叹息。李锳《诗法易简录》说得好："不言己之思家，而但言无以慰闺中之思己，正深于思家者。"

"模式"一词，有僵死之嫌。而诗心惟微，变化万端；一类之中有多样表现，一篇之中融多种手法。但若能灵活参酌，钱锺书先生的点拨，无疑有助诗情的体验和诗境的赏析。

（原载于《学语文》1997 年第 2 期）

◇

古代思乡诗的造境模式——读《管锥编》一得